点燃理想的日子

我与《东方时空》二十年

张洁　梁碧波　编著

生活·讀書·新知　三联书店

图书在版编目（CIP）数据

点燃理想的日子：我与《东方时空》二十年 / 张洁，梁碧波编著.
—北京：生活 · 读书 · 新知三联书店，2013.5（2013.7重印）
ISBN 978－7－108－04495－2

Ⅰ. ①点… Ⅱ. ①张… ②梁… Ⅲ. ①中央电视台－电视节目－概况 Ⅳ. ①G229.24

中国版本图书馆 CIP 数据核字（2013）第 061692 号

责任编辑　王　竞
封扉设计　蔡立国
责任印制　郝德华
出版发行　生活 · 讀書 · 新知 三联书店
（北京市东城区美术馆东街 22 号）
邮　　编　100010
网　　址　www.sdxjpc.com
经　　销　新华书店
印　　刷　北京隆昌伟业印刷有限公司
制　　作　北京金舵手图文设计有限公司
版　　次　2013 年 5 月北京第 1 版
2013 年 7 月北京第 2 次印刷
开　　本　720 毫米 × 965 毫米　1/16　印张 20.75
字　　数　320 千字
定　　价　38.00 元
（印装查询：01064002715；邮购查询：01084010542）

《东方时空》全家福（1996 年）。

大家正在审看《音乐电视》(1994 年。左起：孙克文、沈纪、孙玉胜、主持人姜大海)。

1999 年李岚清副总理到《焦点访谈》视察，正与评论部副主任张海潮握手。后排左起：编辑王旭东、谷源旭，记者再军、评论部副主任袁正明、崔永元、台长杨伟光。被挡住的是副台长李东生。

开播时的《东方之子》采访演艺界人士比较多，图为栏目组采访影星潘虹后合影。左起：摄影师江兵、编导罗芳华、录音师张文华、潘虹、出镜记者白岩松、编导乔艳琳。

紧张工作之余，他们也偶有欢聚。图为《生活空间》栏目组在镜泊湖休假时高唱“白白儿要参加红军”。两位着泳裤者为陈虻(中)和蒋樾(右一)(1994 年 7 月)。

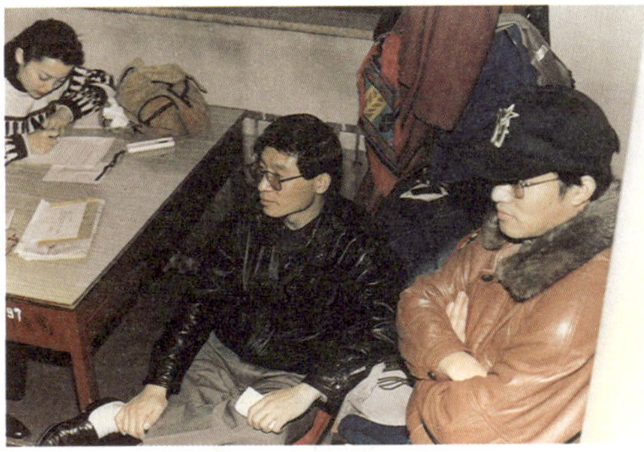

《焦点时刻》录制现场，水均益在钓鱼台国宾馆采访巴勒斯坦总统阿拉法特（1996 年 6 月 18 日，左上）。

1994 年，央视首次面向社会招聘人才。孙玉胜（中）和王坚平（右）正在监考。左边正在奋笔疾书的姑娘就是樊馨蔓，后来成了《生活空间》栏目的编导（1994 年 1 月，左中）。

《东方之子》摄制组采访赵朴初先生后合影留念。摄制组左起：摄像黑子、编导乔艳琳、制片丁戈、甄宝明、出镜记者王志（1994 年 9 月，左下）。

白岩松、水均益在主持联欢会，庆祝《东方时空》周岁、《焦点访谈》满月（1994 年 5 月，右上）。

《生活空间》在法国参加纪录片电影节。左起：刘鸿彦、鄢蔓、陈虻、赛纳（1995 年 7 月，右下）。

《东方时空》开播 1000 期观众日现场（1996 年）。

目 录

序：我给你我的青春，我给你我的寂寞

张洁

这是一本由个体生命记忆构成的书。

二十年前，一个名叫《东方时空》栏目的出现，深刻地影响了中国社会，也改变了投入其中的许多“电视打工仔”的命运。我幸运地身在其中。这本书中所有的人，也与之紧密相连，无论时间长短，这段在《东方时空》共同梦想过、奋斗过的经历，已成为每一个人生命中最为珍贵的财富。

这本书起始于八集纪录片《点燃理想的日子——〈东方时空〉传奇》。纪录片中，我们一共采访了58位“战友”，其中有参与决策的台领导，有负责栏目创意的“七君子”，但大多数是“打工仔”身份的策划、编导、摄影、主持人。凭着这部纪录片，我们完成了一次跨越时空的相聚，也进行了一次超越二十年的总结和反省——二十年后的今天，当年的创办者和“打工仔”都已步入中年，沿着脸上的皱纹穿越时空的年轮，他们是怎样看待那段日子？ 二十年前选择时的冲动、干起活儿来的激情，以及那样一种青春的挥掷与不离不弃的梦想，是怎样地影响了他们的生活甚至人生？《东方时空》的诞生，究竟怎样改变了他们的成长路向？……

几乎每一个访谈都进行了两三个小时甚至更长的时间，聊的话题也不断地深入，围绕着《东方时空》的创立和发展，围绕着曾经的激情和理想，围绕着成长的欢喜与疼痛。囿于时间和内容的限制，似乎一部纪录片无法全面展示这些颇有价值的深度访谈。从中挑选一些精彩的有代表性的访谈构成一本相对完整、相对独立的《东方时空》口述史遂成为共识，于是便有了我们面前的这本书：《我与〈东方时空〉二十年》。

书中的访谈者，涵盖了各个年龄、各个层面，既有当时正值盛年的创立者，也有初出茅庐的年轻人。因为年龄不同，个性迥异，每个人的讲述也各有特点。比如，《东方之子》的制片人、我的前老板时间传递的，不光是栏目的创办过程和体制突破，更重要的是做事的方式、做人的态度，应该怎样思考、怎样思想；而《焦点时刻》的一线记者陈耀文则是用一件件采访实例，阐述自己作为一名新闻记者的成长，有得意的笑，也有痛苦的哭；周兵如今已成为纪录片"大片专业户"，当年辞职来到《东方时空》的时候，却是连床都睡不到的"北漂"；在"有些疏离"的水均益眼中，"说他们是'北漂'都轻了，他们是一帮殉道者"；白岩松讲述了他整个成长的脉络，人生重要的几个阶段和几次选择，他喜欢那个时代，但是拒绝伤感和复制，他说，不能埋怨环境变了，体制的束缚之外，更多的其实是自己的选择，他的下一步，就是做一个很牛的中年人。而杨伟光台长从最高决策者的角度讲述的过往，可能许多人至今都不知道……

这些鲜活的访谈镌刻着《东方时空》和《东方时空》人的成长，从一个又一个编导、策划、摄像、主持人、制片人的生命轨迹中，我们可以清晰地读解到他们那颗不安分的渴盼自由和创造的心；读解到他们身上所负载的理想和价值观；读解到个人与团队、与时代的共生关系；读解到栏目成长、个人成长所必需的空气、养料和土壤。《东方时空》的出现不是偶然的，它是1992年邓小平南巡后中国政治改革对意识形态的诉求；是媒体对时代进步的回应；是当时的媒体人对电视功能、自身价值的反思和认知，对受众需求的充分尊重和真诚表达。在蓄势待发的才情和胆识喷薄而出染红东方天际的时候，昭示的是中国社会对人的思想、人的精神、人的尊严、人的力量的充分肯定。

一个好的时代是激浊扬清、除弊立新的时代，是不断为生命解除桎梏，使人的思想力、生命力、创造力最大化迸发的时代。新闻是时代的镜子，媒体进步是社会进步的标志，也是政治文明的重要组成部分。《东方时空》二十年聚合起来的个体回忆，不止于怀旧，不止于纪念。她是对青春的礼赞，对理想的呼唤，对自由的向往，对包容的赞美，对创造力的歌唱！

回首，是为了向历史汲取力量，是为了明天更好地前行。

陈虻常引用纪伯伦的话：不要因为走得太远，忘记我们为什么出发。

二十年前，我们为自由出发，我们为平等出发，我们为创造出发，我们为真实出发，我们为人的尊重出发，我们为美好的中国出发。

今天，我们抵达彼岸了吗？

今天，我们还能再次出发吗？

所有非凡都会归于平常，所有的激情都会回复平静，所有的点燃，都会慢慢熄灭。这是生命的轮回，还是哲学的注定？

既然是轮回，就有再度点燃的可能。

就能够，留住你！

我交给你/在你生前多年/在日落之际看见一朵枯黄玫瑰的记忆/我交给你对你自己的解释/有关你自己的理论/你确凿而惊人的故事/我给你我的寂寞/我的黑暗/我心灵的饥渴/我在尝试贿赂你/用无常/用危险/用失败

引自博尔赫斯《我用什么留住你》，献给我心中的《东方时空》。

2013.2.24　北京

1 /

《东方时空》：真诚面对观众

那是一个创新的年代

杨伟光访谈

杨伟光，1961 年到中央人民广播电台工作，1985 年调任中央电视台副台长，主管新闻。1991 年起任中央电视台台长，大力推行电视新闻改革。在其推动之下，诞生了《东方时空》、《焦点访谈》、《新闻调查》、《实话实说》等众多知名栏目。曾任国家广电部副部长兼中央电视台台长、全国政协第九届常委、中国文联副主席、中国电视艺术家协会主席、中广协会电视制片委员会会长。2004 年策划筹拍大型情景喜剧《家有儿女》，2012 年策划制作大型神话剧《妈祖》。现任中国电视艺术家协会名誉主席。

谈热点问题，不能不涉及到批评

问：想请你谈谈《东方时空》为什么会在 1993 年出现？

杨伟光：1992 年的时候主管宣传工作的是丁关根同志，他当时提出一个要求，就是新闻媒体要抓热点问题。因为通过对热点问题的报道，可以加强干群沟通，平衡老百姓的心态，有利于社会稳定。但这意味着就要涉及到批评不正之风、官僚主义、贪污腐败等问题。当时我们是只报喜不报忧的，好事情都报，问题不许报。现在要谈热点问题，那就是既要报喜也要报忧，腐败，官僚主义，一些不良风气，这些东西要在电视上加以揭露、批评，这个行不行？

当时我一听到要抓热点问题，心里“咯噔”一下，觉得这个事情难度很大。历史经验证明，抓问题风险很大。所以那时候我就跟传达这个精神的新闻局局长徐心华说，这个精神应该下正式的文件，要全国的媒体都知道，这样才能放心地贯彻执行这个精神。1993 年春天，中宣部的文件里就写了这个内容，要求媒体要注意报道热点问题。

为了贯彻这个精神，中央电视台成立了一个小组，从各部门抽调了七位年轻同志，由孙玉胜当组长，负责策划热点栏目。当时就只有一个大概念，就是热点问题，一天40分钟的节目时间，一开始策划组首先提出的是这个栏目的名字。

他们开始定的是《新太阳》，意思就是每天早晨起来都是新的一天。我考虑这可能会产生歧义，因为有一个老太阳，东方红，太阳升嘛，那你要是用《新太阳》，人家就会联想是不是否定了老太阳，否定了毛泽东，所以我说这个名字不好用。当时有人说这个栏目名字非常好，很新颖。后来我跟他们讲，不要坚持了，真正出毛病、有意见的话，他们肯定是找我，不是找你们，都是我负责。我让他们再多想一些栏目名字，拿来再商量。

后来他们又想了二十个左右，大部分都是一般化的名字，里面有一个《东方时空》，我一看眼睛就亮了，这个名字好。"东方"象征着中国这个文明古国，"时"有一种历史感和纵深感；"空"也是一种非常宏大、宽广的感觉。丁关根同志也觉得这个栏目名字不错，很有气势。节目组的同志还有一个很大的贡献，就是做了一个很好的片头，给人耳目一新的感觉。所以《东方时空》一开播，大家就感到中央电视台有了新气象。

问：《东方时空》为什么作为早间节目播出？

杨伟光：这个栏目放在什么时间播出？作为栏目的制作者，那些年轻同志都希望在黄金时段播出，但我考虑《焦点时刻》栏目的内容太敏感，批评不正之风，领导和群众能否接受？没有把握，所以我主张放到早上7点钟播出。这个意见一出来就哗然了。因为当时中央电视台8点钟才开始有节目。7点应该是听广播的时间，广播有一个《新闻和报纸摘要》，也是名牌栏目，谁看电视啊，所以，大家都不太赞成。

我就告诉他们，热点问题比较难把握，我并不希望这个节目一开播就有很多人看，心里没底嘛，很多人看，要是出问题影响太大。所以还是先试验一段，先在7点播出；重播是中午1点钟，也不是好时段。所以等于是大家提出要黄金时段，我给了一个垃圾时间。最后大家都同意了，先把节目办好，探探路。

要改革就得冒风险，突破一些原有的规定

问：作为"统帅"，你是怎么选

“将”的？比如说，为什么选孙玉胜？

杨伟光：要敢于用人。当时要办新的栏目，怎么选人？首先是选老人还是年轻人？我主张选年轻人，优秀的年轻人。事实上这些年轻人也没有辜负我们的希望，他们做得很好。

孙玉胜开始是在做经济节目，思想比较活跃，比较解放，做了一些好节目，这样就提出要孙玉胜来挂帅，下面有些人也是他选的。当时我定的就是要选年轻人，年轻人思想框框少，可以放开。老同志多少年在框框里，逃不出这个框子，很难创新，这是很重要的原则，这也是《东方时空》成功的因素之一。

讲明要求以后放手让年轻人去策划，一般来说我们是尊重他们的意见的。我如果不同意，他们也可以讲不同意见，我也不烦，这样可以广开思路。允许人家讲话，允许人家坚持；敢于坚持不一定是坏事，如果真有理由，讲得通也可以。

问：当时你对《东方时空》提出了哪些要求？具体怎么确定栏目的定位呢？

杨伟光：《东方时空》里头有四个子栏目。《焦点时刻》这个是明确的，就是要抓热点问题。其他有一个《金曲榜》，每天有一首歌；还有《东方之子》，介绍对中华民族对中国有重要贡献的人物；还有一个是反映人民群众生活的，《生活空间》。后三个栏目的定位是经过了一段时间才明确的。

开始《金曲榜》就是播一些流行歌曲，因为那时候流行歌曲新兴起，但是观众觉得流行歌曲格调比较低，有意见。当时这个栏目负责人是王坚平，我就找他，我说观众有意见了，你可以把早年著名经典的歌曲做成MTV。当时他也不反对，但是一直没动静，一次谈，两次谈，到第三次我说你再不改我就换将了。他说不是我不改，现在社会上做的MTV都是流行歌曲，别的他们不做，我自己也没有钱做。我说，那拨给你200万，两万元制作一首民族经典歌曲MTV，这样就制作了100首，《金曲榜》内容就比较丰富了，导向上大家也能够接受了。但是里面也还有部分流行歌曲保留了下来。

唱了一两首好歌就是《东方之子》了，《东方之子》开始采访的都是一些年轻人。我说这样不行，“东方之子”应该是对中华民族有重要贡献的人。比如人大常委、政协常委，还有各个领域的带头人，这些人确实是中华民族的精英啊，有很大的成就，应该做这些人。第二个呢，要搞系列。如果你一年播出十二位科学家，每个月一位，影响不

在“《东方时空》周岁、《焦点访谈》满月答谢联欢会”上（摄于 1994 年，左上）。

“年轻人思想框框少，可以放开。”这样，就选择了“思想比较活跃，比较解放”的孙玉胜来挂帅（摄于 1996 年，右上）。

《东方时空》火起来之后，半年之内广告费从 2500 元 /30 秒飞涨到 12500 元 /30 秒（摄于 1996 年，下）。

大，但你连续十二天播著名科学家，影响就很大。后来《东方之子》就搞了科学家系列、总编辑系列、主治大夫系列、将军系列等，这些系列的播出效果都非常好，观众反应强烈。

《生活空间》开始是跟旅游局合作，大部分都是一些旅游景点，皇帝墓啊，有一些还带有迷信色彩。旅游方面当然也可以做，但是老做这个不行啊，我说要反映工人、农民、战士、知识分子、干部这些人的生活，他们的生活，他们的困难，他们的理想、愿望和呼声。我找当时的制片人陈虻谈话，他听完以后，领会得比较深刻，回去以后起了一个名字叫“讲述老百姓自己的故事”。从那时候开始，他们到普通人家里去拍他们的生活，出了很多好的纪录片。因为他改的这个名字，我觉得很好，还给他发了个奖，给了5000块钱。后来他把这个事儿告诉他妈了（他妈是广播电台的），他说杨台给我5000块钱，其实不如给我一个证书，如果给我证书我可以长期保留。

《东方时空》各个子栏目定位完成以后，这个节目就非常顺利了。

问：《东方时空》被认为是中国电视改革的一个里程碑，你觉得它创新在什么地方？

杨伟光：这个栏目有两个重要创新。一是设节目主持人。过去中央电视台的节目没有主持人，《新闻联播》是播音员，不是主持人。第二个是强调现场采访，原来的节目声音画面是两张皮，播音员的话和画面是两回事，现在是采访当事人，让采访对象自己讲。所以，不光内容有热点问题，形式也变了，跟观众拉近了距离，现场采访增强了真实性。内容和形式都有变化，这个很重要。

《东方时空》带动了中央电视台的改革。比如，主持人的效果很好，根据《东方时空》的经验，台里就提出全台所有的栏目都必须选节目主持人，要选择适合节目特点的主持人。原来很多栏目都没有主持人，片头一出来，就是出图像、播音员念稿子，图像和声音是两张皮，没有现场采访。1994年以后，中央电视台三百多个栏目都有了主持人，屏幕发生很大变化。在一定意义上，《东方时空》的创办，就是中国电视在内容和形式上跟时代接轨，就是节目主持人加现场采访。这些都出来了，大家一下子觉得电视好看了，丰富了。

问：除了内容和形式的突破之外，《东方时空》也总被称为“制度特区”？

杨伟光：《东方时空》的确还有制度的创新。当时碰到一个问题，就是原来的人员都在各自的岗位上，而且“老人”要做这样一个现场采访的栏目，实际上也很困难。于是我就跟有关部门提出要增加编制，被拒绝了。但事业要发展，没有人是不行的。我们和他们商量，是不是能变通一下：给我名额指标，但是不要你的钱，他们的工资这些由台里来解决。这样有关部门才网开一面，同意给我们300个名额，这些人由台里招聘。后来这300人对中央电视台的发展起了极为重要的作用。

当时招聘进来的人最低学历是本科，尽可能招研究生和博士生。但招聘制度又带来一个问题，就是台里的正式职工总把招聘的看作是临时工，不太尊重。台里强调，正式职工和招聘职工，只是用工制度不同，他们在台里的地位应该是一样的。这么一说就不行了——人事部门觉得这些人不能提干、评职称，保卫部门说不能发正式的工作证，还有就是财务部门，住房分配呀、奖励呀这些都不行。新的用人制度和那些规定相矛盾，怎么办呢？没有钱不能办栏目，没有人也不能办栏目。当时台里领导研究决定，要改革就得冒风险，就得突破原有的一些规定，不然的话，你迈不出这个步子。

财务部门认为，按照规定，招聘来的职工工资是每月280元，280元是国家规定招聘清洁工的钱，那怎么行呢？我跟他们商量，能不能这样：台里给这个新栏目启动资金，但是这些人的工资，包括节目的费用，都从你们自己的广告费里出。广告费放在公司里面管，台里财务部门监督，广告费不够用台里就不给了。他们说可以，这样也有利于鼓励大家把节目做好，自己挣钱自己花，节目做好了工资奖金也会高。一开始《东方时空》的广告是30秒2500块钱，半年以后是12500块钱，一下子火起来了，这个栏目就好做了。这样才有了《东方时空》开创的新领域，不然的话，按原有的制度，根本不可能出现《东方时空》。因为你有钱，你还得有人啊。十个八个人好办，要一两百个人就不容易了。

既要传达上面的精神，又要反映下面的呼声

问：当时《焦点时刻》、《焦点访谈》出来的时候，有没有给你造成很大的压力？

杨伟光：《焦点时刻》播出一年以后，我就感觉到这么好的节目放在7点不合适了，所以跟新闻中心的同志提出，想把一个热点节目放在《新闻联播》之后，如果你们愿意接受这个任务的话，我就把真正的黄金时间给你们。

新闻中心研究以后，告诉我他们要这个时间，敢做这个节目。这个就是后来的《焦点访谈》。实际上，《焦点访谈》是从《焦点时刻》延伸过来的，但是它的内容影响力大大扩大了，因为是在《新闻联播》之后播出。

开始策划这个栏目的时候，他们想叫《记者视点》，我觉得这个名字不是太好——在《新闻联播》之后，作为国家电视台这样一个重要栏目，你用记者的意见、看法，权威性和影响力都不够。经过研究最后定了《焦点访谈》，一直沿用到现在。

《焦点访谈》开播后在社会上引起了很大反响，大部分都是好的，也有一些意见。其实是我自己心里面有压力，怕出问题，一出问题，最后还是我负责，所以我特别小心谨慎。开始由我、沈纪、李东生审定，后来我事情多，由沈纪、李东生审定，他们拿不准的再由我审定。从实际来看，这个节目没有出过太大的问题，没有颠覆性的意见，还是赞扬的东西比较多，也有些意见，但都是小意见，改一改就行了。

后来丁关根同志在中南海召开座谈会，讨论如何进一步办好《焦点访谈》的问题。参加会议的除我以外，还有沈纪、李东生、孙玉胜等，我们一边汇报一边议论，总结了经验教训。根据领导和大家的意见，我概括了进一步办好《焦点访谈》的几个原则。

第一，什么叫热点问题？就是领导重视，群众关心，社会上普遍存在的问题。而且是能够解决的，这个题目就是焦点。如果群众不关心就不是焦点了。领导不重视，也不是焦点了。还有普遍存在，如果是个别地方有这个问题，也不好在中央电视台播，这就确定了焦点的内容定位。

第二，坚持新闻的真实性，报道要实事求是，不要以偏概全。

第三，批评要本着“与人为善”的精神。我们并不是有意打击，而是要把这个问题反映出来，帮助改进工作。不会因为你接待得好就放轻一点，不好就说得重一点，不会这样。要与人为善，最主要的是希望他改进。

第四，就是做连续报道。《焦点访谈》一播出，地方上从领导到群众都很重视，所以他们会采取措施整改，怎么整改的信息我们必须及时报道，要告诉各位观众他们已经改了，改了就好嘛。而且有同类问题的那些单位，他们也会跟着改。

第五，就是对一个地区或者一个部门不要过于集中地去做焦点节目。如果一个省你连续三天在《焦点访谈》批评的话，它受不了，群众也受不了，所以要注意地区的平衡。还有就是各个省长、书记都在北京开会的时候，原则上不点名道姓批评那一个省，免得影响有关领导同志开会的心情，分心去处理问题。所以还是要体现与人为善的精神，还要有利于各地的工作，有利于稳定。

《焦点访谈》就是根据这几条原则进行工作。也有正面报道，也有批评性报道，不是说热点问题就只有负面的东西。《焦点访谈》整个成长过程有时会有一些小的意见，但是没有颠覆性的意见。中央领导同志到中央电视台视察，肯定《焦点访谈》节目后，美国的CNN和《新闻周刊》记者也到台里采访，他们了解到中国国家电视台有一档《焦点访谈》节目，公开批评干部腐化堕落、官僚主义、不正之风和社会不良现象，感到出乎意料，认为这是中国向民主发展的一个重要标志。美国《纽约时报》正面评价《焦点访谈》是“每天吸引3亿人”的电视栏目。

问：已经过去了二十年了，回过头来看，你会怎么评价《东方时空》那一段？

杨伟光：从中央电视台来说，真正的创新是从《东方时空》开始，以前也有一些比较好的节目，但是一个节目播完了，不能变成一个栏目长期地保持下去。所以不断创新的年代是从《东方时空》开始的。

那个时候，每年我都做两三个创新的改革的栏目，不多做，因为做多了就容易做不好，两三个最合适。其实跟《东方时空》同时开始的还有一个栏目就是《夕阳红》。《夕阳红》这个栏目是给老年同志看的，也做得很成功。而且这个栏目不光是在中国有影响，在海外的影响也挺大。有一次东南亚一个旅游团到中国来旅游，就提出要看看《夕阳红》是怎么制作的，要看演播室。这才知道东南亚的华人华侨也收看我们的卫星节目，实际上整个亚洲都可以看到，他们看到祖国的节目感到特别亲切。

那个年代是一个创新的年代，大家想的就是怎么创新，怎么更贴近观众。过去只宣传上面的精神，不反映下面的呼声，其实是片面了。改革实际上就是既按照中央的要求，把握正确的导向，同时又要反映群众的要求和意见。事实上也必须如此，领导也需要从电视里面了解到很多民情，了解平时了解不到的意见。所以后来李鹏同志来视察，高度评价《焦点访谈》，朱镕基同志来视察的时候，专门谈了《焦点访谈》，他讲了很长时间，做了很多批示。他除了看《新闻联播》，还看《焦点访谈》，那时候没有中央领导的支持是不行的。所以电视台既要传达中央的精神，又要反映群众的呼声，这是那时候一个重要的改变，改变了过去的片面性。

《东方时空》之外

问：《东方时空》之后，你还推动了哪些电视改革？

杨伟光：《东方时空》和《焦点访谈》这两个节目做完以后，我感觉还是比较浅，因为《焦点访谈》实际上就13分钟，谈问题的只是主持人最后几句评论的话，还是不够。所以后来我们就开办了《新闻调查》。

《新闻调查》就不一样了，讨论的是比较大的问题，记者去采访各个有关方面的人，了解真实情况，他们之间会有不同的意见，然后通过各方面的调查，得出一个正确的结论，甚至也不是一个结论，只是一个有倾向性的看法。从《焦点时刻》到《焦点访谈》，再到《新闻调查》，这是向更高级的形式迈进。《新闻调查》是一个礼拜一期，这个节目开始以后，开始能做《焦点访谈》的，做不了《新闻调查》，因为它要长时间调查研究，要善于分析，最后才能得出深入浅出的有说服力的结论。

接着还办了《实话实说》，就是崔永元当主持人的那个节目，一开播马上引起观众的极大反响。这个节目好在哪呢？同一个问题，从我的角度来看是这样的，从你的角度来看是那样的，但是我们都是有观点，也都是有片面性的。《实话实说》就是群众自己对一个问题发表不同的意见，这样整个节目比较民主、比较公开。把几个片面性都放到这儿来，最后可能大家都比较全面了，并且就会认识到原来大家都有片面，从而使人们对所讨论的问题有比较全面的了解，达成一种思想上的共识。再加上崔永元特殊的幽默的主持方式，大家笑了，但是他不笑，非常吸引观众。

从《东方时空》到《焦点访谈》，再到《新闻调查》和《实话实说》，这些栏目都是电视进行深度报道的尝试，反映社会上各种各样的问题，探讨这些问题怎么解决，基本受到广大观众的欢迎。中央电视台的新闻改革就是着重看这几步。

到1997年，这一年我们称为“直播年”。我觉得作为电视台，对重大事件应该进行现场直播，所以当时提出中央电视台的新闻应该播出刚刚发生或者正在发生的消息。而正在发生的新闻就是现场直播，是电视报道中最高的形式。为了实现直播报道重大事件，1996年，我们花8亿人民币购买了大量直播设备，里边有卫星地面站，大型转播车。哪里发生重大新闻，只要车能开过去就可以直播。

1997年的重头戏是香港回归。我们提出“同步报道回归庆典活动，全面反映普天同庆盛况”的总目标，第一套节目和第四套节目打破常规，连续72小时报道香港回归盛况。报道以北京为中心，香港为重点，国内还有天津、上海、重庆、广州、深圳、南京、东莞几个城市，国外还有伦敦、洛杉矶、里斯本等十五个国家的大城市报道点，形成全方位、多角度、立体式的报道阵势，这在当时是难度非常大的大兵团多兵种联合作战。那个年代还没有几个国家的电视台能完成这样复杂的转播。因为经历了那种综合性的转播锻炼，后来像黄河截流、长江三峡工程我们全部是现场直播的。1997年的现场直播年，也是中央电视台建立世界一流大台的一个重要的标志。

问：大家很关心你从台长的位置下退下来以后的情况，能不能讲讲？

杨伟光：我还在台里的时候，组织上安排我做两件事情，其中一个是任中国电视艺术家协会（以下简称视协）主席，分党组书记，从1996年底到2007年，前后十一年。所以我不当台长以后，重点工作放在视协了。视协有个金鹰奖，现在已经办了十几年了。但开始的时候是今年这个台承办一次，明年那个台承办一次，都是临时性的班子，所以颁奖晚会节目质量不高，组织也比较混乱，而且事先没有任何投入。

1999年那次颁奖晚会在深圳，晚会完了以后湖南台台长魏文彬提出明年晚会他们办。世界有影响的奖项都是固定在一个地方，不能每年换地方，要有固定的机构筹备这些事情，所以我就说，如果你要的话，明年以后若干年都由你们承办，他研究以后同意了。他有一个上市公司，由这个上市公司来承办。我说这么一个大平台放在你那儿，你得三年给我一千万，另外还有每年六个奖项280万的评奖费，对此他们有一点争议，我说，这钱并不是给视协，是评奖请评委的钱，只能你们来负担，然后他们就同意了。这样视协一下子就翻了身，才二十几个人，日子就好过了。金鹰奖这么好的品牌，当年扩股就扩了16个亿，他们也很值了。所以其实是双赢。

此外，还设立了一个百佳电视艺术工作者的评奖，两年评一次，一次评一百位，以把全国的省台和电视系统团结起来，这样视协在电视界就变成一个很有影响的协会。经济上也改善了，跟各个省台的联系也大大加强了，省台台长都是视协的常务理事，许多事情好办了，视协也很快成为文联最活跃的团体之一。

组织上给我的另一项工作是重大革命历史题材影视创作领导小组组长。一了解情况，也是没有钱的单位。有很多老同志参加审稿审片，全都是义务劳动；审片子中午吃一顿饭，都要单独写一个报告。我给中宣部写了一个报告，其中一个就是解决这些老同志审片的酬劳，一集50块，当然也很少，但和没有不一样。另外，台里拨了一部分钱作为公共支出，审片时中午吃饭，买一些相关录像带、书籍给大家看。同时也提出了重大题材影视作品的制作方针、原则等。

80年代到90年代初，重大革命历史题材的片子大都是短片子，都是说一个人，说一件事。后来我们研究后做了《开国领袖毛泽东》、《中国命运的决战》、《日出东方》、《长征》等长篇电视剧，把党的整个发展历史过程做成电视剧。当时还制作了一部抗美援朝的电视剧，审看时大家都认为这个片子做得不错，准备播出时发生了9·11，这时候再播抗美援朝就不太好，就没有播出。

后来在视协里面，还制作了一些电视剧。2004年中央发了一个文，号召加强未成年人的教育。美国有一部情景喜剧《成长的烦恼》，小孩喜欢看，于是我们决定制作一部中国的情景喜剧《家有儿女》。为此，我们把有关编剧请来，还把妇联的、居委会的、学校教师这些跟孩子们接触比较多的人都请来，请他们来讲故事。讲完以后，我们的编剧就研究哪一个点可以写，然后就写提纲，交给编剧组看，最后再给我看，从提纲到初稿，到最后定稿，大体上我要看三遍。

有了剧本以后，我想请宋丹丹演，她当时在美国，说不演电视剧了，我说这个电视剧是很适合你演，不然我不会找你，让她看了本子再决定。一看本子她说我演，就是《家有儿女》第一部，没有想到一演就演了365集，一天一集。我怕中间有一些提意见的通不过，还多做了两集，后来全部都通过了，所以这个戏就变成367集。最近，我们又完成了《妈祖》电视剧，作为2013年开年大戏在央视八套播出，收视率也不错。

问：你从台里岗位退下来以后，干了三件事，第一件事就是视协，第二件事是金鹰奖，第三件事拍电视剧，包括重大革命历史题材电视剧和《家有儿女》等家庭系列电视剧。这三件工作哪一样都不简单，实际上相当于没有退休。

杨伟光：还有把中国文化推向世界的工作。下一步真正要做的就是对外的中国网络电视台，名字就是《魅力中国》。现在有52个频道，有中央台的几个频道，还有省台的，还有国际台的节目，这就整合起来了。网络电视前景非常好，正好符合“中国文化走出去”的要求。

我们有一个很大的技术传送平台，通过互联网把这些节目传到世界各地。五个频道也好，一百个频道也可以，也可以做若干多种语言播出。全世界这么多国家，如果让我们进去，翻译成当地的文字，这样对中华文化的传播，特别是进入主流社会的传播，会大有帮助。这是下一步的梦想，下一步的梦想就是把中华文化传播到全世界。

注入血脉的隐形基因

梁晓涛访谈

梁晓涛，1963年出生，山东大学哲学系毕业，中欧工商管理学院EMBA。1985年入台，在总编室节目组担任编辑工作；1988年任总编室节目组组长。1992—1993年作为总制片人之一参与创办《东方时空》栏目，并任《生活空间》第一任制片人。此后先后担任动画部主任、青少中心副主任兼动画片部主任、广告经济信息中心副主任、主任兼经济频道总监，新闻中心主任、总编室主任、中央电视台副总编辑。现任中央电视台分党组成员，中国国际电视总公司董事长兼总裁。

开始的开始

问：第一次知道要创办一个早间节目是在什么时候？

梁晓涛：大约是1992年的下半年。当时中央台一套是没有早间节目的，后来台里说早间应该办一个日播性的节目，需要投入比较大的人力和财力。在一次编委会上，台里确认，由总编室和新闻中心一起来制作这个早间节目。由孙玉胜牵头，他当时是新闻中心采访部的副主任，我是总编室节目组的组长，还有一个负责人是童宁。我们三个总制片人，我是科级干部，孙玉胜是处级干部，就组成了一个初始的班子。其他人员，总编室出一部分，新闻中心出一部分，就组成了最早的人马，大约不到十个人吧。

问：当时台里为什么选择你来参与《东方时空》的创办？

梁晓涛：当时总编室的节目组是总编室内部两个制作电视节目的组之一。我们制作的栏目当时叫《在下周屏幕上》，也就是后来的《电视你我他》，这个节目组还负责全台节目的串编，所以有人提议就说让总编室的节目组来做。而我是组长，当时对电视节目也非常关注，就这样偶然地进入到了《东方时空》中。

其实，我是组织上派来的，但是也和自己的争取有很大的关系。当时我是全台最年轻的科级干部，对台里的电视节目比较关注，和时间、王坚平、童宁都非常熟。大家都喜欢干节目，我也不例外。总编室更多的是做节目编排，创作性不是太强，所以大家都想进入到节目体系中，我是通过这个方式进入到这个节目体系里来的——如果总编室节目组一定要出一个人的话，恐怕只有我了。所以我进入《东方时空》虽然是很偶然的因素，但偶然里面又有那么一点点必然。

问：当时具体跟你们谈话的是哪位？台里对这个节目有什么样的期待？

梁晓涛：当时是胡恩副台长和我们谈的，谁也没有想到后来《东方时空》会有那么大的影响，会对中国的电视事业有那么大的开创和示范作用。当时觉得很简单，就是做一期焦点节目。当时总编室的人还在想，梁晓涛去一段时间可能就回来了。因为当时我们同一批分来的八个大学生，包括王坚平在内，最早都是总编室的，我是最后一个还坚守在总编室的人。大家都喜欢干节目，我也不例外。王坚平走得比较早一些，他到了《观察思考》，后来又到了《东方时空》。殊途同归，我们又重新开始成为同事。

当时我们都是血脉贲张、想把节目做好的人，但是我觉得台里并没有对这个节目有那么高的期许，能够做好日播栏目其实还是很难的。所以台里问我们，每天做一个早间节目能不能做得下来？台里的想法其实很简单：先办一个早间栏目，能到什么程度也不是太清楚。但是播出之后影响变得非常大，这是很多人都始料未及的。其实在某种程度上改变了中国电视发展的路径，也改变了我们这些参与《东方时空》的创办人的命运。

问：对个人而言，当时你有没有意识到这将会是一次很重要的机会，很大的舞台？

梁晓涛：我觉得可以从两方面来看，第一，我终于可以去做节目了，这个机会还是要把握住的，这是当时很简单、很朴素的一个想法。第二，确确实实有一个想法，就是我们要做一个非常像样的电视节目。当时我们那些人，孙玉胜是1960年的，时间、王坚平我们是1963年前后的，和我一同从总编室进来的鲍杰好像略小一点，总之都是30岁上下，正是朝气蓬勃的时候。当时就是想做专业化的电视节目，大家的这个理想也是逐步逐步地变得更宏伟。

问：创业面临的第一个问题就是选人，你们当时为什么选择时间？

梁晓涛：时间在电视方面很有自己的追求。他是我们这一批人里最早做大节目的。他那时候在专题部，很早就进行独立创作，对纪录片非常感兴趣。当时认为节目内容方面值得去好好研究，就找到了他。我觉得当时杨伟光台长之前把他从专题部调到新闻中心，应该也是因为看重他在电视专业方面的追求和他曾经取得的成绩，这些也是他能够进入《东方时空》的重要前提条件。

当时我们俩接触比较多，他在这方面确实有非常强烈的追求。我常跟他探讨业务方面的问题，演播室怎么设计，怎么布置机位等等，所以当我离开《东方时空》时，时间还非常不舍地说，你走了之后，可能就少了一个能在电视专业方面进行探讨的好同事。

问：当时为什么选择王坚平来做《金曲榜》？

梁晓涛：王坚平来之前在总编室做过《下周节目预告》栏目，后来到了《观察思考》，做的就是严肃类节目。他确实是个才子，当时我们听的很多流行歌曲都是他推荐的，印象很深的比如说，当时齐秦的歌曲一来，他就天天给我们听，“我是一匹来自北方的狼……”天天被他挂在嘴上。有一天他唱完了，同事突然说，“我是一只来自苏州的狼（王坚平是苏州人）”，满办公室都笑起来了。他做电视节目很细腻，做严肃类的节目也很擅长。但是当时他对流行歌曲比我们都敏感，应该算是一个流行音乐的专家了。这样一来，要做一个音乐类节目，那肯定是非他莫属，特别是在总编室和新闻中心这个范围里边——当时做这类节目都是文艺中心做。我们的节目叫《东方时空·金曲榜》，那时候港台和西方都是有“音乐榜”的概念的，但当时在中央电视台没有这个概念，这也算是国际视野吧。综合来说，从对流行音乐的了解和音乐的素质来说，这个节目非王坚平莫属。

问：你们没考虑去文艺中心那边找一个人来负责这个节目？

梁晓涛：确实没有这个想法，因为当时就是总编室和新闻中心联合做这个栏目，从主体上来说，负责人员也都是

当年只顾玩儿命工作，他们鲜少留下创业时的照片。直至二十年后，“七君子”才有了第一张合影。左起：时间、梁晓涛、孙玉胜、孙克文、童宁、王坚平、张海潮（张洁摄于 2013 年）。

新闻中心的，就没有考虑到外面去找。并且，实话实说，我们这些不是干文艺的人，同样可以做出非常好的音乐节目来。当时还有标新立异和有所创新这样的理念在里面，所以就没有往其他的部门扩展。当然，到后来有了一定的影响力之后，其他中心的一些人员会加盟进来，那是逐步才形成的。

问：怎么把张海潮拉进来的？

梁晓涛：当时，孙玉胜做《东方时空》的总制片人，童宁开始是做《焦点时刻》的制片人，后来需要他来协助孙玉胜做整个大组的工作，那《焦点时刻》谁来做？这会儿张海潮就进入到栏目组的视线了。张海潮原来在科影厂工作，做过大的专题片，有非常丰富的电视节目制作经验，所以他就加入到我们的团队中来了。

有什么样的体制，就能做到什么样的程度

问：这么大的节目组怎么启动？

梁晓涛：单凭我们几个人，恐怕很难把这个栏目做下来，我们就去社会上聘人。聘人需要费用，钱从哪来啊？第一笔钱是向台里借的，给了启动资金20万。有了这笔钱，各个栏目组才有条件从社会上去聘人，我记得当时从广院聘到了陈刚老师来给我们作编导。

后来台里让我们做一个预算，大家根据节目的情况做了1000万，当时有点儿把台里吓到了。你想当时是1992年，1000万，你们想干嘛呀？杨伟光台长提议，能不能用广告费来解决这个问题，当时的总会计师都还很支持。我觉得台里就是从此有了最早的投入产出的概念，只要你们能赚回来就可以。后来决定那干脆公司化运作吧，《东方时空》的经费从公司报账，这样才有了第一次公司化进行财务管理的尝试。

这就是一种开创，依靠广告自养，广告费放到公司。当然公司也是台里的公司，但是毕竟和台里的财务不一样。用现在的话说，一个是事业，一个是企业。这开创了当时用企业的方式支撑事业体制里节目制作的先河，也是《东方时空》在相当一段时间里能够顺畅运转的财务支撑。

这个体制很大程度上解决了我们的问题。比如说我们在外面租的演播室，王坚平好像租了一个搞音乐的演播室，时间在亚运村里边亚运公寓里搭了一个演播室，这些在台里面很难走出明目的账目。所以这样在财务上就从台里的体系脱离出来了，开创了第二种财务管理体系。我们经费的问题，人员的问题，

都得到了合理的解决，让《东方时空》能够按当时的轨迹运转下来了，这些条件恐怕缺一个都很难。

问：当时制片人的权限有多大，你本人的权限有多大？

梁晓涛：当时我可能是中央电视台唯一一个科长签字就可以报销的人。孙玉胜签，签不过来的时候，我给时间也签过账，给王坚平签过账，也包括我们自己的栏目《生活空间》。财务也都承认了。当时在中央电视台是一个大的突破。

举个例子，到了1993年的4月，有一天孙玉胜叫我，说咱节目还没播呢，你怎么花了这么多钱了？几个月之后的钱你都给花了啊？我就跟他解释说我做的是系列节目，两个月以后的节目我都开始运作了。作为一个栏目，我可以花这个栏目几个月以后的经费，我一个人就能定。孙玉胜都不怎么管，只是说财务方面如果有一些异动的状况，我得问你一下。

当然压力也很大。我一个科级干部，以前都是把票贴好了之后主任签字到财务报销，现在我签字就可以报账了。权限越大，责任也越大，如果出了问题怎么办？但这实际上开启了中国电视一个新的运营模式，就是制片人制，当时的规定为今后做了有益的探索。后来让制片人拥有财权和人权，也正是因为当年这样的突破。在未来十年左右的时间里，中国电视才有了一个非常大的发展。

问：台里别的部门看到《东方时空》这样搞，没有什么说法吗？

梁晓涛：当时其他人对这个财务管理方式还是有些微词的。因为相对来说，我们花钱很容易，原来不能支出的，现在很顺畅地就支出了，不用上财务那去讲为什么。我们的钱在公司里面走账，几个人签字就可以了，不用到台里面。当然你说这里面是不是每笔钱都花得很合理，这个不敢说。但是当时《东方时空》的这一批年轻人，有一种对电视的追求，那种想把节目做好的情怀。我认为他们不会胡来，每个人每天工作都将近20个小时，谁也没有工夫想这些事。好在大家都是多年在台里的系统以内，大约应该做什么，什么钱能花，什么不能花，还是有一个大体的分寸的。

随着影响力越来越大，在市场上也越来越被看好，广告费挣得也就越来越多。台里其他人就会说，他们为什么有这么宽松的条件呢？他们的钱是谁的啊？标准怎么定的啊？我记得当时《东方时空》每个人每个月有600块钱的奖金。这个奖金是我们自己定的，因为大家辛苦嘛。我到动画部当主任以后，有一次参加台里的年中会议，在这个会上真有人提：为什么《东方时空》他们拿600块钱奖金？我刚从《东方时空》出来，对《东方时空》有那种很热爱的情感，所以在会上我就争辩：为什么《东方时空》发600块钱，他们是怎么工作的，怎么花这个钱的。大家听了之后就不说什么了，但是我看大家看我的眼神也不太对。不过也正是有这种声音，才让我们按照非常严密的规矩来约束自己。正因为有微词和置疑，才让《东方时空》在接下来的管理方面逐步规范起来。

问：除了财务问题，技术设备也非常重要，当时你们的设备是怎么解决的？

梁晓涛：设备在当时确实是一个问题，因为当时向台里请示很难。台里专门有一个调度科，借设备要填单子，什么理由，借什么设备，再跟一个技术员，多长时间回来，如果当天不回库，还得有个说明。要是那样我们做节目就惨了。我们当时是这么解决的，分两部分。第一是占新闻中心的便宜。新闻中心当时是一条龙，有自己的制作部，有设备。第二就是利用灵活的财务政策，出去租演播室。比如《生活空间》租的就是北医三院的演播室。我们当时在北医三院的演播室几乎是昼夜运转，北医三院的技术人员跟我们一样也是昼夜运转，他们也非常兴奋，突然有这样的一个节目。原来这里都是当电教室用的。我们跟他们签合同，说我租你设备多长时间，你给我提供什么东西。有了这个合同之后，他们就去再买设备，所以设备问题就这么解决了。

问：那你们这样就是绕开了技术部门，他们会不会有意见？

梁晓涛：会有一些，不过这是个博弈。为什么我们后来又重新回归到台里的体系来呢？一方面台里对设备的使用要求尽量满足。另一方面，长期在外面租下去也不是一个办法。但是我记得北医三院的演播室我们还是租了很长一段时间，因为台里当时的设备状况和运转方式的确满足不了我们的需求。

所以我现在回想，电视节目制作的基础是体制问题。什么样的体制，就能做到什么样的程度。体制突破了，整个的制作方式就往前走一步。包括现在台里面，很多设备服务也是社会化到公司。

问：《东方时空》改了规矩，开了

先河。

梁晓涛：确实是开了一个先河，这个是非常重要的。你破坏了原来的财务体系，会有质疑；你脱离了原来的技术体制，它也会提出质疑。这个质疑有两个方面的作用，一方面，因为他置疑你，你的管理方面就要更严格。另一方面，因为台里不能满足需求，那台里也得反思一下，怎么才能更好地满足节目部门的需要。这个促进是互动的、双向的，正因为有这样一个互相促动，才让台里的财务、技术和编播系统，能够经过相互之间的碰撞，推动了整个电视界在90年代和本世纪初的快速发展。不突破，肯定就不会有跨越性的前进。有了突破才可能有跨越性的发展。

咱们国家改革开放这几十年也是这么一个道理。比如说我们的包产到户，不是顶层设计出来的，那是一步一步从底下干出来的。因为发现了问题，所以你要去解决它，梳理它，规范它。我觉得电视跟这个是相像的。发现了新的问题，解决，又发现新问题，再解决。只要总体是前进的，那你就要肯定它，鼓励它。90年代《东方时空》能够获得成功，我觉得跟体制突破有巨大的关系。

问：接下来就是人才的突破了。怎么从社会上招人扩充队伍？

梁晓涛：这是一个过程。当时我们聚集的人可能是有限的，因为你还没有播出，人家不知道是什么东西，你只能描述一下预期状况和栏目形态，然后说，来吧，咱们一起做吧。当时几个栏目都是这样的一个状况。

所以我们第一个要和人家说明，要做一个电视栏目了，有一个给你制作节目的平台，可以实现自己的专业追求，甚至可以实现你自己的理想情怀，你干不干？有一批人拒绝了，有一批人留下来。当它开始有了影响力以后，聚集的人就越来越多了，有电台的、平面媒体的，还有一批学者。他们觉得这个电视节目传播力很强，影响力很大，在某种程度上，可以把自己的追求，自己的一些看法，通过电视节目表达出来。所以这里就成了一个洼地，人才都流进来了。平台足够让大家认可，这是第一个原因；第二个，收入还行，要让人家有一个满意的收入。90年代大家还是很有理想的，不是说一定看钱，但是不看钱不等于你不给钱。

就拿《生活空间》来说，到开播的时候应该不到二十个人。聚集的人基本都是圈里人。为什么大家觉得刚开始很兴奋，这么怀念那个时候？就是因为非常非常的苦，才会有这么多的情感。就像自己的孩子一样，从它的孕育、出生，到它的成长，是我们一步一步看着走过来的。而且这孩子还不错，越长越健康，越长越被别人认可。这种自豪感、成就感，还有对专业的追求带来的被别人承认的喜悦，都逐步地来了。

懵懂的探索和逐渐清晰的定位

问：这几个节目的定位是怎么确定下来的，经过了怎样的思考和讨论过程？

梁晓涛：当然最早做的时候并没有想到《东方时空》会有这么大的示范效应。只是说我们要做一个早间节目，想改变中国人早晨不看电视的习惯。在制作方面，最初的想法只是把原来做过的东西重新编辑一下，或者把早间的英文广播翻译一下。

当时我们都是30岁左右的热血青年，给了你这么大的一个空间，怎么甘心把原来做的东西编辑编辑就播出呢？我们一定要自己做，整个组里对这个想法也非常坚持。如果是现在，可能你会有一点退缩。但是年轻时候的那种朝气、冲劲和魄力，确实是非常可贵的。

至于定位，确实是逐步形成的。新闻类的节目得有一个，舆论监督当时是让大家非常兴奋的一类选题——在《焦点时刻》之前，没有这种舆论监督的节目。既然是新闻中心和总编室联合办的栏目，那总编室自然得有一个小板块吧？我就负责了这个板块。时间有做人物节目的背景，他跟孙玉胜游说做一个人物类栏目。

当时我们还考虑到一点，《东方时空》的节目一定要适合“听”，所以很多节目是从这个角度来入手。怎么来吸引观众？娱乐可能是很重要的一块。做什么娱乐在早间比较合适？那就是听歌。最早的想法就这么朴素，这也是《金曲榜》能够进入到《东方时空》里面来的一个重要因素。这个节目要轻松，有一定的娱乐色彩，适合观众一边洗脸、做饭，一边开着电视，听着《东方时空》。《金曲榜》就应运而生了。

问：当时组织的要求是让你们对以前的部分节目进行编辑，然后拿来播出。可你们全推翻了，重新编排一套栏目，领导有没有意见？

梁晓涛：这就是《东方时空》非常特殊的地方，审片的宽松程度在中央电视台是从来没有过的。可能相对来说比较严格一点的就是《焦点时刻》。就像报账，上面没人给你把关了，你就得自己负起责任来。审片也是一样，把决策权放到了栏目这一层。这样的话，在选题制作方面的空间就非常大了。

问：反过来说，领导班子也非常不错。虽然我的话你们没听，但你们干得更好，我认可你们。我觉得这是很了不起的一点。

梁晓涛：当时确实是这样。我记得第一次审看节目的时候已经进入4月下旬了，5月1日就要播出，这在原来是不可能的。我尤其敬佩杨伟光台长的魄力。他对这支年轻队伍的信任，很大程度上是《东方时空》得以产生的一个重要基础。如果不信任年轻人，就不会给你这么多条件，这么宽松的环境，也不会让你们这么折腾。比较一下现在的情况，我很感慨。

问：《东方时空》的节目气质、定位是一开始就想到了，还是慢慢地探索出来的？套用《十年》的话说，你们是怎样找到一个新的语态的？

梁晓涛：我觉得这是探索的结果。当时我们这批人都在探讨电视应该怎么做，确实也很兴奋。当时有这样一个氛围：谁看了一个什么东西，大家一起分享一下，或者谁做了一个节目说你帮我看一下。大家对专业方面的追求劲头非常足，可能是因为平时也没有什么发挥的空间。一旦给了一个空间，肯定是把平常积累、探索的那些东西，拿到这儿来实现，这是第一点。

第二点，应该说，当时《东方时空》在诞生之初，参考的目标肯定是国际媒体，这就是为什么当时我们要租梅地亚的房间去看境外节目。一天460块钱，在当时是非常非常贵了。当然那几个栏目出来以后，面孔是不太一样的——哥儿几个当然都有各自的追求，他们体现出来的基因也是不一样的。但又都是寻找电视媒体的一个语态表达，领一时风气之先。《东方时空》是试验出来的一个产物，这个探索的劲儿一直没有停，我觉得这是最可爱的地方。

问：你是《生活空间》的第一任制片人，当时为什么选择了一个演播室服务类的节目形态？

梁晓涛：当时确实需要一个和老百姓的普通生活相关联的内容，这是比较早就确认下来的。用演播室的形式，是考虑到我们需要一个与其他栏目区分的差异化想法，同时也考虑到生产条件的限制。

当时台里已经有一个生活服务类节目，《为您服务》，它和《新闻联播》应该是中央电视台最早的两个栏目。它的形式基本还是播报加上节目内容，严格来说不是一个演播室节目。而我们就是要突破原来那种形式，让观众自己来谈观众的事。我们演播室的制作方式和设置应该说在当时的演播室类节目中是最先进的。

另一方面，节目生产也是一个很重要的考虑因素。当时借鉴了一些国外的电视节目方式。当时我们看得最多的是NHK，天天看，一看看到十一二点。虽然说不太懂它的语言，但是大体节目类型、它对于演播室的处理，还是看得比较清楚的。后来逐步确认要做一个谈话类节目，谈话类节目相对来说成本会低，也适合系列化生产。后来就把它确定为《生活空间》。我们的第一个选题叫夫妻关系大家谈，我印象很深。

当时在形态上还用了很多心思，比如说拍摄过程中，我们有一个镜头，专门是对着主持人的，一定还要有一个机位是全景的，然后有两个机位或者至少有一个机位是给嘉宾的。那时候就确立了这样一个机位设置的方式，其实一直到现在大体上还是这样一个模式。包括如何能够让嘉宾和主持人之间有很好的交流感，座位怎么摆设，这个确实还动了一番脑筋。当时对演播室节目的观摩和思考，让我受益了很长一段时间。

隐形的基因

问：你是什么时候离开栏目组的？

梁晓涛：我好像是在1993年4月21日，还有十天左右这个节目就播出了。在第一次审片会上我听到杨台长说："晓涛你们要考虑一下，我们对他有安排。"之前只是耳闻，要调我到什么地方去，但是一直没有人明确跟我说。杨台长审节目的时候就把这个事公布了。之后我就开始着手交接工作，大约在开播前的一个星期，我离开了《东方时空》。因为《生活空间》的时效性不强，所以我们当时的制作模式是系列化为主。当时我跟孙玉胜说，我虽然要走，但是大约有将近一个月的节目你不用愁。

问：然后卢望平接手了你《生活空间》的工作？

梁晓涛：不是，先是童宁代了一段时间，然后是卢望平接手，之后是陈虻接的卢望平。我记得我从《东方时空》出来之后，还没有到动画部报到，我大约睡了一个星期。当时在《东方时空》工作的时候，一点也不觉得累，每天两三点睡觉，六七点钟就起床了，处于一种亢奋的状态。离开之后，我就不做节目了，每天八九点钟睡觉，睡到第二天早上十点多钟，这个状况差不多有一个星期。我当然就很奇怪，当时在栏目组也没觉得这么累，一放松就把整个压力释放出来了。我们那么多人可都是一样的，但是他们没有我这样一个机会，能够有一个星期的时间狂睡一顿。可见当时的状态，节奏有多么快，有多么的累，大家是多么的辛苦。

问：《东方时空》对你的人生意味着什么？

梁晓涛：《东方时空》让我成为一个真正的电视人。原来我在总编室，做的工作也不少。我是咱们国家第一届全国电视观众收视调查的报告执笔人，在电视台也算是最年轻的科级干部。后来做电视台的节目编排，也还有一些自己的想法和看法。但是真正深入到电视节目制作里面来，实际上是在《东方时空》完成的。真正从实际操作角度去钻研电视，真正当一个制片人去制作一个电视栏目，是从《东方时空》开始的。我最大的收获，就是能够和一批有理想、有追求的人交流，让我对电视的理解深了几分。我一直认为，《东方时空》时期，我们对电视的理解在当时应该说是最先进的和最专业的，也可以说是最前卫的。

因为你管了人和钱，权限很大，就要考虑别人的看法，如何让别人意识到你这么做是有道理的。也就是说，一方面你要把事情做了，另一方面你要约束自己。我在《东方时空》短短半年时间的积累，让我以后的职业生涯一直在受益。我现在看很多问题，首先还是要看体制机制。你从制度设计上是不是有利于我们把所有人的积极性都发挥出来，是不是有利于整个组织的运转。也是因为有这样的一个经历，我后来才去学习工商管理专业，力图在电视管理方面有所建树，有所成就。所以我觉得那一段经历让我的职业生涯有一个良好的第一步。如果没有《东方时空》那样的一段经历，没有当时那些最前卫、最专业的做法的话，我也没有那么多的自信去面对后面一个一个的岗位。

问：离开《东方时空》以后到现在，你的经历如何？

梁晓涛：离开《东方时空》之后，台里提拔我到动画部做副主任主持工作，我在动画部一干就干了八年。大概在1998年前后，我被提拔到青少中心当副主任，兼任动画部主任。2001年我调到广告经济信息中心工作。它有两个节目部门，一个是经济部，一个是信息部，还有两个经营部门：广告部和图文电视部。我分管信息部和广告部，负责台里的广告经营工作。到了2003年，二套率先进行频道制改革，我担任节目总监，2004年又接任广告经济信息中心主任兼经济频道总监。然后在2005年的5月31日，我调任台里新闻中心做主任。这个期间我觉得自己做的比较自豪的事，一个是汶川地震的报道，一个是2008年奥运会的新闻报道。之后在2009年7月我又调到总编室做主任，在2010年10月到台里任副总编辑。2011年，我到了中国国际电视总公司做总裁。2012年又把董事长接起来了，同时成为中央电视台分党组成员。这个期间我走的部门比较多，对于一些部门是非常有情感的，《东方时空》就是其中一个。它就像一个基因一样，注入到你的血脉里面。在你做事的时候，它的影响会不时地显现出来。而作为一个隐形的影响，它一直都在。

童宁访谈

走到哪儿都很自豪

童宁，1983年8月毕业于北京广播学院电视系，分配到中央电视台任栏目编导、记者；先后参与创办《观察思考》、《东方时空》、《焦点访谈》栏目，策划制作《新闻调查》、《对话》、《天网》栏目；创办中央电视台西部频道、社会与法频道。曾先后担任纪录片部副主任、文化专题部副主任、西部频道编辑部主任、社教中心频道编辑部主任等职，执导过《运河人》、《360万人的实验》等数十部大型纪录片。现任中央电视台CCTV—12社会与法频道副总监、高级记者。

那时候的工作状态确实比较疯狂

问：当初要筹备《东方时空》这个早间节目的消息是谁告诉你的？你是怎么来到这个节目组的？

童宁：我1983年大学毕业分配到中央电视台，干过一些栏目后，参与创办了《观察思考》，那时候栏目有很多人才，袁正明、梁建增、叶晓林、张步兵、肖晓琳、赵微、关海鹰等等。《观察思考》原来隶属总编室，后来并到新闻中心，叫评论组。在1990年之后，我就做一些大型的系列片：关于水利的《大命脉》，关于纺织工业的《话说人体包装》，还有关于反映军队转业干部的《延伸的长城》等等这一类的片子。后来《观察思考》有一阵儿被人称为是只观察不思考，我就觉得没有意思。这样就出去做些大片子，一晃就到了1992年底了。

因为在《观察思考》的时间太长了，做片子没有灵感，也没有活力，我就想调到别的频道去。于是我就找到当时的新闻中心主任章壮沂。我说我想换个地方。他说你别换地方啊，我们这马上要搞早间节目。总编室有很多关于什么白案啊、红案的，关于做菜的节目，拿来以后一弄就是早间节目了。我说，您是怎么考虑的啊？他就说了一个人员构成。由孙玉胜来牵头——当时孙玉胜是新闻中心采访部副主任，主任是李东生；还说孙玉胜做这个节目还是挺有经验的，前一段刚做完《广东行》，反映不错。孙玉胜一个，你一个，还有总编室的梁晓涛，你们在一块负责，一起合作合作。最初我知道的消息就是这样。

首先是要和孙玉胜见面，因为他总负责。当时设定《东方时空》是一小时，7点播出，8点结束。过去中央台在8点之前是没有节目的，就等于是开了一块荒地，就算国家拨给你的地吧，你在这地方耕种，可以自种自收，自负盈亏。这一小时怎么办呢？应该有20分钟的新闻节目，由新闻中心制作新闻的部门来做；后40分钟就是真正《东方时空》的专题。当时就想，新闻看了20分钟，大家比较疲劳了，应该先放一个音乐节目，当时叫MTV。

大家都觉得音乐这一块很重要，必须有一个对音乐感兴趣的人来负责。那天晚上我在八角村电视台宿舍楼下就去找了王坚平。在评论组里，他最热爱音乐，而且也是最懂音乐的。平时爱听CD，也爱唱歌。当时我住在八角村，王坚平也住在那儿。他和我一样也是在《观察思考》组，也算在电视台工作多年了，看过中国电视台的很多改革，很多栏目的生生死死。那天晚上我跟他一起散步，就说起这个事，他当时跟我说了掏心窝的话，他说："这个东西我很喜欢，但是我现在需要稳定的工作环境。万一我跟你去干，干不成了怎么办呢？在评论组不是也挺好嘛，几个月做一期节目，工作有保障，多稳当啊。"很快，他说服了自己，来和我们一起干了。他做《东方时空·金曲榜》做得非常棒，自然也就成了《东方时空》创始人之一。

问：当时还是创办的最初期？那时候是一个什么状态？

童宁：1992年底，就有了《东方时空》最早的雏形了，包括领导的想法，由什么人来做。有了这个东西之后，就要分步来实施。当时组里头的人不多，刚开始就是孙玉胜、梁晓涛、我。后来孙玉胜找了时间。我又找到了王坚平，就这五个人。再后来大家意识到，这些散的版块需要有人把它们聚合起来，又找了孙克文。张海潮当时可能是听到风声了，他在食堂吃饭的时候就说："我想到你们那儿去。"我说："行啊，我们就见见孙玉胜吧。”那时候也是缺人，孙玉胜就说来干吧，没问题。他来了以后干得很不错，一下子找到了感觉。他纪录片功底比较扎实，剪接功夫比较强，编出来的东西，领导一看觉得编得好。过去搞新闻的人不长于编专题片，而《东方时空》这些人都是偏重专题片和纪录片的，所以对画面、对节奏感的把握，感觉非常好。台里面让这些人来做，实际上也给新闻中心注入了一些活力。

卢望平最早也是搞纪录片的。当时我和他平时接触比较多，也是同学。后来他也过来了。最早在《生活空间》里面，他找到了蒋樾那些人给他拍纪录短片，当时都是放在周日版，每周一个。其他的还是怎么做菜，怎么做头发，所谓的服务类的内容。后来陈虻来了之后就把这个纪录短片放大了，由一周一期变成每天一期，就是“讲述老百姓自己的故事”，用王刚配的解说，在陈虻手里，《生活空间》成了品牌。

问：开播前这一段的工作人员你们是怎么找来的？

童宁：就是调一些人过来。孙玉胜也推荐一些人。有些人到《东方时空》来的想法，可能跟我差不多，想做一些有分量的节目，一听说这边开始做节目了，有的人就主动找上来，有的是停薪留职，有的请假出差，有的只是原单位领导同意他们就来了。开播之前这个消息传得很快，来自全国各地的，还有在中央电视台实习的，还有别的部委电视中心的。当时一个栏目才几个人，像《焦点时刻》当时也就五六个人。再有就是电视台这个圈子里的人给我们推荐朋友，提供人才信息。

问：当时不用给这些人什么承诺？

童宁：没承诺，就是先干着吧。而且来的人好像也没有问什么，就是觉得这么干很有意思。我们那时候也很诚信，人家干活就给人家钱。有些栏目比较活，工钱一周一结，一天一结、一个节目一结的都有，这样大家的积极性就起来了。所以当时的领导监控也很简单，对你很信任，钱都用在节目上，如果发现你这个栏目做得好，收视率高，那就说明你这个钱花得到位；如果有一天突然发现你这个节目影响不好质量不高，那就说明你的钱花得不对。花的钱在节目上没体现出来嘛。所以当时衡量的标准，就是看你节目做得好不好，钱花得对不对，值不值。那时候的管理就是这么简单，人也很简单。

问：开播前你们几个创办人是什么样的工作状态？

童宁：那时候的工作状态确实比较疯狂，基本上都是住在办公室。我在一个钢丝床上睡觉，肚子上放两个电话。出去采访的那些编导和记者来的时候，有些甚至没干过电视，我们还要对他们进行培训。我当时有一种“快速培训法”——你什么都不会干没关系，找到事故现场，看着手表说，现在是几点几分，在什么地方，发生了什么事，你先把这个说清楚。然后结尾再说上一段，把这里的最新死亡人数说说，再说是什么人来处理这件事情的，最后说这个事故现场在进一步清理中。再就是根据事故现场录一段同期声，现场报道被烧毁的车，你站在灾难现场前面说上一段。把这三段式说好了，再拍一些空镜头的画面，就可以了。

这个时候出去的很多编辑记者都是新手，要靠电话给他们指导。有时候睡迷糊了，电话一响，两个电话，拿这个不是，又拿那个，太耽误工夫。后来只要电话一响，两个都拿起来，说什么都能听见，说完两个同时一挂。基本上是这样一种状态。

疲劳的时候一摸肋骨，有时都是发热的，特别透支。后来我才明白空调的原理，人的肋骨实际上就是一个空调，人的五脏就相当于发动机，高速运转以后，它必须通过肋骨往外散热。还有嘴角、鼻子经常冒泡，上火。每天都是一种晕的状况，头一摇，满头的头皮屑就像雪花般落下，这样的日子比较狼狈，当时我也就是30多岁吧，有这个活力，大家都是一样。

《焦点时刻》是挂在最后一块播出的，是在8点之前的十分钟。有时候节目做出来已经是早上5点多钟了。正常情况下是要在6点钟交到编辑组去把四个板块串起来，7点之前还有一个晨曲，再加上20分钟的新闻。有时候《焦点时刻》做不出来，就把之前的节目先播着，七点半那个带子才做好，马上往楼上跑。跑不好，还摔一跤，带子甩得老远，当时带子也够结实的。所以当时我们就规定，最后一盘带子做出来之后不许坐电梯，万一你卡在里面就麻烦了。必须跑上二楼直接送到播出线，有时候前面三个板块刚要播完，就差一分钟不到，带子才塞进去，你说悬不悬？

审片的领导也很辛苦，白天审《焦点访谈》，半夜和清晨审《焦点时刻》。李东生、孙玉胜基本上都是早上5点被我们叫起来审片。审完还要留出改动时间。所以当时也有一个要求，离7点钟越近拍到的东西，越是好东西。好比说“酒后驾车”，查酒后的，不是在晚上七八点钟拍，而是在半夜12点以后再行动，就是说这条新闻是今天发生的最

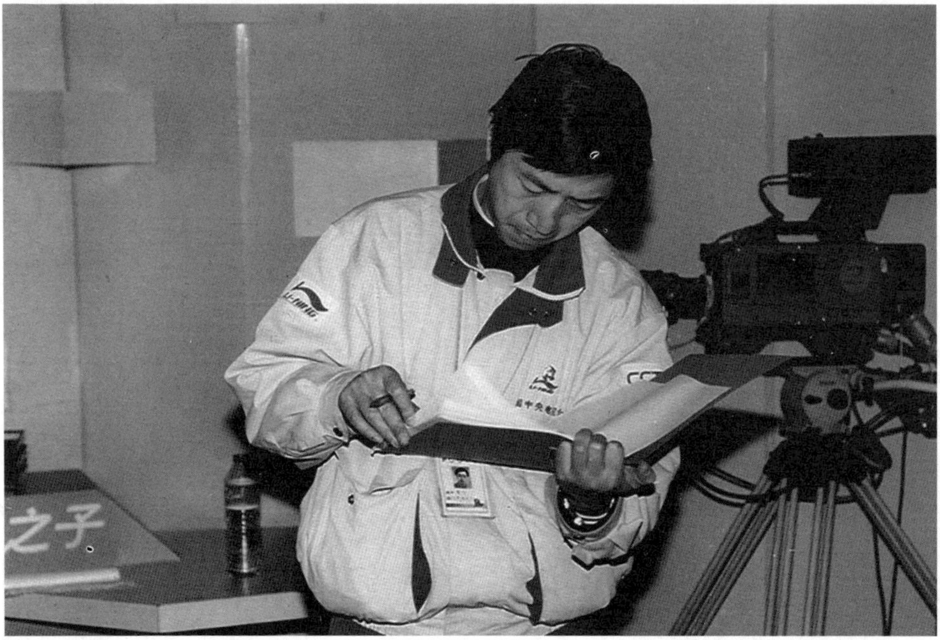

“疲劳的时候一摸肋骨，有时都是发热的，特别透支。后来我才明白空调的原理，人的肋骨实际上就是一个空调，人的五脏就相当于发动机，高速运转以后，它必须通过肋骨往外散热。”图为演播室中的童宁（摄于 1994 年）。

好。如果头一天晚上8点钟拍的，那就成了昨天的了。还想拍一些在工地偷东西的，《夜幕下的工地》就是拍这样的东西。2点钟拍，3点钟回来制作。后来还做了一些节目，《吃不了兜着走》，到酒店宾馆饭店去拍，实在没节目了，就查查饭店里吃饭打包现象。吃饭打不打包？为什么不打包？为什么打包？也出去采访一圈回来做节目。

后来有了《焦点访谈》，基本上《焦点时刻》成了一个试探气球，查了这个酒后开车之后，早上播出很好，台长一看，晚上上《焦点访谈》，进一步扩大它的影响。开始，中国确实早间看节目的人不多，但是领导同志都看，早上7点多点他就到办公室了，他就能够看到《焦点时刻》。看完以后他肯定的，当天晚上就能上《焦点访谈》。如果觉得不适合，不宜播出，上午10点重播的时候就没有了。有些新闻只能在《东方时空》才能看到，这消息在社会上一疯传，人家反而要来看7点的，因为你要不看就绝版了，这种现象又进一步扩大了《东方时空》的收视。

在一块荒地上，奇迹就是这么创造的

问：对你们来说，当时的情况真是一穷二白，台里面给你们的政策是怎么样的？

童宁：当时有一个管中央电视台财务的老总，叫贾文增，他就想把《东方时空》搞得活一点，借给我们20万的启动经费，然后再用广告收入来偿还这些钱。过去中央电视台在早上8点以前是没有节目，上面也不要求我们台播出节目。我们在这一块播节目，可以认为是荒地，其收入视为创收，就用于节目制作。当时我找到了一家广告公司。我们播出的时候已经5月1日了，跟那一家谈，说《东方时空》还剩下八个月的广告，全部由你来经营，只要给《东方时空》200万就够了，不过每个月要提供11万的现金，用于临时工发工资。

这一家公司也挺逗，它就答应了，出去弄现金的时候却遇到了麻烦，说异地取款弄不出来。他们就播自己的广告，播了半个月，挺不住了。那小老板说："哎呀，我实在干不了了。"为什么呢？他说："这个现金筹集不到。"那时候还比较讲诚信，他们筹集不到就退出了。那年开播一段时间之后，每天都有人拿着现金来上广告，第一年的广告收入是2000多万。后来我遇到了最初的那家公司，我还说："你看，给你发财的机会，200万卖给你。你呢，没弄到现金不干了。"这不就是天上掉下来的馅饼吗？《东方时空》广告收入，第一年2000多万，第二年就5000万，第三年就8000万，很快就上亿了。在一块荒地上，奇迹就是这么创造的。

问：你们是先给自己定了个价钱，播了一个月后你们就涨价了？

童宁：这个真有传奇色彩。一开始呢，一个30秒也就1500元播一星期。当时我们也不是想做买卖，就是测算一个月可能需要11万现金来发临时工工资。谁能满足这么个条件，就可以把这个接过去。结果很多公司是不来的——中国人哪有早上看节目的，早上都要睡觉，学生要上学，家长要上班，怎么可能7点钟起来看节目呢？都是晚上看节目。后来一看啊，这个节目确实好看，收视率也越来越高了。当时有一句流行语，叫"吃方便面，打面的，看《东方时空》。"大家就说，你想看到真正的新闻，你就要看7点档，到了10点可能就没了，所以收视率一下就上去了。

再说那一家公司，播了15天，挺不住就走了。结果它刚一走，第16天，就有人就拿着钱要上广告，一下子广告就火得不得了了。一开始才800元一条，接着就1500元，大家都来了。本来也就是播个12条广告，一下来20条怎么办？那就涨价，涨到2000，吓走几个，但是很快就有人来了。广告商播着播着，发现这块效果好广告还便宜，一下子又来了20家。那时候广告也长，一般都是30秒的。就再变成3000元一条，很快就变成5000元一个广告了。原定只能播4—5分钟广告，后来播到6分钟、7分钟、8分钟、9分钟、10分钟。只有30分钟节目了。台长发现了，叫停。回到了原来的6分钟广告，那也很长啊。

问：财务这一块，实际上就是承包的方式，这在当时整个的电视界应该算是一次突破吧？

童宁：对，那是一次突破。电视台一直是所谓的收支两条线，这是电视台的一个规矩，现在也还是这样。就是说，你需要多少钱，你造预算，给你拨这笔钱你来做节目，至于广告的创收由相关的部门来管，你不负责收钱，你就负责花钱做节目。

问：刚才我们谈了节目的人员和资金，再来讨论讨论节目的内容。

童宁：节目这部分挺有意思的。当时有一个想象的场景，很多汉字飘浮在星空里，然后把这四个字，从大千世界当中提取出来，最后组成一个《东方时空》。"每一个清晨，向您传播，在东方这一时间与空间里发生的一切。"这个气势还是很宏大的。这个创意实际上，只是在纸上实现了，很多人并不知道。片头当时做不出来。这就是技术对艺术的局限，不过放在今天来说就很好实现了。

这是一个大型的杂志性栏目，里面有很多小的子栏目。最早是把《金曲榜》放在第一个版块播出的，播了几期之后，领导就说："这个《金曲榜》打头不太好，显得分量不够重。"后来就把《东方之子》放在第一个播出，《金曲榜》放在《东方之子》之后，第三个是《生活空间》，第四个是《焦点时刻》。当时的定位就是，新构想、新观念、新感受、新面貌。"7点播出，送去中央电视台清晨的问候；8点道别，伴您度过一小时的充实温馨。"

每个子栏目后来慢慢也有了自己的广告语。《东方之子》是这样的："新闻人物、昨日明星、商界奇才、学界名流、绿茵骁将、艺坛新秀，社会各类英豪都将走进《东方之子》的行列"。《金曲榜》的就是"真诚奉献，华夏之音，全面推介新创金曲，《东方时空金曲榜》愿为每一朋友送去你心中的音乐剧"。《生活空间》当时做了一些小版块，"《走天下》，听古今掌故；《红地毯》，文体时尚；《健康城》里岁岁平安，老百姓的生存状态，尽融于《生活空间》"。《焦点时刻》的是"时代写真、国际风云、社会纪实、热门话题、争论焦点、街谈巷议，永远的瞬间都凝聚在《焦点时刻》"。

"电视万花筒，全新主持人。二十分钟新闻尽知天下事，四十分钟专栏各领一段情。"讲的就是我们的节目构成。

问：开播那一天你们都去了吧，讲讲你的经历。

童宁：开播那一天楼道摆了很多花篮，我记得我还拍了不少照片，台领导也都去了。1993年5月1日早上7点，一开始是《东方时空》晨曲，我们编的画面是万物复苏，大地上冒出很多幼芽，生机勃勃，整个城市开始苏醒，祖国开始新的一天。接着是新闻，然后几个栏目一一推出。当然大家都比较兴奋，同时我们心里头也觉得，这个套就永远地套上了。

接着就要考虑，小黑板上该排谁的节目。还讲一点时效，做一些稍微常态一点的节目。谁的节目做得好，时效性强，就先播出去。一旦这样滚动开，就感觉不错了。另外我们最早用汉显BB机征集信息，观众有什么信息可以呼我们。有很多新闻线索都是观众提供的。

问：开播以后，你感觉自己面对的压力是什么？

童宁：压力就是每天非常疲惫，人都是晕的。第一，人少。第二，每天都要播出。确确实实就是大概播了一两年还没有足够的储备。后来感觉到也根本没法储备，那种新闻性的节目怎么储备啊。《焦点时刻》就不行啊，你提前做了没用，所以后来我操作这一块的方法就是当天拍当天编当天播。“酒后开车”就是这么操作的，也就是从我们那个时候开始查起来的。“闯红灯”，我们就跟交管局说一声，他们行动，我们跟进采访进行报道。还有好多突发性的东西，哪儿着火了，哪儿失事了，你就把它报道出来就行，它就是一个快速反应，节目没法储备。

走到哪儿都很自豪

问：当时面临着哪些压力，各个栏目是怎么调整的？

童宁：实际上面临的，也就是宣传方面的把握。比如说《金曲榜》，有时那个榜单一出来，港台歌曲都在前面，一些革命歌曲排在第六第七。这个东西就觉得有些不太合适，但是它排行已经出来了，你既然叫《金曲榜》就得排榜啊。谁是第一、第二，谁就是一种榜样，起到一种导向作用。有些歌曲可能就是风花雪月，当然今天看起来就没什么，但是毕竟在二十年前，要求还是比较严格的。所以还是要求电视要鼓舞人，要激励人，不希望太软的东西去造成不好的影响，这时候就会遇到一些批评。所以后来就不叫《金曲榜》了，就叫《音乐电视》了。

《东方之子》是个很有亮色的名字，就要求里面采访的人物，也应该保持先进性。一个有争议的人物，播出就不太合适。如果说是一个新闻人物，也可能是好人，也可能是引起轰动效应的人，不一定是道德楷模。你要是叫“东方之子”，起码应该是时代的楷模，具有道德力量的人。在选择人物上，如果选择不好，就会不合适。

《生活空间》一开始定位不准，最初是希望那个节目是服务性的。结果进来搞节目的这些人都很懂电视，很有思想。最早领导的感觉就是，你这儿要这么多人干嘛啊？随便找几个人来，把那个怎么做菜的节目拿出来，包装包装播出去得了。没想到，这些人不甘于做一般性的节目。后来《东方时空》变成了一个思想性比较强的杂志性节目，并且改变了中国人早间不看电视的习惯。原来人家早上不看节目，连广告商都不跟，现在都是黄金时段。后来一天重播四次，第一套节目早上 7：00—8：00，上午 10：45—11：25 再播一次，每个星期四晚上再挑一个最好的，隔一周播一次。另外在二套节目的下午2：15还播一次，每周六晚间的黄金时段19：40还播一次。第三套节目18：20—19：00还播一次。你说中央电视台现在什么节目有这种殊荣，一二三套都给你播？现在没有这样的节目，新闻节目也没有做到这一步。所以说，它确确实实是当时中国最好看的节目。

问：当时有一件很重要的事，申奥失败，你还记得吗？

童宁：这件事给我印象特别深。当时我们想弄一个大型杂志性节目，分开是一个个体，合起来是一个整体。比如《东方之子》，采访的是一个体育界的人；《金曲榜》是一个申奥歌曲；然后《生活空间》讲一些志愿者在长城脚下点了很多蜡烛，表达一种祈祷；《焦点时刻》把那个申奥的信号接进来，讲申奥过程。连夜制作，清晨播出。《9·24申奥特辑》播出完之后，就是申奥失败的时候。连夜做完的节目，结果出来大家都比较悲愤。我印象中白岩松是第一声哭出来的，然后还痛骂了一句。当时确实是哭声一片，比较悲痛。最后大家出来在外面合了一张影，叫"9·24申奥特辑"。那张照片，总有一天我会找出来的。

问：好像那是《东方时空》第一次四个子栏目联动？

童宁：对。我把《东方时空》的结构称之为潜水艇式的结构，打坏一处，没关系，潜艇照样疾驶。后来，联动的还有一个大型的节目。就是1995年春节特别节目，我提出一个创意，拍中国的四极，派出几路记者，最北端去漠河，最南端到曾母暗沙。还有最东端，最西端，中国四极人。很早以前我还在《人物述林》的时候，时间就知道我这想法。我当时跟孙玉胜提出来，时间说了这样一句话："童宁一进台就想做这个，了他一个心愿吧。"孙玉胜想想就批准了。后来做的时候，感觉压力很大。因为都是第二天早上播出，好多资料都是半夜传回来的。演播室先把主持人录下来，然后下面再去串，一点一点地接。北边是一段漠河的狗拉爬犁，南边是海上的旗语，西边是新疆大雪，骑着马到牧民家。牧民原来是在深山放牧，现在定居在家里头吃上了蔬菜。最东端也是冰天雪地。都是这种很碎的东西，当时觉得也很有压力。记得我是总编导，在演播室录像，我突然胃部紧张得发痛，当时生怕晕了过去，完成不了任务。

以前我从来没搞节目紧张得肚子疼，这次我觉得坏了，脑袋里想着的

1994 年 1 月，央视社会招聘现场。公开招聘社会人才，在电视界，《东方时空》是第一次。下图中，王坚平正在监考；黑板上是孙玉胜出的考题（摄于 1994 年）。

是：这时候我要倒下了，估计这个节目就完了，因为没有别人知道，也没有一个预案，只是给领导汇报过，细节的东西都是我操控着。那个时候领导非常信任你，你也自信。在今天想想这是不可能的，居然没有预案和备播就这么上了。当时还真是无往不胜，没有失败过。

问：后来你们在梅地亚招了一次人，从策划到执行的整个过程是怎么样的？这是中央电视台历史上的首次社会公开招聘？

童宁：那一次招人要考试，孙玉胜出题，手写的，现场公布展示试题，考试结束之后交给有关的人阅卷。所以，第一，考试很公平；第二，关键是面试，秉公办事，给每个人打分，最后有一个统计。最后一关就是制片人来挑人，这些人中考试合格了的，你来挑选。后来选的这些人又到当时中央电视台的顺义培训基地，培训过一段时间，这还不算，还要经过实习，看看这个人干活行不行，经过试用最后才定下来。

当时各行各业都有人来，有的是没有干过电视的，他就觉得这个电视很有意思。后来实际上我们招的一些人，也有学理工科的，也不全是搞新闻的。我记得有好多人是刚从国外回来的，是一些海龟。

但是有人工作一段以后，不太适应。考试很棒，回答问题很好，但是做节目不太适应。这一行要求能够摸爬滚打，能够与人打交道。太清高的人做不了电视，哪怕是拍纪录片也不行。你说我不拍人拍动物，那你也得俯下身子，跟企鹅在那儿一起，你也要哄着动物玩儿啊。国外人家拍纪录片，还要养鸭子呢，还要养天鹅呢，还要养各种飞禽啊什么的。清高拍不了电视。不过，总而言之，招的人还都不错。

问：他们这伙人来了以后，不是台里的正式员工。你们有没有想办法保护他们的权益？

童宁：我们的团队里面有一些固定工，也有临时工。假如这个人资格很老，但是他不干活，有时候也会歧视招聘来的人员。但是作为制片人，还是要保护所有人的积极性。谁能工作，谁能干活，我就支持谁。这个也是制片人制最大的优越性，他确实有人权，有财权。领导也会问大家，童宁怎么样？有的人就会说，他发钱发得多，给工资给得不少，领导就知道你管理得不错。如果制片人不能够公正地对待每个人的话，领导也清楚，就会对你进行劝导。如果你执意不改，可能就会调换岗位，或者用严肃的纪律来约束你。

问：在90年代初肯从原单位跳出来跑到你们这儿的这帮人，也是人中龙凤。这有没有给你们的管理上带来压力？

童宁：我倒没有体会到压力，因为这些人来都是想干一番事业。有些人会有一些个性，但都通情达理。并且大家都是用节目说话，你能够做出好节目来，大家就服你。所以在管理上，也没有出现过多的纰漏。能当上制片人的，都非常有经验，而且也是工作狂和技术能手，都是干活的人。当然，也有一些有个性的人，对这些人，我是以德报怨，我们是为了共同的目标走到一起来的，干嘛不愉快啊。还好，我在《东方时空》当制片人的时候没有太为管理上的事头疼。

问：那个时候你们这几个主创人员其实都很年轻，突然一下到了自己能做主的环境下，会不会有点儿飘飘然？

童宁：有些人比较谦和，就会稍微客气一点。有些就是直来直去，显得果断有魄力。倒是不会有飘飘然的感觉，因为每天都被工作搞昏了头，总是像一个上满发条的人，早出晚归，或者经常不回家，因为你不盯着明天早上节目就没有了。所以确实身心疲惫，没有时间飘飘然。有好多个人的事情都处理得比较狼狈。有一次我把买的书落在出租车上了，然后司机好心给送回来了，放在传达室。按理说，去传达室把这个书拿回来就行了。就这么近，都没时间去，放了好长时间，最后都放丢了。算了，我原谅了这个贼，偷书总比偷别的好。当时我们无暇顾忌个人的私事儿，因为你根本没有办法顾忌。但确实是突然找到了一个能够释放自己能量的空间，觉得自己做的这个工作很有价值。我们感觉自己走到哪都很自豪，因为很有成就感，觉得《东方时空》是中国最好的节目。

《东方时空》让我对电视有更深的感悟

问：1000期的那次观众见面日，你参加了吗？

童宁：参加了，在北京展览馆，会场布置得非常精彩。我记得当时时间在那签名赠书，我也扮做一个观众，在那排队领书等签字。后来他一看到是我，觉得挺可乐的。那是一次盛会，对所有的人都是一次鼓舞。当时孙玉胜到了二楼上看着这一切很高兴，大家都沉浸在成功的幸福之中。《东方时空》当时确实是先锋，不管做什么事儿都比较霸气，哪怕为自己庆功也做得很有特色。

《东方时空》做大了，由《东方时

空》、《观察思考》、《今日世界》三个栏目组建成了评论部，我到了编辑组当组长，提议创办一个杂志，孙玉胜说办什么杂志呀？叫什么名儿呀？我就跟他建议，可以在《东方时空》和《焦点访谈》上做文章。他说各取一个字，叫《空谈》。为了避免歧义，我在杂志的左上角写了八个字，“反道行之，坐右为铭”。虽叫《空谈》，但里面绝不是空谈。每次一开例会，各个小组的责编都拿这个东西传看。虽然是自己编的简单几张纸，但是非常有意思，也非常有意义，这也是《东方时空》的团队文化。

问：我们二十年后回顾《东方时空》，你认为它成功的原因是什么？

童宁：成功的关键就是有一个好的机制和体制。以前发钱就能见到现金，能发到能干的人手上，现在发钱不是制片人来发，制片人是见不到钱的，又成大锅饭了。你想开掉一个人，可以，但不是那么容易的，因为有《劳动法》。当然国家出台《劳动法》是为了保护职工。电视台各级领导也不能随便把人家开了，现在有人不干活你也拿他没辙。但当时的《东方时空》就不一样了，机制体制很灵活，你干不好就没钱，没钱你自己就走人。你能干就干，干不了你就走，顺理成章，天经地义。

现在是怕贪污，所以都是通过银行卡打钱。如果这个人没干活在家歇着，也得从卡上给他打过去。后来制片人中出现了贪污的情况，为了治理这些人，让财务部门直接把钱打到职工卡上，不让制片人摸钱了。但当时我们当制片人的时候，没有人这么想，因为钱发不出去，你这个节目就做不出来。节目质量下降，就有人监督你。你给人家发多少钱也是要签字的，你发的那个数和领导要求发下来的数不一致，那你就别干了。所以说我们用人很活，也能够吸收到最好的人才。我觉得任何事情有利有弊，现在这个机制虽然规范了，但是也僵化了，官僚化了，不像一个新闻单位，也失去了原有的活力。

问：现在想一想，你觉得《东方时空》还有什么做得不足的，遗憾的部分？

童宁：我觉得我们尽力了，聪明才智也付出了不少。甚至我知道我们做的事情，是找到了一种在短时间内能够让人迅速成才的办法。后来他们老喜欢让我去策划一些东西，之所以我能够在很短的时间内，告诉他们怎么能够把节目做好，全是凭我在这里学到的经验。要说遗憾，我个人在《东方时空》没有什么遗憾的。

问：有些同事谈到，咱们在人才方面好像有一些可惜的流失？

童宁：留住人才的方面其实很复杂，也确实有一些人才流失。但是中国的人才很多，他们选择走，肯定有各种各样的原因，具体的情况也得具体分析。我没有遇到过什么很大的遗憾。我觉得我们能够吸引住人才，也没有轻易开掉过一个人。别人要走也都是自己走的，我们没有给任何一个人设置什么障碍，穿过小鞋。我也从来没有和谁过不去。

但吸引住人才确实是一个大的课题。这关键要取决于制片人的吸引力。首先制片人要站得高，他应该是一个有本事、视野开阔、心胸博大的人。这样你底下的不得不服你。所以制片人很重要，制片人小肚鸡肠是成不了大器的。制片人制也是双刃剑，用好了非常好，对制片人管理不力也会出问题。现在的问题就是对制片人要求过严，把他的权力管死了，导致他的能力发挥不出来。所谓成也萧何，败也萧何；成也制片人，败也制片人。

问：离开《东方时空》以后你去做了什么工作？

童宁：当时我正在评论部四组当组长，管《焦点时刻》和《焦点访谈》，正准备大干一场，突然中国要在澳门办一个宇宙电视台。广电部副部长马庆雄，中央电视台副台长沈纪牵头要从中央电视台选10个人，沈纪副台长要我去做这个事儿。当时我就跟孙玉胜请示，他还是不希望我去。我自己也是好奇，澳门没去过，我就先跟着沈台长去看了一下，这一看不要紧，加之盛情难却，最后我就去参与创办澳门的宇宙卫视了，算作是我们台派出的人。办了一年，由于各种的原因，这个台没有办成，我就又回到《新闻调查》，帮着拍了集《新麦客》，在这个新栏目第八期播出了。接着我跟领导讲了我的想法，想去拍纪录片，于是1996年11月，我就调到了社教中心纪录片部，在那里，我拍了几个大一点的片子，《科教兴国》、《风展红旗》、《中国大西北》什么的。2000年的时候我担任纪录片部副主任，在国家广电总局总编室挂了一年的职，2001年参与创办西部频道，当编辑部主任，2004年西部频道置换为社会与法频道，我在那儿一直干到现在，现在是这里的副总监。

问：对于你个人而言，《东方时空》那段经历意味着什么？

童宁：那段经历对我来说是给了自己一个舞台，一个空间。我在那个舞台上练过身手，找到了一种对电视纪实性节目的驾驭。这种感觉会影响自己的一生。从事纪录片这一行，是急不得的。搞纪录片的人必须心态好，还得敏锐、敏感，踏踏实实地积累。实际上好的纪录片就在我们的身边，关键是看你能不能沉下心来。

你想拍一部好片子，想拍自己的女儿，你想拍一年就出东西，那是不可能的。可能需要五年、十年，甚至要二十年、三十年，积累到一定时候，突然一个结构、一个灵感出来了，你才能把它形成一个作品。现在好多东西只是片断式的，片断式的东西成作品要靠运气。那些闯到你镜头里的人，比如一辆车把一个人撞飞了，它只是一个镜头、一个片断，它不是作品。可能成个好章节，也可能成个节目，但不可能成为伟大的作品。大片、伟大的作品要思考、沉淀、积累，最后火山爆发。所以说在《东方时空》的经历让我对电视有更深的感悟。如果从风暴的中心走出来，从喧嚣中、从大风大浪中走过来，这个人什么都见过，心反而会静下来了。我在《东方时空》正好是我36岁的时候，有天突然发现自己眼角出现了皱纹，我惊出了一身冷汗。我说36岁就长皱纹了，我还一事无成呢。其实，事情已经干成了，自己还浑然不觉。而在这之后我就慢慢开始平静了，别着急，人还早着呢，人是为66、86岁做准备的。人平和了之后，真是就是面朝大海，春暖花开，笑看天下，潇洒行走。我对电视的感觉也上了一个层次。我对电视究竟是干什么的，为什么搞电视，电视传播又是为了什么，都有了不一样的感觉和体会。

好像整个人都给了它

孙克文访谈

孙克文，1951 年生，1975 年辽宁大学中文系毕业被分配到北京电视台（中央电视台前身），曾任新闻部农业组记者、地方组编辑、1983 年任评论组副组长，1988 年央视成立新闻中心，调新闻中心任业务秘书，参与组织制作大型系列报道《改革在你身边》、《弹指一挥间》、《祖国大家庭》等，1992 年底参与央视《东方时空》栏目创办，1993 年任编辑组组长，2000 年任新闻评论部副主任。

“你们七个人带着外边那些散兵，能撑三个月就差不多了。”

问：最早知道要办早间节目，是谁告诉你的消息？

孙克文：要筹备早间节目的消息是新闻中心章壮沂主任通知我的。因为当时我是新闻中心的业务秘书，有重要节目肯定都要参与的。听说要办一个新栏目，我心里也特别高兴，正好有一天在楼道里碰见孙玉胜，我问他这个早间节目什么时候开始动作，他说马上就要开始了，一会儿就在玻璃房开会。玻璃房就是新闻中心办公室旁边的一个礼品展示房，里面有许多国家的电视台赠送给中央台的纪念品。中间是两个大会议桌，我们就在那里开会，那个地方慢慢就成了以后《东方时空》的大本营。早期是编辑组、《金曲榜》、还有《焦点时刻》，在一个办公室办公，每天出来进去的都在这儿，特别热闹。

问：都有谁参加了当时讨论节目定位的会议？关于节目的定位又是怎么考

虑的?

孙克文：开始筹备已经是1992年的年底了，时间很紧，台里最早要求1993年3月1日就要播出。当时台里早上8：30开始播节目，7：00—8：30这一个半小时等于是空白，有关领导就想用这一个半小时来做。当时台里的意思就是把《为您服务》之类的节目给它拼拼凑凑，改编一下播出就行了。这样做的话，三个月应该没问题。但是大家想的是要办一个 全新的早间节目。

那段时间我们经常开会，有时候争得面红耳赤，但最后大家的方向还是一致的。当时也经常看一些国外的电视节目作为参考，慢慢了解了一些国外电视节目的趋势，思路也越来越清晰了，就是想做一个电视新闻杂志型栏目。那会儿中国观众还没有早间看电视节目的习惯，主要都是听广播，包括我自己都是。当初我们就想能不能通过这个节目改变中国人早间不看电视这个习惯，当然这只是大伙儿开玩笑地这么一说。

开始起名字了，因为年轻人多嘛，经过几番争议最后叫《新太阳60分》。这个名字几个人都很满意，感觉很前卫，很新鲜。根据《新太阳60分》确定了几个子栏目名称，人物这块叫《太阳之子》，音乐电视是《新太阳金曲榜》，还有《太阳扫描》什么的。之后就专门打了一个报告，由台里来定夺；同时这几个子栏目分别就开始准备了，人物的、专题的、新闻的，开始搜集素材。结果没两天报告回来了，说那个名字不行，还得重起。大伙儿就问为什么啊？领导说这个名字不合适。后来我们感觉可能是“新太阳”有些敏感，所以又开始重起，起了一串，什么《早安中国》、《你好北京》、《东方时空》……让台里挑。台里最后定的是《东方时空》。子栏目也就跟着变成了《东方之子》、《生活空间》、《东方时空金曲榜》、《焦点时刻》。

问：《东方时空》是怎样由最初的“七君子”发展成一个团队的?

孙克文：所谓的“七君子”，其实就是刚开始参与筹备创办的七个人：孙玉胜、童宁、时间、张海潮、王坚平、梁晓涛、还有我。名字有了，栏目也有了，就该招兵买马了。几个子栏目的制片人都在忙着四处里找人，同事、朋友，本台的、报社的，地方台的，单位电教室的，大学毕业生等等。

因为时间很紧，特别需要人，也不像现在来个人还有个试用期，好多没搞过电视的，凭着一腔热情，一看到我们这些群情激昂的人，受到感染就都过来了。但是毕竟这是新开办的节目，一个栏目组也就是十来个人左右。等于从筹备到开播也就三四十人。开播后台里人都在讲，你们七个人带着外边那些散兵，能撑三个月就差不多了。做电视的都知道，一个40分钟的栏目确实不是小事，尤其还是个日播节目，按电视台惯例，日播40分钟的节目绝对是一个大的部门来完成的。所以可想而知，台里好多人抱着怀疑、不信任的目光。但是大伙那会儿信心特别足，是凭着一种激情也好，或者一种创作的冲动也好，大家的目标是一致的，就是节目一定要做好，开弓没有回头箭。

问：你那会儿多大？三十多人的年龄大概是什么样的情况？

孙克文：1993年我42岁，孙玉胜应该是33岁。这七个人，包括那三四十人，平均年龄也就三十岁左右。我在那里是他们的大姐，年龄算是最大的。

1993年台里的工作条件还没有现在这样优越，我们大家在一起开会，经常忘了吃饭。那会儿没有快餐什么的，平时吃饭都到台里后边的食堂，每个人拿着饭盒打了饭菜回来之后，围着大会议桌边吃边聊。现在想起来还特别留恋那种状态：你夹我一块肉，我夹你一口菜，他吃一口馒头，那种感觉特别好。有的人饭都不吃，争论一个什么问题，或者一下有什么灵感上来，兴奋得不得了。

问：我在你的书里面读到过一个场面：你走进机房看到有的年轻人已经睡着了，开播之前，大家都拼得很厉害，但为了节目的播出，你不得不进来把他叫起来。

孙克文：这一幕印象太深太深了，已经深深地定格在我的脑海里。为了赶首播，我们就开始准备样片，各个栏目都在筹备着。我这块包括总片头、子栏目片头和音乐，还要定演播室。台里定下来演播室之后，要找灯光、摄像、美工。片头做出来以后，就赶紧把孙玉胜叫过来审看。不管什么时候，孙玉胜都是随叫随到，也是没有白日没有黑夜的。我们几个制片人在台里开会经常到夜里。因为白天都各有栏目的事，下班了栏目的事也忙得差不多了，晚上每个人弄个盒饭，一边吃一边开会，经常夜里一两点钟回去，累得不行。那个年代为工作干到夜里一两点钟，谁会相信呢？

没有星期天没有正常的上下班，大家都在忙着准备5月1日的开播，为了造势我们还专门在《中国电视报》上做了一整版广告，我还保留着这一期报纸。这是历史性的，现在看着也还觉得非常激动的。

问：《东方时空》的那个片头是谁设计的？

孙克文：总片头画面是张海潮编辑的，音乐是方兵做的。那些音乐特别好听，到现在我的印象都很深。只要早晨一听到《东方时空》晨曲，新的一天又开始了。几个子栏目的片头也是不知道改了多少次，因为我们想的是不论节目还是包装，《东方时空》都要给人耳目一新的感觉。

因为是早晨播出，所以台里技术部门不管，播出全由我们《东方时空》自己的人操作，这也是台里从来没有过的。我就赶紧培训之前物色的几个准备从事编辑的年轻人，有报社的，有大学教师，还有曾经的团干部。每天我一遍遍地教他们使用编辑机，说得最多的是安全播出，强调最多的是电视台播出无小事，播出线上不允许出现任何差错。

第一天播出带是我亲自编的，他们在旁边看着。当初台里给我们的任务就是每天有五分钟广告，靠广告收入来养这个节目，当时社会上还不知道《东方时空》，所以企业也不愿意上广告。台里指定未来广告公司来负责《东方时空》的广告，他们也是好不容易拉了几家。尽管这样，广告才三分多钟，整个节目时长还差一分多钟。第二天马上就要播出了，我一下急了，赶紧找到孙玉胜说明情况，孙玉胜说没办法，拿咱们节目填吧，于是赶紧把《焦点时刻》的节目抻了一分多钟，这才把40分钟节目填满了。

问：当时演播室的工作安排是怎么考虑的？

孙克文：当时我们想要推出全新的主持人，不用台里的老面孔。几个栏目各自物色主持人，我印象当中，《东方之子》那会儿是白岩松，《焦点时刻》是张恒，《生活空间》好像是李平，《金曲榜》是桑朝晖。这几个人同时亮相在演播室。现在想起来那时候的样子都想笑，好土啊。可能审美也随着时代不断在变化，现在肯定不会做出那样的演播室。尽管这样，第一天亮相，大家真的很开心，最起码是我们自己的新主持人。毕竟是我们自己的一个新栏目，就像自己的孩子一样，一下子在五一那天就出生了。

“你们是早上刚播的那个节目吗？”

问：开播的那天早上，所有人都来了，你们是什么样的心情？

孙克文：第二天早上7点就要播出了，我跟值班编辑再三交代，一定要保证按时播出，不能有误。那时我家住挺远的，是石景山八角台里的房子，早上五六点钟就从家出来了，坐公共汽车，再换地铁。我一到台里，推开玻璃房门，嗬，好多人都已经来了，几个制片人也都陆续到了。快7点了，孙玉胜和几个制片人就到播出线候着，那种心情真是既紧张又激动，马上就要播出了。

等到值班编辑手按下去，《东方时空》的晨曲一出来，我们简直高兴得不得了。有人情不自禁轻轻鼓掌，特别兴奋。看我们的节目在播出线上播出来，那感觉到现在印象还非常深。每一个节目都看得特别仔细，特别认真。节目播完了，好像谁说了一句：不知道有没有人看，有没有电话打过来——因为《东方时空》最后出字幕都打上了联系电话。这一提醒，大伙赶紧往办公室跑。那会儿播出线离办公室不太远，到办公室以后，果然电话就进来了。我一下子把电话抓起来："你们是早上刚播的那个节目吗？"是一个陕西西安的观众打来的，他说你们刚才那个叫什么时空，我说《东方时空》。他说这个节目挺好，以前怎么没见着？我说是今天刚刚播出的。他说这个节目好，是不是天天播出？我说是天天播的，以后要是有时间可以天天看。

放下电话，我跟大家一讲，都特别高兴。接着又打进来七八个电话，都是早上看了《东方时空》之后打来的，都说感觉很新奇，跟以前的节目不一样。我们把电话的内容传达给编导、记者，大家都特别高兴。也是对大家的一个鼓励吧。

问：《东方时空》开播后，社会反响越来越大吧？

孙克文：对，当时社会上的流行语是：打面的，吃方便面，看《东方时空》。早晨《东方时空》播出后，我的办公室每天电话不断，信也不断。后来的信都是用编织袋，一袋一袋从传达室往办公室抬。每天几百封上千封。刚开始是大伙分头看的，记者有时间就拆信看。最后没办法，专门设了一个工作人员，专门看信，搞通联，负责观众的电话和来信。

我印象比较深的是一个江西的观众，好像是江西瑞昌市人大常委会的人大代表，他专门给《东方时空》写了词曲寄过来，名字叫《跨越时空》。这个作者叫田兴国，歌词也非常感人："东方吹来一股清新的风，吹醒我们不再迷醉的梦，追寻着生活，透视着人生，我们风雨兼程，行色匆匆……今天分手，明朝再相逢，亿万双眼睛闪现带泪的形容，荧屏传情，心心相通，我们凭着一颗无悔的心跨越时空……"词曲写得都非常好，当时我跟孙玉胜汇报了这件事，玉胜很低调，说再等等吧。大家一忙，就把这个事压到后面去了。还有一封信，是一个宁夏的退休干部，叫高深荣，讲《东方时空》成为他每天空闲时间的必修课。每天都要看《东方时空》，包括重播节目，写得非常感人。

大概1993年底，一个挺厚的大信封引起了我们注意，打开一看是吉林市的育文中学寄来的贺卡，有班主任老师的一封信，他说《东方时空》开播以后，他组织同学们每天早晨收看，他想把这个作为他课改的一项内容。他说学生看《东方时空》感觉很新鲜，也很生动，视野也拓宽了，国内外发生什么大事也都知道了，同时也能提高学生们的学习兴趣。他寄来的那个东西里边，有每个同学写的贺卡，每个人都写了一段话，就是看《东方时空》的一些观感体会，每人的都不一样。有的说《生活空间》讲的哪个人物故事觉得好，或者《东方之子》那个人给他带来什么教育，给我们触动特别大。我当时就叮嘱我们编辑回一封信，另外也给他们每个同学寄一张贺卡，寄去我们对他们的祝福。后来这个中学每到年底都会寄来一包同学们的贺卡，写着这一年他们看《东方时空》的体会，包括那个老师说的每个同学的进步，也都给我们汇报过来，有时候他们喜欢哪个编导哪个主持人也告诉我们，成为一个非常好的交流习惯。这是我们那几年每到年底必须要做的一件事，也是我们最期盼的。只可惜，办公室几经搬迁，这些都没有保留下来，太遗憾了。

问：开播以后，没日没夜的采访、制作、播出，好像大家都很累，累得孙玉胜一下子病倒了，那是一种什么状态？

孙克文：播出之后，我们几个人像一个上了发条的闹钟一样，黑天白日不停地转。因为40分钟的节目每天播出，之前电视台没有过这样大的工作强度。马不停蹄做完这个节目赶紧得找下一个选题，这种压力确实挺大的，各个栏目都是这样。开播不久，包括之前筹备，几个人都是满负荷工作，休息不好，刚播出不到半年，大家不约而同都开始生病了。

印象比较深的是童宁，童宁一上火鼻头那块就又红又肿，还起脓包。我说你赶紧去看看吧，那天他就抽空去看了。结果回来鼻子上贴着纱布，像伤兵一样。要是平时大家看到肯定会笑的不行，但是那会儿真是笑不出来，都知道是为节目着急上火的。没多长时间，我看张海潮也是这样了，不知怎的他们都从鼻头

《焦点时刻》演播室录制现场。左起：张海潮、孙克文、水均益；背对镜头的是方宏进、赵忠祥（摄于 1995 年，左上）。

“别人冲在前面的时候，我们断后。”下图为编辑组全体成员（摄十 1996 年）。《焦点时刻》、《东方之子》经常都要上赶时效的节目，前期记者通宵在赶，后期责编也经常是在办公室凑合一晚，非常辛苦。右上图为编辑组的谷源旭、王旭东（摄于 1995 年）。

开始红，上火，起包。接着梁晓涛嘴唇上火起泡，嘴张不大，说话都是张着嘴小口跟人家说。还有时间，时间那时胃不太好，因为休息不好，吃饭什么都不是很按时。有一次我看到时间胃病犯了，疼得不行，一下就跪在演播室，跪着指挥编导切换。我让他去医务所去看一下，他说录完了再说吧。后来没多久，孙玉胜也病倒了。本来他就有点胃溃疡，有一天就吐血了，胃出血，在人民医院住院。那天我和王坚平去看他，当时医院没有住院床位，孙玉胜就躺在活动床上，停在医院的走廊里，那情景看着心里特别难受。本来那会儿他就特别瘦，看他躺在病床上，脸上一点血色都没有，特别憔悴，特别无力。我们当时就安慰他，你好好休息，别着急。他说不行，还有好多事呢。我就说不管怎么样，我们几个人把自己那一块都盯好，你先安心住院休息几天，别着急回台里上班。他说没事，过几天就好了。

我原本身体挺好的，终究也扛不住这没日没夜的劳累。我负责编辑组这块，要安排每天的播出，每天主持人演播室录像，而且那时候评论部还没有成立，整个《东方时空》好多事务性的工作，包括一些外联等等，除了各个栏目之外的事情，孙玉胜都交代我这里来处理。有一天在演播室，我感觉冷得打颤，录完之后回到办公室，感到浑身无力，同事把我送到医务所，一试体温，39 度多，医生赶紧输液，交待必须卧床休息，后来找司机把我送回家，就这样回家躺了两天。同事还去家里看我，挺感动的。

安全播出无小事

问：作为编辑组的负责人，你面临的工作压力主要是什么？当时有一次出了一个事故，那是哪年的事？

孙克文：压力主要来自安全播出。《东方时空》开播前，我跟编辑组的所有编辑，包括所有后来的人，一直都在讲安全播出。在电视台这么多年已经形成了这种习惯，就是安全播出无小事。错一个字，或者是出一个黑场，绝对都是大事。但是我身边的这些年轻人，以前没在电视台待过，没有这个意识。整天我就在灌输安全播出，安全播出不能出任何差错。

但是有一次还是出了播出事故。就是 1994 年的时候，我们编辑组出去开总结会，中午吃饭时大家还在讲今天晚上《焦点访谈》播什么节目，说已经做完了，放在播出带柜子里。但就是这层窗户纸没捅破，比如说张三是你值班，你今天想着别漏了，就差这一句话没盯上。会散了之后全都回家了，这个编辑还住得远，晚上《焦点访谈》本来是他值班，结果《焦点访谈》该播出了，片头没出来，一看好像是《历史上的今天》之类的栏目，我脑子当时就一片空白，懵了。愣了起码有几秒钟的工夫，我就赶紧给他打电话。他一下也傻了，当天播出他给忘掉了。又赶紧打电话到台里，正好台里当天的值班编辑正在做《东方时空》，他就赶紧把那个带子拿出来，往播出线跑。好像那个栏目播完之后才播的这一期《焦点访谈》。后来我知道，孙玉胜在家里也看到了，当时就急了，马上开着车从家里往台里赶，一路闯红灯，到台里的时候《焦点访谈》已经播上了，但是没有在原本那个时间播出，这是一起很大的播出事故。

出事的这个责编其实平时表现挺好的，出了这个事故他也吓坏了。孙玉胜特别气愤，说要把他给辞掉。我这边一个劲儿在检讨，后来我跟孙玉胜讲，有没有可能把他换下来，不做《焦点访谈》的责编，先让他停止工作，反省一个星期，让他深刻检查，然后再看表现。后来就把他调到《东方时空》做责编了。有了这一回教训，他以后工作特别认真负责任，还成为了编辑组的骨干。

《焦点时刻》、《东方之子》经常都要上赶时效的节目。前期记者通宵在赶，后期责编经常就挤在办公室的椅子上凑合一晚上。我觉得挺不忍心，但是没有办法，就是这个形态。节目编出来之后，赶紧串编上，到凌晨五六点钟都快播出了，赶紧往播出线跑。经常弄得心脏都受不了，他们也很紧张，谁都不愿意出事。

有一次差一点出了险情。节目也是弄得挺晚的，那个同志夜里趴桌上就睡着了，而且还感冒了，吃了感冒药很容易就睡着了。结果突然一下就醒了，过几分钟就播出了，赶紧跑过去，吓得不行。我说你可不能这样，你有什么情况，如果身体不好别弄得太悬了。一下子出这么大播出事故，谁也受不了。

问：开播以后就开始大动作招人，台里边招人的特殊政策是怎样的情况？

孙克文：《东方时空》播出之后，影响越来越大了。观众也喜欢，来信和电话不断。不光是往我们栏目组打，也往台里打，也有要节目带子的——比如《东方之子》播了一个什么节目，人家看了挺好，想要录这个节目，想要解说词，或者要这个人物的地址。观众反映好，上边的领导对这个节目也很认可。台里就觉得，你现在光靠这几十号人，而且还都是台外的人，能不能引进一批人来扩大队伍。在这之前，我们也有这种想法，把比较优秀的人招进来。后来台里人事处的负责人就根据台领导的意见，召集我们一起开会研究，问我们大概需要多少人。各个栏目都报一个大概的数，不久台里就确定了招聘方案。

孙玉胜交待我说，要在《中国电视报》和一些媒体上打广告，发布《东方时空》招聘的消息，要求大学本科，从事过电视的最好。广告出来没多少天，每天都有很多电话询问招聘事项。面试是在梅地亚的一间会议室，几个制片人在里边坐着，外边排好长队，一个一个进来，几个制片人轮着提问，感觉不错的我们都记下来。当初参加过面试的好多人后来还跟我们开玩笑，说你们当初的架势好像是审问犯人似的。其实是因为房间有限，我们正好坐了大半圈儿，这个人坐在中间，所以让人有了那种感觉。

感觉不错的，都有记录，最后根据这个记录，让这些人又进行一次笔试。笔试是在电视台旁边的科技情报信息中心的一间教室，好多人参加考试。答完之后，我们分别判卷，又进行筛选。经过几番讨论确认，定下来的正式作为台聘人员，进入到电视台《东方时空》工作。

问：当时的人才结构如何？据说有很多人都不是做电视的，各行各业的都有？

孙克文：真是五花八门干什么的都有，有搞电视的，有纸媒体的，有毕业的学生，还有搞财会的，学服装的，电教室的。那会儿大家有一个共识，就是不拘一格选人才。

后来《东方时空》人员渐渐多一些了，到台里办事出来进去，都要办证件什么的。我们台里的几个人都不把进台证件挂脖子上，尽量避免不必要的一些想法。包括台里有一些待遇，发一些奖金，逢年过节发一些东西，《东方时空》也都照样给大家发一些同样价值的东西，或者奖金，尽量跟台里人员一样。从孙玉胜开始到几个制片人都是这样想的，大家都是平等的。

那时候谁过生日，《东方时空》都要给他买生日蛋糕，或者生日小礼物，庆祝一下。毕竟好多人都是外地的，这种人文关怀大家还是很注意的。在工作很劳累的情况下，栏目组都尽量帮助解决一些生活问题，像帮助租房什么的，那时候房租也便宜。反正能想到的，在条件允许的范围内，各个栏目组制片人都能做到。

问：关于经费，当时中央台给你们开了一个特区，是怎么回事？

孙克文：台里就说节目经费你们

自筹，广告5分钟，这就是你们节目的经费。但是刚开始启动的时候没经费是不行的，所以打报告跟台里借了二十来万。孙玉胜还跟台里立了军令状，表示我们做的节目是全新的，不是改编的节目。但是5分钟的广告谈何容易，人家好多广告厂家不认识你，不知道《东方时空》。

那会儿别的节目的主持人服装已经有赞助了，可我们的节目经费还紧张呢，快播出了主持人服装还没着落，怎么办？ 我就自己亲自跑。带个人去开业不久的城乡贸易中心商场，直接找他们的经理说明来意，介绍我们新成立的这个栏目，他说没听说过啊，我说是新开办的一个栏目，哪个厂家来赞助主持人服装的话，我们可以在栏目后面打公司或者厂家的名字。但是无论怎样解释，他们还是觉得有风险，最终没有同意。后来大家看到的5月1日播出时主持人都穿的是自己的衣服。

那个时候就是干干净净做节目

问：《东方时空》那时候这么多人才聚在一起，一定有很多有趣的故事，哪些给你留下的印象比较深？

孙克文：我觉得给我印象很深的就是1993年，申奥失败的那次。之前都做好准备了，各个栏目各路人马全都撒出去了，都照着成功做的准备。那天看电视直播，大家全在二楼玻璃房等着，买了水果，摆了一桌子，办公室还买了啤酒，准备庆祝，打算看完就去做相关的节目。等到萨马兰奇宣布表决结果的时候，大伙儿根本就没看完，一听见念了“中国北京”马上就欢呼了，实际上不是。水均益急了，一下子跳到桌子上，说不对不对。大伙儿根本听不见他讲什么，全都使劲欢呼了，把啤酒一下子打开了，弄得哪儿都是。小水一直喊“不对，不是”，可是没有人理他。回过头来再一看电视，表决不是中国，房间一片寂静，后来一下子全都哭了，难过得不行。早上节目播出完之后，好像是李东生说，不管怎么样，大伙儿出去照一个合影吧。就是9月24日那一天早上，好多人都红着眼睛，在方楼台阶上，拍了那么一个照片。

问：听说那个时候大家的工作热情都很高涨？

孙克文：刚开播几年，到春节、元旦还有国庆节的时候，《东方时空》都要做特别节目。因为都是早晨播出，所以一做特别节目全是通宵的。那时候二楼经常灯火通明的，《东方时空》的人跑来跑去。编片子的一会儿出来进去，到办公室拿带子，一会儿又出去联系人，特别热闹。而且那会儿通宵熬夜，好像也不觉得累。第二天早晨起来播出完了，才各自回家，一直处于亢奋的状态。所以现在说起来那是一段激情燃烧的岁月，一点都不夸张，经常是那种状态。

问：为什么会有这种状态？

孙克文：因为那会儿心无旁骛，没有后顾之忧，就是干干净净地做节目。生活上的福利待遇问题，部门或者栏目组都会考虑到，收入和业绩挂钩，编导记者每天想的就是做好的节目。节目播出之后，观众有反应、社会有反响我就高兴。上边有什么表扬，是对自己节目的肯定，觉得对自己是莫大的荣耀。每天想的是这个节目做完之后，下一个做什么。这个节目做得好，我可能下一步要做更好的节目，都有这种心理，包括栏目之间也是这样。

问：所以会经常有一些业务评比的活动？

孙克文：《东方时空》播出之后，渐渐大家就有一种共识，就是《东方时空》内部应该有一个评比。一是对节目有一个促进，各个栏目之间也有一个沟通和了解。刚开始每月有一次评奖，然后就是一季度，后来半年评一次。评奖的时候部主任和各栏目制片人都参加，设金、银、铜奖项，一个栏目一个栏目看候选的片子，看完投票。《东方时空》评的奖大家都非常看重，认为那是栏目间高水平的较量。尽管后来《东方时空》也参加全国的电视好新闻评奖，还有中国新闻奖，但是大家心里最看重的还是《东方时空》内部的评奖。

刚开始确定评奖的时候，制片人也有想法，认为这四个栏目没有可比性，几个栏目形态不一样，《东方之子》是人物的，《焦点时刻》是社会新闻专题类节目，《生活空间》开始是服务类节目，后来是短纪录片，还有《金曲榜》，这是音乐电视，不可比。但是到了评奖的时候，每个栏目都把它最好的节目拿出来。看到别的栏目做的东西，对自己的节目也是一个借鉴。每次评奖的时候大家都看得津津有味，不光是节目好看，还看其中蕴含的东西。我们请的这些评奖专家应该说都是社会上顶尖的，《三联生活周刊》的朱伟总编，清华的尹鸿教授，人民大学涂光晋教授，广院的朱宇君教授等等，都是我们请的专家。而且他们对我们的节目特别关注，每次请他们都特别愿意来。每次评奖都是我来操办，请专家确定参评节目、地点，包括获奖证书等等 。那会儿《东方时空》的节目都是精品，非常好看。

《东方时空》十周年出过一套盘。有的时候看一下还是一种享受。

里面的故事

问：很多人都谈到《东方时空》有特别活跃的内部文化，好像有很多特别节目？

孙克文：这么多年我也一直也在想，《东方时空》实际上就是一种精神，敢为天下先，勇于开拓，不断创新的精神。它从一开始筹办开播，就不是遵循固定的模式，那样的话节目就死定了。总是在不断地改版，不断地调整。创新是《东方时空》的灵魂。

差不多到1000期的时候，有一次制片人开例会，孙玉胜提起，《东方时空》快到1000期了，咱们应该有一个什么动作。大伙儿一听也是，1000期了，快三年了。想当初就这几个人撑住了前三个月，现在已经快三年了。大家挺兴奋的，都说这1000期要好好搞一下。具体什么形式，开了好多次策划会，也请好多专家一起来商量，最后定下来在北展搞一个观众日活动。因为《东方时空》跟观众的感情太深了，那几年等于每天都跟观众在一起互动。北展那个场地确实挺大，看场地就去了好几次，包括制片人都去过现场，一起提建议，谈场地怎么布置，谈观众来了怎么接待，跟观众怎么互动。现场还应该有一个大的舞台，主持人全上，让观众提问题。每个栏目获奖节目在现场都有一个展示板。现场应该有一些什么样形式，定得都挺细的。

给我印象特别深的，就是一进北展的那个大门，设计了一串大脚印，象征《东方时空》一步一步走过来。那天专门弄了一个热气球，悬挂在北展门前，特别醒目。那年北京的冬天还是挺冷的，好多观众都去了，至少有一两万人。那天刚开始进人的时候，观众都一下子扑到自己喜欢的栏目展台，找我们那些编导，找在电视里能看到的一些主持人，包括出镜记者，找他们签名。都是拉家带口，一家一家去的。我们每一个栏目有一个展台，编导在那边接待，就跟一家人似的在一起聊，“那个节目怎么做的，就是你采访的吗？”特别亲，那个气氛特别好。里边全是人，人山人海，特别热闹。

问：听说每到春节都会举办非常精彩的年会，第一次的年会是怎么办下来的？

孙克文：第一次全体聚会还不叫年会，那是1993年的中秋节，那会儿就几十个人，在公主坟新兴宾馆的多功能厅搞了一个联欢会，几个栏目聚一下，主要是大伙儿聊聊天，现场再放点音乐，一起蹦迪跳舞。1993年底评论部成立了，人多了。在部里一次制片人会议上，部领导提出全部开个大会，然后联欢一下，让大伙放松放松，时间定在1994年2月14日，情人节那天，在钓鱼台的多功能厅搞了一个年会。那一次年会让陈虻负责，陈虻就是脑子好使，他想了一个方法，每一个栏目想一个节目，然后大家依次出演，《东方之子》想了一个节目，是拱猪。其实就是几个人趴在地上拱气球，从这头一直拱到那头。部领导、制片人和大家一起趴在地上拱气球，谁也不让谁。

到编辑组了，我想的节目是让四个男生来跳四小天鹅。我们出了四个男生，都胖嘟嘟的，个儿也不高，让他们来跳舞。之后，各个栏目都出四个男的，现场来跳四小天鹅。现场都笑爆了。那一次年会大家特别高兴，特别开心。而且那会儿还买了好多奖品，大伙看见奖品都特别兴奋。这是评论部第一次年会。以后每到年会的时候，好多记者尽管在外出差都想办法赶回来参加。因为这是评论部的节日。

问：内部刊物《空谈》是怎么办起来的？

孙克文：评论部成立以后，《焦点访谈》1994年4月份也开播了，《东方时空》影响也越来越大。领导重视了，批示也多了。几个栏目的人都不在一起办公，台里没有地方，那会儿在台里的只有编辑组、《焦点时刻》和《金曲榜》。《东方之子》那时候在亚运村租的房子，后来在六里桥租一个地下室，再后来又到军博附近租房子。《生活空间》也不在台里，有什么事交流沟通都不方便。那时候编辑组经常要写一些东西报给台里或者中宣部，后来我就想，用什么方式能把近期播出的节目、节目的反响、领导和上级的批示、近期的宣传精神转达给大家，让出差的记者回来时都能知道？刚开始只有几张活页纸，把宣传精神、领导批示、要播出的节目发给栏目组。感觉这样容易散落丢失，后来编辑组的人就琢磨能不能出本小册子，最后落在了出一本刊物。刚开始叫《编辑策划》，因为是我们编辑组在做这件事。后来就感觉《编辑策划》不像一个刊物的名称，就想能不能再出一个更专业一点的。那天我们在办公室就聊着出刊物的事，嘴里念叨着："《东方时空》、《焦点访谈》，简称空谈"，就随便一说，叫《空谈》得了。大家都说这个名字好，组里责编王旭东还

1996 年新闻评论部的年会现场。

加了一句：反其道而行之。

跟孙玉胜一说，他也觉得“可以，挺好，就叫《空谈》吧”。《空谈》定为每周一期，既有近期宣传精神的上传下达，还有同事之间的业务交流，以后内容越来越丰富。这样一来，编辑组就成了《空谈》编辑部，我担任主编，组里其他人就是责编了。两个人一组在值班的同时，负责向各个栏目编导、记者约稿。每到星期五的时候，编辑组特别繁忙热闹，因为条件所限，稿件都是用复印机复印，每一期四十本左右，一个栏目也就分到几本，但是每一期稿子加起来几十页，还要装订。到时候你看吧，一摞一摞地摆满桌面，组里没事的，或者到编辑组送节目的编导，准备录像的主持人，都来帮忙装订打印。《空谈》正式内部发行以后，对整个部门的文化生活，特别是同事之间的业务交流都有很大的促进作用。渐渐地，大伙儿都感到《空谈》已经是我们生活的一部分了。

问：讲讲组里的爱情故事？

孙克文：从《东方时空》到后来的评论部，这些年轻人都风华正茂。女孩来的时候，水灵灵的特漂亮，小伙子也都帅气，来了几个月后，由于比较劳累，总熬夜，水灵劲儿就没了。有一次部里开年会，小崔他们组表演三句半，其中说“女性记者真不少，身材美丽又乖巧，干上两年您再看——大嫂”。男记者经常熬夜还行，女孩看着经常熬夜还是挺心疼的，经常有的时候困了在编辑间靠椅子上睡一会儿，醒了之后接着再编。解放军战士讲一不怕苦二不怕死，其实咱记者编导有时候某种程度上，也不亚于这些战士。哪里发生突发事件，天灾人祸，记者都不顾危险，很快出现在现场。年轻人来的时候二十多岁，不知不觉就三十出头了。尤其好些女孩，过了三十反而就不太着急了。有几次我跟领导也反映，搞个大龄青年联谊会，当时确实有好多未婚的。有的组里经常大家开玩笑，把他们往一起撮合。往往年轻人太熟悉了可能不来电，唯一解决好的，可能就是陈虻那一块。他们大部分内部消化，那几年基本上有好几对儿。陈虻曾经开玩笑说，这样也省经费，最起码一个编导，一个摄像，一个房间就解决了。但是其他的栏目，基本上大家都处于这种工作状态，个人问题耽搁下来。

问：在最初《东方时空》的那三年中，你的个人生活是怎样的？

孙克文：其实在《东方时空》这么

多年，我感觉好像我整个人都给了《东方时空》，给了评论部，确实是全身心投入。每天早出晚归，家里全都是我先生来照顾。作为妻子，那个时期对家里的关照确实很欠缺。但是家里孩子和我先生都很理解，全力支持我，最起码工作上没出什么纰漏。为什么全身心投入？因为这是我喜欢的、没有经历过的事。作为一个新闻从业人员，难得能有遇上《东方时空》这样节目的机会。能够赶上这个机遇，我感觉很幸运。这是我人生中最正确的选择，此生无憾。

2 /

《东方之子》：浓缩人生精华 尽显英雄本色

把「宣传体」变成「传播体」

时间，1985年毕业于北京广播学院电视系电视编辑专业，同年进中央电视台专题部。1992年调入新闻采访部。1993年参与创办《东方时空》栏目，任《东方之子》制片人。1996年创办《实话实说》栏目，最早把 Talk Show 节目引入中国。1998年任新闻评论部副主任，2000年任《东方时空》工作室总制片人，2001年任新闻采访部副主任。2002—2003年任社会专题部副主任，执导大型纪录片《抗战》，并创办《道德观察》栏目。2004年参与创办《社会与法》频道，任法制专题部副主任。现任中央新影集团副总编辑。

做老百姓关心的东西，做老百姓爱看的节目

问：你是怎样到《东方时空》的？最初筹备时是怎样的过程？

时间：我是1985年分到电视台，在专题部做编导，同时探索纪录片。我在专题部工作了八年，我当时有一个片子叫《天安门》，是费了很大心血做出来的，在业内反响非常大，后来这个片子甚至影响了《望长城》的风格。《天安门》这个片子有纪录片的理念和叙事风格，不像当年宣传的调门，所以就被认为调子比较灰。领导觉得你不了解祖国的大好形势，你眼里怎么没看到那么多值得歌颂的事物。他们不理解纪录片语言，不接受这种平实的叙事。当时“文革”的影响尚在，人们大多数还是宣传性的思维，灌输性的方式。所以就觉得我应该接受新闻的锻炼，一要正面地看待事物，二要有宣传纪律。

从这两个方面，我理解领导也是正面地对我业务上的一种要求，让我接受锻炼，1992年，我就从专题部到了新闻

采访部当记者。对新闻采访，我没有特别大的兴趣。当时的新闻报道，宣传味道太浓，它使用的语言我不能接受。而我接受的是这种所谓现代的传播理念，要跟老百姓平等地交流，这也是受纪录片的影响。所以就想回到专题部，这时孙玉胜找我，说想办一个早间节目，问我有没有兴趣参加做一个组的组长。

如果继续留在新闻部门做带有新闻报道式的节目，不符合我的美学追求。另外一方面，我如果再继续搞我喜欢的纪录片，当时人们可能还不接受那种方式，搞的东西也没人看。所以我想来想去，还是答应了他，我要跟他一块做新的节目。为什么呢？因为我那个时候特别想让观众看到我搞的东西。做纪录片那时候我也苦闷，我费尽心血做的东西，观众都看不到，你拿什么跟观众说话，你凭什么影响人家？

我们接受的新闻教育，把自己的职业看得很崇高，新闻记者是无冕之王，能够影响老百姓，改造社会，是有一种媒体抱负的。因为我是科班出身，在广播学院学纪录片和电视新闻，我觉得我学了好多东西，总得有一个释放的地方，要不然愧对这个训练。所以我当时就想，还是务实吧，就留下来做《东方时空》，我负责其中的一个人物板块叫《东方之子》。

问：还记得第一天到《东方时空》时都接触到了哪些人吗？

时间：我记得是1993年的除夕前后，我们开了一个见面会。那是我们第一次开会，三个总制片人是孙玉胜、梁晓涛和童宁。童宁兼任《焦点时刻》子栏目的制片人，梁晓涛兼任《生活空间》子栏目的制片人，王坚平是《音乐电视》的制片人，当时叫《东方时空·金曲榜》，我是人物栏目《东方之子》的制片人。因为这个节目是总编室和新闻中心合办的，所以还有总编室的两个人，做节目出身的鲍杰和新闻中心的责任编辑的孙克文，后来孙克文当了编辑组的组长。加上孙玉胜、梁晓涛、童宁、王坚平、我，可以说我们这七个人是《东方时空》最早的灵魂人物。

问：当时对《东方时空》的定位，台里面是什么要求？

时间：台里面没有明确的要求，就是要做一档早间节目，甚至台里面连早间节目这个概念也没有提出来，就是觉得早间这块时间荒废了。我们当时创业的时候，很明确就是要改变中国人早晨不看电视的习惯，让观众早晨打开电视机，看到我们的节目，耳目一新。从准备到开播，用了四个月的时间，就是一些想要创造奇迹的人在折腾这件事，很有追求，有创造电视传播史的雄心壮志。

不是说等别人要我们怎么做，而是我们主动要创造改写历史，要做出一翻惊天动地的事情来的。像《东方时空》的风格怎么确定？每个人表态，问到我，我就说要用纪实风格。纪实就是纪录现实，还原现实，就是要跟观众是一种平等互动的关系，那时候还没互动这个词，观众根据我们提供的信息来思考，你就不能脱离观众。不了解那个时代的人，不了解那时候传播语境的人，很难理解这件事的困难。因为1992年，小平南巡之后，才有了电视媒体这次改革的要求。当时整个的社会还没有真正改革放开，电视上空话套话泛滥，是教育灌输式的宣传体，不是传播体。我们是要把宣传变传播，或者说我们是一种更高级的宣传。

这需要有足够经验的人来做，像我们都30岁了，正好有工作的经验，有自己的成果，也有思考，还有创造力。搞电视岁数大了不行，必须是有热情，有激情的人。我们也有幸能够吸引到各方面有这样能力的人。当时《东方时空》一出来，很多全国各地的电视人才来投靠我们。像一面大旗竖起来，把原来散落在各地的有想法有激情的人都笼络在一起。

问：当时想把《东方时空》做成怎样的节目？

时间：早间这个时段原来是空白的，没人重视，是我们向台里面特别申请的一个试验区。我们那时候就确认了要做纪实风格，但要落实到具体操作上，需要一步一步来。

最早明确的是纪实的采访，纪实的报道，抓住生活当中的新闻点和时效性，所以设计了一个舆论监督节目，叫《焦点时刻》。以前也有这样的节目，是周播的，叫《观察思考》。这次能不能做一档日播的《观察思考》，我们觉得应该想办法把它做出来，因为这个是观众喜欢看的。那个时候就是要让观众喜欢看，明确地提出“好看”是第一标准。

当时MTV刚风行，这个东西好看，所以有了《金曲榜》。然后人物采访类的节目，虽然不是最好看的，但是因为它有深度，也需要有一个。四个板块里，《生活空间》这个节目一直在变化，开始是服务类节目，讨论家庭生活、炒菜做饭，后来变成了“讲述老百姓自己的故事”，变成了纪录片式的拍法。除了《生活空间》，其他的三个栏目一开始都很明确，就是要做老百姓关心的东西，做老百姓爱看的节目。

时间在“保持前卫 共创未来”新闻评论部工作年会上（摄于 1996 年）。“我们那个时候的价值意义，还在于人跟人之间能够倾诉，能说真话，说真话一直是我们追求的。但是二十年过去，这一步没有实现，这是我最大的遗憾。”

壮大队伍，有点像发展敌后武工队

问：孙玉胜请你去做《东方之子》的制片人，在当时“制片人”是个什么概念？

时间：制片人概念也是《东方时空》运转中出现的非常有标志性的一个提法。在这之前，电视节目都有制片人，那个制片人相当于现在的制片主任，只管钱不管人，或者是只管一个项目。《东方时空》是一个杂志性的栏目，40分钟的栏目在当时是电视台最大的日播栏目。下面有四个子栏目，子栏目的负责人那时候一般叫组长，但是在节目上署名不能署“组长”吧，这又不是内部报告，而是面向观众的媒体。只有署制片人最合适。制片人下面一般有七八个编导，他要负责运转一周的节目。

既然叫了制片人，就应该给制片人包括人、财、物的管理权。这之前电视台行政管理的组长是科一级建制，他没有管人、管钱的权力，每次都要写预算，从台里申报经费。用人的权力是由台人事部门统一管理的。而《东方时空》的经费，是整体划拨的。《东方时空》早期是有自己用人的选择权的，充分做到了双向选择。我看中了一个人，那我就有权力留下他，不用上报给孙玉胜，如果是定岗定编了以后，是要走报告程序的。但在这之前，用人的自由度还是相当大的。我在《东方之子》担任制片人五年（1993—1998）给我的正式编制是30个人。但是轮换加起来用了能有200个人，最后去粗取精，留下的都是精华。

至于经费的使用权，上级充分地信任你，交给你，成本的计算就是制片人的责任，包括各方面的成本，比如说办公成本。孙玉胜说我们1993年4月1日要开播，为什么要这么急？是当时宣传上的要求。而对我们来讲，就是要创造电视史上的奇迹。只有三个月的准备期，怎么办？我就想到了要把办公区和演播室放在一起。我们就在亚运村租了一个公寓，客厅里面置上灯、布上景就作为演播室。编导白天拍摄，晚上加班编辑。只有我这个栏目可以做到4月1日开播，其他因为要拍摄外景，难度大，没有做好这个准备。

我觉得演播室采访的方式可以加快拍摄周期，所以《东方之子》大部分人物是由主持人在演播室内采访的。后来根据经费成本预算，我们又从相当于四星级的办公条件，搬到了地下室。地下室只能住人和当机房，演播室挪到台里，我们还要进一步压低这个预算。最初的时候，一个人每天补助20块钱，不管你干多少活，每天只给你20块钱的补助。

最早《东方时空》的开办经费是孙玉胜向台里借的钱，借了50万。但是他还曾经跟我说，让我拉赞助，说这是一个新的政策。但是后来因为钱太多不敢要，希望电视台收回，我们还是拿固定拨款。固定拨款再分到各个栏目去，各个栏目的制片人根据拨款的情况来使用。

新加盟的团队成员，包括编导、摄像、技术，都是“三无”人员。没地方住，没有北京户口，也没有正式的工作关系，所以当时都是集体住在一起。刚才说的亚运村公寓那是四星级的，后来还到了职工之家，三星级的，再后来搬到了六里桥，相当于地下招待所。都是制片人根据节目生产的需要决定拍摄的方式，根据工作条件和经费的使用情况决定栏目的运转方式。有钱就多花点，没钱就少花点。所以制片人的权力非常大，感觉也特别累。

问：你一个人怎样开展这个栏目，怎样招兵买马的？

时间：细节我有很多都记不得了，就感觉像敌后武工队一样，给你一个图章，给你把枪，然后也没节目经费，让你去发展你的组织，走的时候一个人，回来带来一个团，就是这么一个过程。

我能用的人就是三种，一种是我用过的人，跟我长期合作拍片子的人，摄影、录音。当时编导还没有，只有跟我的实习生，然后学生带学生，就把广播学院的人再叫来了几个。第三种就是地方台的。我出去合作的人，觉得不错，就吸引他到栏目来工作。我初步的队伍就这三块。后来再发展也是这三块。广播学院的学生，一届又一届地进来一些，地方台的也是越来越多。

开始是湖南台的，第一个来的叫罗芳华，第二个来的就是王志。王志和罗芳华是我在新闻采访部当记者的时候认识的，地方台新闻部都有通联组，他们是通联组的，我到湖南采访他们接待我。我一看小罗不错，很机灵，而且年轻，二十四五岁。我说中央台想做一个新节目，很有意思，像你这样的应该到北京去。她说我行吗？我说当然行。后来她就真来了。第二个湖南台来的就是王志，王志也是到我这串门，觉得不想在湖南台待着，能干什么？我说我缺主持人，你当主持人。他说我行吗？我说怎么不行，你都研究生了，这还不行。我告诉你一个技巧：你会跟人交流，你就会采访。不要把提问题的难度想大了，把提出的问题让老百姓爱听当作你的追求，你会这招就行了，那你既是记者也是主持人了。

不过那时候，我都是和他们说先等等，等我落实了再来。因为我们搞节目的，没有不散的宴席；一个电视栏目就像电子产品，不是饭馆老字号，全聚德一开几百年。DVD取代VCD，VCD之前还有LD呢。《东方时空》一开始确实没有安全感，后来开播了半年多的时候，我们才成立了评论部。评论部是1993年底成立，那个时候才有了安全感了，我们才开始面向社会招聘。

问：这种招聘在当时还不常见吧？

时间：对。公开招聘社会人才，在电视界，《东方时空》是第一次。我记得当时我招聘了一个人民大学社会学系的。我就希望我们的片子有社会思考的分量。别的可能更多地招搞过电视的，或者也是学新闻的。他没有搞过电视，但是长期在公司里面做，我觉得我们这个节目将来要市场化，要传播出去，需要各种社会人才。我记得董倩也是一次招聘考试来的，她是北大毕业的，朝气蓬勃，但是招来之后，她在别的组做秘书的事。有一次我要研究脱口秀，听不懂英语，她英语不错，我说你能不能给我翻译，她就来给我翻译。我当时也是一个前辈，关心一下小同志，我说你现在工作怎么样？她说不太好，我说你能干什么？她说我什么都能干。我说这样吧，我这缺的就是主持人，你上我这当主持人吧。董倩说我行吗？那你试一期。她是学世界历史的，就选了一个国际话题让她做。

问：到开播前你这个队伍有多少人？都记得吗？都是临时工吗？

时间：开播前有十几个人。赵布虹、罗金光、张文华、胡健、谭申、华文、乔艳琳、霍雯、李东、黑子、张朝夕、罗芳华，还有负责外联的。基本都是临时工。那时候没想到过这些事，就想的是给你一个很好的工作机会，这个地方能够展示你的才华，你在这儿能学到东西，又能展示业务能力，是实现自己价值的一个平台。我记得我们专门谈过一次，当时我说我给你们提供这三样，我是为你们好。当然有时候我态度不好，你们也应该原谅我，是你们欠我的。但到了1000期以后，我说是我欠你们的，我不能给你们解决工作关系、住房、工资待遇，这些我确实没什么能力，我从此欠你们的。

人人都有在电视上说话的权力

问：具体到你们那个栏目，《东方之子》这个节目是怎么定位成谈话节目的？

时间：我用访谈这种方式，一个很重要的原因，就是“文革”期间中国人不能心对心地交流，人们之间的谈话是有层面纱的，不太可能倾心交谈。所以我们那个时候的价值意义，还在于人跟人之间能够倾诉，能说真话，说真话一直是我们追求的。但是二十年过去，这一步没有实现，这是我最大的遗憾。到现在我的口号就是说真话救中国，还没有做到。

当时还有一个现实的原因。因为要马上开播，只有采用主持人访谈这样的方式，只有这样才能符合生产周期。我们当时算了，不用主持人采访的，需要两三天。而主持人采访的，可能半天就能采访一个，这样，周期决定了我们栏目的节目样式。时间长了，用主持人采访就成了《东方之子》栏目的标志。

我们的主持人采访是非常讲究的。我对纪实拍摄有明确的要求，比如要讲究从他物及此物的运动方式，有个节目叫《48小时》，它的纪实摄影风格一直影响我做电视节目。《东方之子》是人物篇，只有8分钟长度，又像个新闻性的专题，所以几种技术指标混搭在一起，你怎么做这样的人物？后来我就定成了两种，一种是访谈式的，一种是纪实拍摄式的，这两种类型的片子构成《东方之子》栏目的两种风格。

有的片子没主持人，拍摄得很好，编导剪辑得也很好，那就不用主持人，依靠外拍，把他生活的轨迹记录下来，这是最有价值的。而有些人的思想见解、个人谈吐非常到位，更强调语言的表达，这就是另一种风格。一方面是让我们的编导提高驾驭视觉元素的能力，另一方面我们也要培养主持人。后来事实证明，在这两个方面，都出现了很多人才。我们的名主持人有不少；后来成为名纪录片导演的也有不少。作为制片人来讲，我也是对人才的培养，以人才的培养来决定我们节目的形式。

问：关于《东方之子》人物的选择，你当时有什么想法？

时间：一开始人物的选择、节目的风格全由我来定。后来台领导有明确要求，《东方之子》就做有贡献的人。

最早《东方之子》定位的时候，我有自己的私心。我那个时候反对这种世俗的评价，凭什么已经获得荣誉的人，已经是明星的人就要进入我们的视野，老百姓的有价值的东西就不值得去传播了吗？所以我们的定位很明确：有生活技巧，有生活经验生活能力，有生活智慧的人就应该成为东方之子，哪怕你是普通人，每个人都应该有上电视的权利。而那个时候上电视还是个荣誉，是国家给你的权利，一个光环，感觉你拍谁就是宣传谁。普通老百姓就没有宣传的价值吗？我们就要打破这个东西。人人都有上电视的权利，人人都有在电视上表达自己思想的权利，人人都是需要你了解的。

虽然我们这么沾沾自喜，觉得有一个平台了，选什么样的人，我们能说了算。但是久而久之问题就来了，没统一的标准，《东方之子》五花八门，搞来搞去什么人都有。所以杨伟光台长专门找我谈话，以后的《东方之子》要拍民族精英，要强调对民族和国家有贡献的人，这是个标准。我当时很难接受，那不就成了以前那种？那些有“荣誉”的人，官大的人，或者说明星，这已经是一个社会传统评价标准了，没有我们对事物判断的标准了。

但是作为宣传单位，你要守纪律，领导要求你就得服从。我认为他也有道理，事实证明《东方之子》后来之所以能做成品牌，跟我们按照台长的要求来调整选题、调整人物的定位是有直接关系的，我们也是受益者。后来有一次讨论要撤掉《东方之子》，当时我们想把《东方之子》改成《面对面》，做新闻人物的访谈，放弃主观的评价标准，只访谈他最值得观众关心的那些新闻点。但是广告商不干了，说《东方之子》是《东方时空》里面投放广告最积极的一个子栏目，不能撤。

问：你在安排第一期《东方之子》的内容方面有什么特殊的考虑？

时间：5月1日开播，我也担心刺激的节目人家是否能接受，尤其是领导。这个日子在中国是特殊的，是劳动节。虽然我们开播之前备了二十多期，有大家非常喜欢的那种访谈很激烈、嘉宾表现非常出色的，也有煽情的。但从播出安全稳妥考虑，我推荐的这个选题是被称为“钢人铁马”的马俊才，济南钢铁厂的厂长。

这个人物是白岩松采访的，节目的优点是政治上没问题，缺点是不特别刺激、不特别好看。第三天才播了张贤亮的节目，那个是完全体现《东方之子》访谈风格的节目。我们也是抓了一个巧，这之前“两会”开嘛，我们就堵到京西宾馆去，哪个委员散了会出来，我们就抓着堵着人家采访。采访了几个政协委员，其中就有张贤亮。胡健采访的，他对张贤亮的提问，非常符合我们早期对《东方之子》的提问要求。

比如，“你小说中的人物有一个非常精于算计的像某某某，你本人性格当中有这样的特点吗？”还有，“在你写作正在走上坡路的时候突然你又下了海了，你这两者不矛盾吗？”张贤亮就回答得很出彩，他说不矛盾啊，我白天可以做我的公司业务经营那套，晚上我可以继续写作，然后突然又问一个追问式的问题："那如果你写作的时候，正在如火如荼，思绪不应该被打断的时候，突然你的买卖来了，你是先顾买卖这头还是先顾写作这头呢？"张贤亮当时回答得也很机智，整个对话非常风趣。

问：当时对于谈话节目有没有一个设想，应该是什么样的？

时间：首先确定的是访谈为主，就是纪实性的访谈，采访对象能够在记者面前不掩饰，或者我们破除他这种掩饰，让他真实地表露自己的思想、情感，这种东西本身有语言的魅力，又有真实的冲击力。那个时候不像现在，老百姓都说自己的话，那时候观众很少能在屏幕上发现自己的同伴表达自己，这种谈话纪实在那个年代是突破性的，但是时间长了，光靠语言表达，还不是对电视表现手段综合的使用。

另外，一个电视节目的设计，从设计到改造，都是一个必须的循环，设计是一个样子，逐渐地再去改造，是一种本身自带的循环。我们比较讲究观摩、学习、评片、交流这样的一个制度。1994年到1995年，我们专门请了台湾的脱口秀节目制作人来讲课，这个我印象还挺深的。

我们是访谈节目，也就是类似脱口秀节目，将来它的发展应该是什么样的，现今国际上是怎样的定位，他给我们带来了启发。他说你们的这个节目，缺少音乐；我们那时候就是对话，然后加点解说，特技也很少。他把我们的片子一边放，一边用录音机伴着音乐，你们听是不是舒服。当时大家觉得确实不错。原来，我们把这种纪实语言当作一种目标的话，就会接受纪录片严肃的观察和表达，过于客观、中性，这个是纪录片学派在80年代以来对我们最重大的影响。那个年代用老百姓没有看过的纪录片语言来制作电视节目，好就好在它让你看到普通人的生活，看到普通人真实地表达自己，但是差就差在太冷静了，它不是一个大众传播的表现形式。

挑选主持人慢慢地成了我的专业

问：《东方之子》是最早制作的样片，你当时觉得最不满意的是哪个地方？最大的困难在哪里？

时间：我们交流比较多的、难度比较大的就是主持人的访谈式的节目。你用什么样的主持人，这是个关键。我们用什么样的主持人，能够代替我们的思想，代替我们的世界观和价值观，体现我们的审美？选人是一件最难的事情，后来发现也是靠缘分，那个时代积累了一些人才，有些跟我们交往，进入我们的视野。

早期《东方之子》在学者里面找主持人，在记者里面找主持人。最早的学者型主持人是社科院的一些学者，但是他们有一个先天不足，就是忽略了提问既是问给被采访对象的，也是要问给观众听的，而且更多的是让观众来听，他们问的问题往往过于古板。记者里面有两个，就是胡健、白岩松，后来从我们自己编导里面出了温迪雅、王志。

甚至有个摄像都说，我也想当主持人，我说可以，你先把问题给我列出来。问题列出来，我说不行，但他还想当。我说那好，那你就去做一版，你们采访的时候，你也坐那提几个问题，要行了，将来就用你，不行就把你那段拿下。只要他敢在我面前提出这个要求，我就给他这个机会。很多主持人都是我鼓动的，他们根本想不到自己能在中央台主持节目。

但是说到底我还是对屏幕负责任的，我用过的主持人，后来都形成了一定的特点。选择主持人慢慢地也成了我的一个专业了，看主持人，选主持人，发现优秀的主持人，包括《东方时空》1000期以后成立《面对面》栏目，也是我向孙玉胜建议的——既然我们已经有了一个主持人队伍，我们就应该让这些人再有权威感，可以再给他们开一个时段。《东方时空》总主持人的提法也是我向孙玉胜提的。

问：你选拔的这些主持人里面，没有一个是学播音主持的？据说还有一个很重要的“同等智商”要求，为什么特别强调“智商”这两个字？

时间：是，因为学了播音主持可能更在乎他的技术，而忽略了其他的修养，像播音系的学生，四年中他的吐字发音要用很长时间去训练，而这个时间你用来看书比什么都强。

屏幕上主持人的表现让我看不顺眼，很可能有两个原因，一个是他的技术能力问题，还有一个就是他脑子的问题。如果动脑子的话，就不会这么说话，就不会不说人话，就不会说没有信息含量的话，没有思想含量的话，就像我们成年人天天在那儿听幼儿园的孩子说话一样。所以我只能用“智商”这个词，总不能说脑子笨吧，我觉得要同等智商，就是强调他和采访对象对话的能力，强调思维能力的提高。

问：选白岩松你最欣赏他的是什么？

时间：白岩松的最大的优点是他的瞬间组织语言的能力，另外一方面就是关于这个8分钟节目的主持人的提问，他做到了提问的逼迫性。他能狠下心来问出让对方难以回答的问题——主持人是不是有水平，要看这方面的训练。所以我觉得我跟白岩松在早期的时候，关于业务的想法是一致的。8分钟的节目要通过主持人把这个人的大概背景交待一下，而不是通过解说。解说又是另一种叙事的方法。我是希望主持人在简短的几句话里面就能勾勒出这个人物相应的背景，那么主持人的陈述就要讲究语言的组织，这一点可能大部分人能做到；但是关键是你问完了，你最后的落点是什么，我们都强调这个落点，落点就是你的问题，一定要吸引人。

还有就是白岩松非常下工夫。为了采访国学大师系列，他写的手稿都够出书的了。他最大的特点是有热情，他的这种热情能够让你也觉得“这个人物不做不合适，就得这么做”。他特别投入，这个投入当然也会有负面的，就是你会在采访过程中变得不冷静，你被他的东西感染了。采访音乐人物和体育界的人物，都是白岩松比较喜欢的，他的问题也还是比较专业。采访大师呢，他也能用自己的这种语言和他们对话，虽然那时候他很年轻，但是他的提问很有文化色彩。

问：除了白岩松之外，《工人日报》的作家胡健、《中国青年报》的主编刘爽和社科院的学者邵滨鸿，都曾经被你聘过来做主持人，这三个知性的女性，各自有哪些魅力打动了你？

时间：胡健，她的风格就是简洁明快——“你是这样想的吗？为什么？”一般人不大在意这个“为什么”，而胡健她可以这样不停地问下去，她知道该什么时候提出这个“为什么”来。她这种纯粹记者式又非常有思想的提问，是我们很早合作纪录片时我就发现的特点。创办《东方之子》，我第一个选择的主持人就是胡健。

我们当时提出，就是要“粉碎式的提问”，就是这个问题问出去让你非常尴尬，让你特别难以回答。当然，我们也为这个受到了批评，说主持人咄咄逼人。但是正因为她咄咄逼人，你才想看对方是个什么反应。大部分《东方之子》我们都是保护报道对象的，把他们闪光式的回答用出来，我们的提问实际上更能够激发他们的语言，让语言更闪光。

后来胡健又给我介绍了《中国青年报》的刘爽。刘爽是一个比较委婉的人，她在陈述背景方面非常地下工夫。刘爽不是特别尖锐，是一种循循善诱式的风格，我们也是需要娓娓道来的。邵滨鸿，我看重她的国际化的视野。她年轻的时候在国外留过学，后来到的是社科院世界经济所，又办过杂志。她本人学经济，又能用世界的眼光看中国的人和事。我需要这种专业修养到一定程度的学者来做主持人。因为我们的人物有职业的经济学家，《东方之子》要不问专业的问题，光问他爱听什么音乐，节目的访谈质量就不会高。我还强调同等智商的对话，就是在专业领域里面问出专业的问题，邵滨鸿给我印象最深的是有一次，她能够在对方不回答这个问题的时候，又接连继续提出问题，这个问题又不能重复，得把问的这个意思又换一种方式问出来。我当时数了，她换了八次。那么短时间内，能组织出来八次，这种能力确实难得。

问：当初挑选的人里面还有王志，他从来没有主持过节目。在地方台也就做过节目的新闻编辑，为什么敢用他？

时间：我挑人首先你的模样得过得去，这模样不是长得好看，是有特点。有的人他口才不错，但是我觉得这个人长得像坏人，或是长得像反面人物吧，这个就不能用。这是一种感觉，我看主持人的一种感觉。我要看他的学历，像高中毕业的一般不行，修辞都不过关。主持人说话要幽默、文雅、有逻辑性，甚至带有自己的语言特点、语言习惯。如果平时的谈吐，我觉得你日常的对话具备这个能力了，那么当主持人你的措辞就很容易过关，一步就到位。只不过，你当主持人你要养成主持人说话的一种习惯，你说话的这个质量。过了这个质量关，当主持人就没问题。

王志首先我看他是研究生毕业，第二通过我们之间的交流，我认为他的谈吐还是有的。我们这个《东方之子》，它是最简单的一种主持人的表现，一种简单的采访对话。它不是说大段脱口秀，完全靠那种串场式的语言和控场的能力。《东方之子》的主持人最基本的就是一个问题甩出去，你自己准备的第二个再甩出去。一个个甩出去，对方回过来的话，你可接可不接，接上了的是高手，接不上的是低手。后来王志表现得确实不错，他不仅能够接住对方的回话，而且又能甩出更厉害的问题，这就成了。王志在《东方之子》接受了这种粉碎式的提问，但是没展示出来，因为毕竟是正面人物嘛，值得表扬、歌颂、宣传的。不像他后来做《面对面》新闻热点人物，把粉碎式提问发挥得淋漓尽致了。

王志采访广西一组人物的时候我去了现场。他是一个非常爱钻研的人，他知道这个方向之后就会不达目的不罢休。人有的时候拉不下这个脸来，生活当中你可以这样，但是作为一个镜头前

“挑选主持人慢慢成了我的专业。我当时要顶住的，主要有两个质疑：一个是主持人的长相，一个是刺激人的提问。”上图依次为胡健贴着纱布在采访吕正操（摄于 1994 年）、王志作为出镜记者的录制现场（摄于 1994 年，左起：邵大伟、罗芳华、王志）、崔永元主持《实话实说》的现场（摄于 1996 年）。

面的记者，你要战胜你这个弱点，王志是能够战胜弱点的。我不行，我这节目都可以不做，我也不要战胜这个弱点。但是王志是一个非常职业化的人，他性格当中带有这一点，这是湖南人的一个特质，我觉得他有这一条就一定可以做一个好记者。

问：你是如何与主持人沟通的，通过怎样的方式让他们成为能够在镜头前不卑不亢、分寸拿捏得非常好的合格主持人的，能不能细致地讲一下？

时间：对这些主持人，我用的是比较细微的一种交流，不像对编导，因为编导是我能胜任的，是我的专业领域。所以我跟编导的关系就是师傅和徒弟的关系，老师跟学生的关系，也许也是甲方和乙方的关系，是东家跟长工的关系。不管怎么说，我跟编导更直接，跟主持人交流要讲究策略。

对主持人你一定要维护他的面子。比如我没有当面跟白岩松纠正过什么，我都是通过他爱人，打个电话说小白这个节目不错，但是哪里哪里如何，你转告一下他。其实小白靠个人的勤奋弥补了他平时征求批评意见的这个空当。

再比如说新的主持人我都要跟他们去出外景，参与他们节目的制作。我要到现场去看，有一次一个学者型的主持人采访叶乔波，他上来第一个问题问"你是第几次参加奥运会"。我马上叫停。作为一个专业人士，这样简单的背景问题，不应该在电视上问，我说你可以把这个编入背景陈述里面，然后再重新提一个问题。

像这样的情况很多，社会学家郑也夫也是如此，他的特点是咄咄逼人式的，他不太讲究那种主持人身份的问话方式，更愿意做一个辩手的角色，把自己也当作嘉宾之一了。我说你要提醒自己，你现在是电视台请来的访问者，你是代表电视媒体的，你要有主人感，而不是跟对方一样，都是辩论方，而忘了你是一个传播者。但我和这些人在一起工作，是我生活上的一种收获。我们也可以谈其他的见解，像郑也夫那时候刚写完《囚徒困境》，对中国社会有很多思考。后来郑也夫又帮我策划了《实话实说》。

问：你觉得你怎么能一眼就能看出这个人行？

时间：这跟我的个人追求有关系。我是希望我们的节目要展示一种智慧，要揭露真相，要感染别人，用真诚打动别人，或者把个人的思考赋予节目。不是说简单的让你看了就看了，悦人耳目就行，我们的节目要做到启迪心灵，靠什么样的作品能够达到这一目的呢？要靠有思想的主持人。

主持人是一个栏目的标志和形象，说到底栏目是要靠主持人来传递思想的，所以有了《东方之子》这个平台，我最先想到的就是主持人。我要用主持人来实现我赋予这个节目的内涵，它要有深度，它要有个性，有思想、好看。这是我要做的电视节目，主持人要帮助我实现它，从某种角度上来说，主持人是我的工具，只有主持人才能帮我实现这种思路。

最便捷的就是主持人的形象，个性体现在他的语言特点上，甚至他的长相上。你漂亮脸蛋儿，那不叫个性，那都是当年“高大全”样板戏里面的主人公。我们要从统一的高大全变成有个性的语言、有个性的观点，这个观点就是一种思想，这个思想要呈现在屏幕上，从我们个人来讲，我们做的节目是有深度的；从我们为受众着想，他看到的东西也是值得思考的，而且不是高压式灌输给人家的，而是平等交流。我们给观众呈现的是一种值得思考的材料，这是我们的世界观。

问：《东方之子》采访的人物大部分都是功成名就的，这些人有大量应对采访的经验，你们怎么让他们说真话？

时间：一般来讲，希望主持人事先跟采访对象有一个交流，因为我们中国人上电视那五种话——假话、大话、空话、套话、官话——那都是以前的生存训练，咱们今天是个人化的。有很多人就说我这话怎么能上电视呢，他的生活状态和他在电视前面，判若两人。这就是我们的社会环境；被采访对象不说真话不赖他，赖这个社会，没有给他形成一个好的习惯。

所以我们开始做这个节目的难点也在这儿。第一要先做工作。第二，他一看我们这个问题也不是他平时接受采访的那一套，会觉得你们这个采访不一样。有很多的被采访对象，接受完采访第一句话就是，你们的记者有水平。以前大部分都是说请你谈谈感想，你最喜欢的是什么，我们上来几句把你的生平，把哪件事的背景漂亮地甩出几件，然后提出一个问题，这个问题或者尖锐，或者能触碰他发自内心的表白，他会觉得你特别了解他，对你建立起信任感。

所以我们要做粉碎式的提问，我传达给我们的工作者、编导、主持人一个理念，就是要带有戳穿采访对象的心态去看他，因为在1993年，大部分的中国人还不习惯在电视上说真话，那么面对这样的人，我们就带着戳穿他的心态去。

当然了，年轻的主持人没有这个紧

迫感，一方面会被采访对象迷惑，一方面她不知道怎么从采访对象身上挖掘出更真实的东西。举一个例子，温迪雅采访残疾英雄，让她谈了作为生活的强者，她的一些闪光的豪迈的东西。但是生活对一个英雄的影响是全面的，人们可能更关心她除了战胜病魔之外，她的家庭生活是个什么样的。你叫花边也好，叫幕后也好，这是非常重要的一个领域。画面里拍到了这一家人的生活，但是主持人的话没有递进，没有对生活的本身的进一步追问，只是一个一般性的描述。我当时看了这个节目之后就提出我的意见：对于一个公众人物，她的家庭生活在旁人眼里有可能是存在不幸的，你绕过去就走向了一般性的采访，就是她事业上的奉献。实际上，对那种有光环的人，我们更应该看重他是怎么在自己的家庭生活中，在生活细节上的一种追求或者智慧。当时在研讨会上讨论，我希望所有的战友，希望我所有的同事，能够用一种另类的眼光来看待这种名人。

第三，一旦被采访对象接受了你的采访，他就跟你有一个共同的目标，就是要把这个节目做好。我听采访对象说过："我上次是不是没说好，你们还有什么要求？我还可以再接受一次采访。"既然我们最终的那个目标是一致的，都是要把这期节目做好，那么他就会非常配合你的提问，他会想方设法把他的回答做好。

问：你曾经非常有针对性地总结出了一些提问的方式来训练你的主持人？

时间：这些方法有些是采访课程里面教的。比如倾诉式的，也就是说提一个开放的问题，让你把最想说的，像倒豆子一样说下来。他可以说个不停，你不要轻易打断，因为这是他最愿意说的，甚至说得最好的。因为你一次采访，假如你问的问题不是对方最想说的那个，他可能会不满意，如果你尊重他，你会在意他的反应。通常是看对方是不是能够调动起来，要调动他，就可以采用这种鼓励式的让他倾诉。

另外一个办法就是刺激式的，有的人他是生活当中的强者，他愿意在语言上不输给你。平时生活中他就是辩论高手，就是语言天才，他不在乎你提问是否尖锐，那你就可以省略这个循循善诱的过程，直接来粉碎式的提问。我强调的就是粉碎式的提问，这个是课程里面不教的，是我要求主持人做到的。

粉碎式的，就是说你的提问要迅速地揭开对方的面纱，就是要难为他，不是要顺着他说，要让对方反驳你，你的问题是质疑性的。这样的提问才能达到更精彩的语言对撞效果，语言上的冲突感会使对话更有质量。所以一方面考虑对方的情绪，迅速调动他，还要考虑我们对话的质量。简单的拉家常不是我们要的屏幕效果，我们要的是要带有冲突感的。

问：我印象中，1993年《东方时空》的四个子栏目最先引起观众强烈反馈的就是《东方之子》，当时那种真实的话语传播，尖锐的提问，有没有引起一些争议？

时间：我当时要顶住的，主要有两个质疑：一个是主持人的长相，一个是刺激人的提问。主持人的长相像白岩松这样的，当时人们都没想到主持人咋长这样，怎么不像主持人，说我用了一大堆不像主持人的人当主持人，是电视台找不着主持人了吗？我顶住了。实际上也不完全是我，我上边的领导信任我，居然认可了。那个时候创作环境的宽松，这是一个实例。

还有就是说我们问话的方式咄咄逼人。中国人讲面子，讲尊重人，这样采访显得我们不尊重人，这个是对我们的批评。我也说动了孙玉胜，我说这个是我们要的风格，我们的风格就是要质疑别人，在质疑当中看对方的闪光点，而不是顺着说，那不就又老套了吗？我们要创新，这个就是创新。

问：观众看这些节目，提出一些批评，包括你身边的一些人提出一些批评，毕竟要接受一种特别真实的东西是需要一定时间的，是不是这些会带来很大压力？

时间：没有，我的电视观是，我是要用我的节目来引导观众，不是迎合。当然我有迎合他的技术处理，但是总体上我是要引导观众的。当我听到不同的声音，我不认为我做错了什么，而是他们还不习惯，我多做几个他们不能接受的，他就适应了，就习惯了。因为我问心无愧，我是跟你们掏心窝子，我做出来的东西你不接受也是暂时的。

很庆幸赶上那段不正常的岁月

白岩松访谈

白岩松，1985年考入北京广播学院新闻系，1989年毕业后分配至中央人民广播电台《中国广播报》工作，1993年3月进入中央电视台《东方时空》，任《东方之子》栏目策划、主持人，1996年任《新闻调查》栏目主持人，此后曾策划创办《时空连线》、《中国周刊》等栏目，任主持人，制片人。现任央视《新闻周刊》、《新闻1+1》、《感动中国》等节目主持人。

人生中的两个重要决定

问：我记得你是广院毕业的，讲一讲你是怎么来到《东方时空》的吧。

白岩松：对，1989年毕业，特殊时期。我毕业的时候开始还算顺，当时的目标就是希望能够留在北京，我觉得中央电视台和广播电台的竞争都太激烈了，我就去国际台吧。然后就在国际广播电台华侨部实习，实习老师也非常喜欢我，已经确定毕业可以留下。但是没有想到就在寒假，国际台突然接到了指令，当年不招收中文编辑，所以我回来的时候就得重新开始找工作。

我记得当时已经买了去广州的票，准备去珠江广播电台面试。没想到，3月份的时候有了去中央人民广播电台面试的机会——是当时学校说还有一个实习时表现不错的学生，要去广东面试，中央人民广播电台人事处的一位大姐就说，让他先跟我面试一下吧。我们谈了不到两个小时，中央人民广播电台就决定要我了，我不认识任何人，没送过任何礼，当时觉得一切都柳暗花明了。然后就乱了，我们正好是毕业班，所以很大的热情都投入其中。那时候连论文、毕业，甚至工作都没有人关心了。折腾了一圈，最后烟消云散。

最后一个假期过后，那一年8月15日，下午一点多钟，我到中央人民广播电台报到，结果发现所有人看我的表情都有些怪异，然后他们就说你赶紧到广电部的人事司去一趟吧。我到了那儿之后，人家说，你的档案已经被退回到北京广播学院了，我们不要你了。后来有热心人悄悄告诉我，是因为有举报信，说我在动乱当中如何如何……我很清楚是谁干的，那天下午我很想去爆发，但当我在冲动边缘的时候，我去了圆明园，划了整整一下午船。我觉得不能够把残存的一点点希望都和愤怒一样爆发出来然后打碎。

我想再试试吧，只能回学校找老师，我不认识任何人，在北京连一个亲戚都没有。后来一拖再拖，所有的人都报到了。突然有一天，我收到了中央人民广播电台给我的一个信儿。原来是一位我没打过交道的本校副校长刘继南给中央人民广播电台打了一个电话，说为什么不再观察观察。于是人家说，那你就跟着下乡锻炼，培训一下。我跟其他人唯一区别就是我没有任何证件，但是回头看的时候，我已经非常非常感恩了。在那样的一种环境下，有人愿意冒着风险去打这个电话。之后我就去周口店待了整整一年，一年后回来我终于有了工作证。

我这段经历讲得稍微啰嗦一点，因为它跟我后来进入电视台有紧密关系。我觉得以我当时学新闻的专业，中央人民广播电台一定会把我分到电台里的新闻部，或者其他的新闻部门，毫无疑问。但是当我从周口店回来，我被分到了《中国广播报》。我猜了十五个部门，都没有猜到《中国广播报》，一个编节目表的报纸。我接受了它，当然很沮丧，因为那不是新闻的主战场。

既然这样了，我非常感谢我人生中第二个重要决定——当我去《中国广播报》报到，度过了一个极其沮丧的上午之后，中午我去对面的兴达书店买了一本人民大学出版社出版的《报纸编辑》。因为我觉得既然我开始这段生涯起码要会吧。在业余时间里，我自己也写很多文章登在报纸上，没有稿费，就是写着玩儿。如果当时没有不断地进行这些完全没有任何目的和利益关系的写作，可能崔永元以及很多人就不会看到，有这么一个人，文章写得还不错。可能就不存在1993年的时候，时间他们为创办《东方之子》栏目四处找人，找到小崔的时候，小崔说，我们报社有一个哥们儿挺能写，要么你试试。就是这样的一句话，就是那些闲极无聊的时候写的很多文章，加上之前的那些命运转变，促成了有一天时间来跟我见面。时间是创办《东方之子》的制片人。

问：其实并不是那个时候就有远大抱负？

白岩松：完全没有，只不过是要填补时间和寻找一个兼职而已，更何况我也不知道他们未来要干什么，他们当时并没在屏幕上给我呈现一个既有的栏目，我也不知道他们是干什么的。当时只是一个蓝图，跟骗子的唯一区别是有认识的人推荐。

当时我有大量的富余时间。我从1990年开始做报纸，由完全不懂、买一本报纸编辑的书，到两年之后，我已经成为这个报社除了领导之外最主力的干将之一。过去我要用一周忙完我的版面，后来几乎只用一下午就可以了，我开始有大量的时间。年轻的时候，又没有谈恋爱，时间大把大把的，总想干些什么，那个时候北京广播电台招聘主持人，我就去试了，成了，因此已经有了兼职的生涯。这次听说小崔推荐，说有个人叫时间，这个名字蛮怪的，要见你一下。见吧，又多一份实践而已。年轻的时候可能最最奢侈的就是你拥有大把大把的时间，但是身在其中的时候不一定觉得幸福，可能更像一种巨大的痛苦和无底洞一样，你总希望找很多的事情把它填满。所以有了这样一件事情的时候，我当然觉得OK，试一下，毕竟电视我还没有真正地玩儿过。

小崔介绍的这份兼职

问：还记得第一次和时间见面的场景吗？

白岩松：记得是一天下午，时间他们来了。这事总不能在办公室里谈吧，老同事们都在呢。我就走出办公室去迎，旁边就是自行车棚。我们就在院子里，当时我还准备了几份我采访香港歌星的报纸。做报纸的好处就在这儿，可以留下来。那天我把我采访的香港歌星的文章给时间看，他看了一下，就说OK。然后就商量什么时候去他那看看，也不叫上班。我对时间的第一印象并不是他胖或者白，而是拎着一个当时很少见到的真正的大哥大，当时我就说这哥们儿像江湖里的，不像是电视人。

第一次去他们的办公地点，亚运村的汇园公寓，我印象非常深。因为在1993年，那里对于我来说是一片豪华区域。时间把我介绍给众人："这就是我请来的策划，中央人民广播电台的白岩松，小白。”我相信他已经把请了一个策划的事情跟组里的人说了很久，否则当时的主持人胡健不会非常不耐烦地说了这样一句话：“我还以为你请来一个老头，就请来这么一个小破孩儿。”扭身就走了。

当时我还觉得怎么会这么不客气，现在我跟胡健是非常好的朋友。直率，就是那个时候的特点。于是我也知道了这件事情是很艰难的，但是那个时候初生牛犊什么都不怕，不存在我挂不住面子或者怎么样。我也是到你这儿来看看，你面试我，我还面试你呢，我还不一定喜欢你们这儿呢，所以那个第一印象非常深。

问：当时时间请你去做策划，具体的工作是什么？

白岩松：策划是干什么的呢？是给主持人准备材料和帮主持人设置问题的。先开会，然后定选题，比如说要采访“点子大王”何阳，或者作家王朔，定下来之后，我的任务就是去寻找资料，现在很多年轻人认为寻找资料是一件非常简单的事，百度一下就可以了。那个时候不可以，要从图书馆搜集各路报纸、书，甚至去买。你要先看，看完之后列出建议的采访重点，向主持人建议该提什么样的问题等等。

有意思的是，那时候时间很重视策划。现在认为策划是天经地义的，但是在1993年的时候，时间想做一个人物栏目，并且组建 个策划团队，打造主持人，是非常新的观念。

当时还有很多高人在时间身边，好多都是学者，比如说像郑也夫、马也等等。他们不是专职策划，时间希望我来做专职策划。那个时候在他办公室里还经常有做纪录片的人来来往往，这个哥们儿是张元，这个哥们儿是吴文光，那个哥们儿是段锦川。我印象非常深，第一次去他那儿，他们的电视上正在放的录像是伊文思的《风》。所以我只不过是他找到的一个能够具体坐下来，帮他去做很多具体工作的人，而不是高举高打，像领袖一样给他提供指导意见的人。

问：你那时觉得这个工作有意思吗？

白岩松：我刚开始很好奇。战胜疲劳也好，或者让你不厌倦也好，一个重要的因素其实不在于你的收入，而是在于你是否有足够的好奇。在《东方之子》做策划这件事当时让我非常好奇，因为它跟我延续在做的一件事情有关——我在报纸的时候已经开始对人极度感兴趣，所以这就是命。我做报纸的时候，用了很长的时间在做香港歌星的专访，但是我做的专访真的不是八卦的，而是更深层次的东西。举一个例子，我在报纸做的这一组人物，十几个香港歌星的专访，居然被当时中国最牛的音像杂志《音像世界》连续刊登了将近一年。采访Beyond，会谈到在香港流行音乐圈里做这种风格的音乐的寂寞。采访达明一派的时候，刘以达非常惊讶，第一次意识到大陆会有人如此知道他的来龙去脉。因此，那时候我已经开始对人和这个时代、这个环境非常感兴趣。所以《东方之子》做的事情让我非常好奇，而好奇让我战胜了很多困难，因此一直在做。

问：你做策划做了多久？

白岩松：不到一个月，就被推上另外一条路了，当主持人。这是一件我到现在都不能评估是不是幸运的事情。很多人当然都会觉得做一个主持人多好，名、利，还有各方面的因素。可是当你真的体验到了这个过程，尤其这些年必须要去面对的很多事情的时候，你就会感觉到，躲在人群后面，其实是一种更好的人生选择。当然这是后话，那个时候不会知道这一点。

问：具体是怎么改变的？

白岩松：有一天，我、时间，还有栏目的摄像赵布虹三个人，在放一个国外的纪录片，爱答不理地在那儿看着，时间突然说，你当主持人得了，我说坚决不。我们的摄像赵布虹，一般也是说话非常准，突然冒出一句："他要是做主持人，刚开始人们可能不接受，但是时间长了，可能大家就会非常接受。"我记住了这句话，因为当时这是说服我的理由之一。

我拒绝还有一个很重要的原因，就是我不想让我的单位知道。而时间非常轻描淡写地跟我说："你见过有人早上看电视吗？没有啊。谁会看你呀？等发现的时候，估计都是半年、一年后了，到时候再说吧。"我一想也是呀，周围没有任何经验告诉我，有人在早晨看电视，所以就被强行推上了这列战车。

问：开播前大约一个多月，你开始做主持人，感觉做主持人有挑战吗？

白岩松：没有。别人都觉得很奇怪，为什么没有任何压力？我没打算做多久，最重要的因素在这儿呢。那个时候时间也没有明确地跟我说，我始终认为这就是帮个忙，没有欲望怎么会有压力呢。

关于第一个要采访的人物，我不知道时间是不是有布局的。有一天突然他告诉我，已经给我买了票，要去济南出趟差，采访济南钢铁厂的厂长马俊才。我一片慌乱，我的慌乱不在于采访，而是这条路有很多麻烦的事。最麻烦的是我没衣服，然后他们说没事，帮你借，我记得是到了济南人家帮我借的。因此，我第一套衣服非常大，那个西装不是我的。

我过去也当记者，但是没有做电视的经验。正式采访的时候，我突然意识到，这是电视采访，我是不是要看镜头，我应该怎么坐着。时间说，摄像找你，不是你找他，要不然我就把机器锁死了，给他开工资干吗？所以技术方面我一下子就放松了。时间劈头盖脸的一番话，起到了巨大的作用。

现在越来越觉得时间是有布局的，他那个时候已经确定要把我当一个未来主要的主持人培养了。因为我后来才知道，这期节目是他早已经想好了开播的第一期节目。《东方时空》那个时候已经确定是1993年5月1日开播。五一劳动节，所以他要回到他的家乡，去采访一个五一奖章的获得者，这还符合宣传口径，也有新闻性。他没有对我说任何其他事情，只是说随意的一个采访，也许是想让我没有压力。但是这小子一定是有布局，把我当成未来起码是一个主打的主持人，否则他也不会安排我做第一期播出的出镜主持人。

问：在1993年那会儿，按理说电视是非常时尚的东西，为什么你没打算长干？

白岩松：因为我手里的那份报纸，占到了我百分之七八十的精力。很多人不知道，流行音乐当时是我巨大的兴趣。1992年东北师范大学出版社出版的一个大合集里头，有我十万字的《动荡节拍》，讲的是中国流行音乐发展的脉络。

我完全没有想过要离开中央人民广播电台，而且当时我也正处在一个关键点上，中国广播报要办一份我策划的周末版，叫“流行音乐世界”。在1993年我就提出了中央人民广播电台要扛流行音乐这面大旗，我的策划案是要以报纸为基石，慢慢签约歌星，打造演出，成立经纪团队。这个理论在当时的中国的流行音乐界，像今天谈论拍4D电影一样前卫，而且当时的副台长都已经开了会，我的名片都印了，试刊都做了。中央电视台要把我从广播电台调过去，我拒绝了，拒绝的原因就是当时我在等待这份报纸出生。后来突然有一天我被告知，这份报纸死定了。因为广电部某领导在众多的文件当中看到了这份文件，然后毙掉了。我相信这是中央人民广播电台的遗憾，不一定是我个人的遗憾。因为也有很多人说了，如果那份报纸要办下来，你今天会怎么样的，不过生命经不起假设。所以在当时，我有报纸在那儿拴着呢，行进的过程中，我不会把太多的注压在电视上。

一个新的行当的正式开始

问：所以，当时在电视台的工作是一种很放松的状态，这种状态什么时候改变的？

白岩松：持续到我第一次得奖，内部的奖。1993年7月，即将迎来《东方时空》100期，当时《东方时空》打算做一组特别节目，《东方之子》的任务就是要拍一个特别的人物——青藏高原，一个海拔极高、方圆十几二十公里都不见人烟的地方，有一个电影放映员，他的任务就是用马带着电影放映机，移动地去各个游牧点给大家放电影。我们就跟随着这样一个电影放映员，拍了一次他放电影的全过程，采访也在这个过程中完成。有很多感人的地方，和马说话，喝雪水……他到了一个地方要广召天下，不能当时立即放，因为方圆几十里没人。他守着一个点，那些人要通过放牧去慢慢扩散到更远的游牧点，大家骑着马，在一天的时间里不断地往这儿汇聚，像一个盛大的节日。夜色深了，把放映机露天支起来就开始放，而当他放的时候，发现一大半人喝了点酒都睡着了，醒了之后还要求他放第二遍，放一夜。

现在回头来看，当时电视屏幕上能呈现出这样一种清新的东西，是因为我已经不是一个采访者了，而是完全融入到他的生活当中，跟他一起搭帐篷。那里是我熟悉的环境，我是内蒙古人，从草原上出来的。我去采访这个人物的时候又回到了草原上，而且恰恰在昆仑山底下，好像是青藏高原上蒙古人聚集地，周围全是蒙族。

放映员那期节目作为百期节目播出后，周围有很多的人都在说，那个节目太棒了。节目播完后《东方时空》在梅地亚举行了一个隆重的颁奖礼，我成为《东方时空》一百天里头第一个获最佳主持人奖的人。我当时的感觉突然不一样了，不是骄傲，也不是自豪，我突然觉得我在做一个新的行当，那天像是一个转折点。

问：我记得，在那次采访中，摄像江兵完成了一个很经典的长镜头，你又完成了在运动中的采访，这一定程度上确立了后来《东方之子》的影像风格、采访风格？

白岩松：现在采访相对容易，一般一次就完成了，那个时候是要记录它的全过程。我深受时间以及他周围这些纪

初登银屏的白岩松（摄于 1994 年）。“不要总抱怨别人和时代，问问自己，如果时代重新复制回去，以你今天的状态还愿意过那样的日子吗？”

录片人的影响，所以觉得采访不是坐在那儿，而是只要有空，就跟他聊两句。我跟摄像会形成一种默契的合作关系，随时可能开机，随时奔向细节，所以一天一夜都在采访。太阳升起来了，那个时候大家都松弛了，没有陌生感，彻底忘了摄像机在哪儿。他忘了，我也忘了。我们开始帮他拆那些帐篷，拆电影放映架，弯腰，起身，一块抬东西，所有的采访都在这个过程中。

回来之后，这个节目是时间亲自编的，我配合他写解说词。其中他编了这样一个画面，放映员给我献哈达，我转身摘下来，这是发自内心的一个小动作。我立即调整我的解说词，我说："临别的时候他送给我一个哈达，但是在我心里，我始终觉得这个哈达该我送给他才对。"这个解说词特别受好评，因为当时的语言系统里没有这种跟画面配合起来的内心独白。

问：胡健的粉碎式采访，你的背景式采访，是不是当时你们做《东方之子》两种比较成功的采访方式？

白岩松：我从来不认同风格这种东西，因为我自己还在变，但是在《东方之子》的时候，我的确形成了一种样式。胡健是短平快粉碎式的，而我的提问往往是限定式或者叫背景式的。因为我必须要琢磨，《东方之子》最初一共就七分多钟，你能问的问题很少，背景就需要用一段解说词去交待。他以前当过工人，又当了农民，知青多少年。由于我已经大量了解了他的背景，就可以将背景信息藏在问题中："你曾经做过工人，在 1975 到 1981 年的时候，现在有很多人会觉得你的写作中充满着一种爆发力的东西，这跟你的工人生涯有关吗？"如果要没有前面背景铺垫，观众不明白你的提问怎么回事。这种提问方式是别人还没有走过的路，我慢慢地把这条路走通了，所以后来也有很多的《东方之子》主持人开始借鉴这种方式。

问：按照通常规律，新人到了一个新栏目，都有一个适应期，然后上升，之后到一个瓶颈期的过程，你是怎样走过来的？

白岩松：我觉得我最舒服的时候是自己完全不想做，稀里糊涂被推上战车的那段时间，而真正比较难受的是当你得了奖，别人都觉得你很牛之后，突然有很长段时间我觉得自己不会采访了。

那个时候自己的某些东西也开始膨胀了，毕竟刚开始做的时候不会把很多事情了解透，就会觉得我的每个问题都应该精彩，每个问题都应该严丝合缝。

当然这时候也比以前更刻苦，大家对你的要求也更高了。过去问的这个问题很棒，现在大家不会觉得很棒了，希望你问出更牛的问题。当然很多年之后才明白，没有谁的进步可以像登泰山一样，永远向上，会有无数个平台，要在那儿停停的。但是那个时候不知道，所以就开始较劲，别人也跟你较劲，自己也跟自己较劲。当你采访人物的时候，关注的不再是内容本身，而是外在的时候，它就不那么自然了；然后总想要去设计一些什么，恨不得语不惊人死不休，上来第一个问题，别人掌声就响起来，这怎么可能呢。所以我觉得起码有将近半年的时间是我的瓶颈期。

问：在主持人的业务方面，时间当时对你们有没有别的要求？

白岩松：现在我经常有机会去给年轻人讲课，其中有一个内容永远跟二十年前时间告诉我的东西紧密相关。他有两个规定，第一，不许叫对方为老师，如果对方的职业真的是老师的话除外；第二，写解说词的时候尽量不用形容词。到现在这两条，都可以在中国传媒专业的课堂里讲。因为访谈节目里，当你叫对方为老师的时候，你就替观众预设了观众和被采访者之间的关系。很可能你采访余秋雨，叫余秋雨老师，观众里可能有季羡林，你凭什么替季羡林提前预设了余秋雨是他老师呢？第二是去形容词，这个当时对我的影响是巨大的，到现在为止我都比较坚信这一点，形容词是干吗的？形容词是用来修饰的；新闻是干吗的？是记录事实的。一个人身高1.83米，就说1.83米就好了，为什么叫伟岸的身躯呢？这一个伟岸的身躯已经透露了你作为记录者跪地的姿态。可是，我们现在来看，这种错误依然到处都有。

时间这个老兄为中国电视界贡献了我、崔永元、王志、董倩、胡健等一大批主持人，创办了《东方之子》、《实话实说》等等不同的节目形态，已经足以证明他在电视领域的能力了。大家看现在屏幕上白岩松人五人六的，崔永元人五人六的，可是当初，任何100个人里头，99个人都不会觉得那个时候的白岩松能当主持人，那个时候的崔永元能当主持人。有一次我们的年会重放了我第一次出镜的画面，李挺当时是新闻中心主任，回过头跟孙玉胜他们说了一句话：后怕呀，当时怎么就把这样的人给放出来了。所以，时间的直觉就是一种判断，包括他在节目类型上对中国电视的贡献，他是用他的电视能力服人的。

这些采访塑造了我

问：对你个人而言，你在《东方之子》做主持人的过程中，有没有一些重要的拐点，或者标志性的转折点？

白岩松：第一个转折点当然是“放映员”那期节目。第二个转折点是“长江人”，做“长江人”的节目是时间一直梦想的事情。《东方时空》开播一百天的时候，他说他有一个梦想，希望有一天，《东方之子》能有一辆开出去的直播车，走到哪儿看到合适的人物就直播。为了他这个梦想，应该是在1995年吧，他搭了一个班子，我、编导乔艳琳、还有摄像孟和，找了一辆依维柯，就从长江的上游宜宾开始，用三个月的时间，开车沿着长江一直到上海。

我觉得那是我非常重要的接地气的阶段，很多语言风格都发生了改变。比如说略微华丽和人文化的那种词句，在长江的沿岸就不合适了。而且你要更迅速，因为车在动，你必须在有限的规定时间内完成采访，还要尽可能地好，那就是一种训练；还有就是很多元化，什么人都能遇到，可能是一个养麋鹿的环保人士，可能是一个作家，那种八竿子打不着的人就这样在三个月的时间里头不断地切换。我还要不由自主地肩负起一定的编导使命，因为不能全依靠小乔一个人。现在我已经养成了一种习惯，我虽然是一个主持人，但是我永远会有编导意识。所以那一段经历对于我来说，挺重要的。

我记得当时我的开场白是这么说的：“我们将在最炎热的季节里走过也许是将来世界经济生活中最炎热的一条河流，中国长江。”1994到1995年的时候，中国的经济还没到这个地步，但是这的确是我们夏天走过的、将来可能是世界经济生活中最炎热的一条河流。有人开玩笑说有点史诗的性质。

问：这些转折点标志着你走向成熟？

白岩松：用世俗的眼光来看，到今天都还在较劲，有的时候还拍桌子，还抵抗，这一辈子都改变不了，所以我觉得不会成熟。但是要从做这个行当讲，我觉得应该是第三个转折点，第三个转折点是我自己设计的。做了一段时间之后，我觉得我要做点厚重的东西，所以我当时设计了一个系列，叫“学者访谈系列”。这批学者平均年龄超过了80岁，一共十一位。我拉的单子是季羡林、张岱年、胡绳、任继愈、张中行、启功、钟敬文等等，最年轻的是汤一介，当时七十多。我用了四个月的时间把这组人物做完了，那是我迄今为止做主持人生涯当中最难忘、最寂静、最投入的一段日子。我要看大量的书，记笔记，我记了超过十万字的笔记。本子上有我要问的问题，还有对这个问题的评价和我的看法。摄像每次采访之前，都等着看我这个本，我还会给他们做一个节本，他也就会充分地了解这个人。

那真的是最难忘的时候，有很多人生感悟。这些学者们带着一生的坎坷，非常平静地面对你，每一句平平淡淡话的后面都有特别耐人寻味的东西。比如说跟季老聊，去了不止一次，很多话他都说得非常简单："没有必要说我有多么高尚和伟大，分工不同，我分到了这一行，那怎么办？"就像他说当时离开山东临清："离开去德国留学，十年，由于'二战'没回来。如果我要知道离开就意味着再也见不到我妈妈的话，我永远不会离开。"比如说跟启功老聊，启功老会突然特别感慨地指着摄像机说："我们有什么用，发明了这些的人才真的有用。"就是那种一辈子无可奈何的文人最后的大彻大悟。

再比如说在木樨地高干楼里采访胡绳，社科院的院长，到现在我都会常常转引他的一句话，岩松啊，有理不在声高，如果你要有理的话，干吗声音要那么高呢。这句话并不简单，他认为要以理服人，既然你认为有理，那就心平气和好了。我们今天在探讨新一代领导的文风、话风应该平实等等，老爷子在二十年前就已经忧心忡忡地谈到这一点。这给我的补养非常大，所以在这组节目播出的时候，串场中我第一段话就说："我是因为他们的学问而走近他们，因为他们在中国的学界赫赫有名，是这百年当中的代表。但是当我告别他们的时候，我的最大感触是，原来人格才是最高的学问。"

问：这段采访经历一定很滋养你。

白岩松：这不是一般的滋养，所以我说我是最幸运的，因为这不仅免费，还能领工资。有很多这种大学问家给你的感触，有的时候不在学问本身。我最感兴趣的是，他们的生命当中用了很多时间去做科普。比科学家更重要的是做科普的人。对于中国来说，启蒙远远没有结束。启蒙早已经被抗日战争、内战、文化大革命打断了，我们的启蒙并没有真正地完成。所以到现在，我们已经提早地开始去探讨民主；我们必须一边启蒙一边推进民主。这都是过去欠的课。我觉得我告别那些老人的时候，一下子定了，有定力了。你知道什么是最重要的，从某种角度来说，是你有信仰，有敬畏了。你知道什么是最好的，你要做什么；你知道什么是最畏惧的，不能做什么。那些老人，那一个冬天，那四个月，带给我很多。最后节目播出的时候，我都觉得无所谓了。因为接下来就是一个科普的过程，是跟更多人打交道的过程。我很幸运，在时间的一路绿灯而且坚决支持下，完成了这项大工程，也成为留在中国电视史上最好的东西之一。我觉得，自私地说，这些采访塑造了我。

砸碎的欲望变成了理论

问：回过头来，你怎么看当年《东方时空》的突破和辉煌？

白岩松：我觉得这是一个从直觉，到技术，然后到态度，最后到理念这样的一个过程。一开始大家都愿意用“新”这个词，《东方时空》一开始他们想叫“新太阳60分”，其实是一群人想要砸碎原有的东西。

那么砸碎的是什么？以《东方之子》为例，为什么《东方时空》是中国大陆电视荧屏上第一个直接人物访谈的栏目？为什么强调它是访谈的？我们就要了解过去是什么样。曾经中央电视台拍过的一个叫刘开渠的雕塑家，拍大量的画面，记录他的生活，然后加解说词，最后完成。结果有一次给外国朋友看，看完之后他就问了一句话：他还活着吗？活着啊。那为什么不让他说话？假如不是人物访谈，而是用画面加解说词的东西，就是你在确定他，然后把你对他的确定当成一个结果交给观众，观众是完全被动的，无法选择。

访谈就不一样了，访谈是从我对你的访问过程中，不断地提出各种各样的问题，你再回答，最后把评判权交给观众，让观众通过你对不同问题的回答来判断，这是一个交权的过程。所以很多人不明白，《东方时空》为什么会在江湖有这么高的地位，这就跟它的理论基础有关系。

理论并不是一开始就有的，《东方时空》的实践不是理论指导的实践，而是直觉、冲动要砸碎某些东西的欲望，最后慢慢摸索变成理论的。《东方时空》最大的一个改变，就是改变了电视传媒与受众之间的关系。过去电视传媒和受众之间的关系是，你注意注意，给你。现在是，好坏忠奸，东南西北，上下左右，你定。《东方之子》就是这样，通过人物访谈，把权力交给了观众。后来陈虻开创了《生活空间》，同样也是这个道理，讲述老百姓自己的故事。在中国过去的电视上，我们身边的邻居、大姐、二哥从来不是电视的主人公，但是现在，“讲述老百姓自己的故事”的关键词第一位就是“自己的”，第二个才是“老百姓”或者“故事”，这也是把权力交给了大家。

《焦点时刻》更不用说了。在我们的生活中，360度的生活有180度，或者不到180度，阳光灿烂，正能量，感动的，积极的；还有180度是贫困的，腐败的，糟糕的，痛苦的，挣扎的，阴暗的。可是在中国过去的宣传中，我们的媒体用正能量的180度覆盖了所有的360度，我们看不到一个全方位360度的生活。但是《焦点时刻》开始有这些批评报道、舆论监督，开始把阳光背后的阴影部分也展现在公众面前。也是把这种对社会评判权力交给你。

当时我正在看尹吉男写的《独自叩门》，是美术界的一本书。这本书的头几章里，谈到了美术界当时一个流派重要的理念——平视。美术中平视已经成为一种潮流，过去挂领袖像要挂4米，现在画谁都是平等的。平视对我的冲击是非常大的。所以在那年的研讨会上我就在说，《东方之子》有没有可能也去记录那些身上有足够闪光点的普通人？当时我第一次提出了平视这个概念，后来这个概念开始被放大，成了评论部的部训。所以我觉得平视是《东方时空》之所以拥有江湖地位的最重要的关键词，它不仅仅意味着这种技术、态度，还意味着语言风格。孙玉胜写《十年》这本书的时候，副标题叫——“从改变语态开始”。当时我们能做的就是从传统的八股当中逃离出来。如果说我们参与到《东方时空》的这批人有一个什么历史功绩的话，有一点做到了，我们创建了第三种语言系统，既不同于以往的那种官话、套话，也不是街头巷陌胡同里的语言，而是建立在人性基础上的第三种语言系统，像个人，说人话，关注人。

问：《东方时空》的这种精神气质，比如说平等、平视，很大程度也体现在内部的组织文化当中？讲一讲新闻评论部的年会吧。

白岩松：我历来都是年会的主力。大家大多时候在屏幕上看到的是我严肃的一面。其实在生活中，经常到快下班的时候，一帮人会聚在我身边开始听我讲段子。我是一个活跃气氛希望大家都开心一点的性格。但是屏幕上大家看到的是严肃的这一面，因为屏幕上需要我的这一面，不能天天做《东方之子》的时候在那儿要活宝吧。因此，在评论部的范畴之内，大家知道我搞笑这方面的潜质，所以像杨继红、崔永元，我们经常聚在一起，是每年年会策划的主力，一起想各种歪点子。

1994年春节之后，在钓鱼台《东方时空》第一次大联欢。我们在那儿各种游戏、发奖。当时让我们印象很深的，是我们当时的主任，孙玉胜和袁正明，他们顶气球到终点。那是一个很尴尬的过程，因为气球很轻，它会偏离跑道，你能想象这个人在地上身体会是怎样的姿态。但是孙玉胜不会说我是一个官，他很投入地去玩，我觉得挺不容易。所以不要小看了八小时之外的这些游戏，我觉得了解一个人和尊敬一个人，往往是在八小时之外的某些细节中才能体会。我对孙玉胜或袁正明很亲近、很尊敬的看法就是从那一瞬间开始。

正是因为这一次的联欢，大家创造了一种平等的气氛，甚至恶搞制片人、恶搞领导成为以后年会的主基调。我们无数次地在不通知领导的情况下，当场让他们把钱包掏出来，把里头的钱拿出来分了。年会头几年大部分都是我来主持。经我的手扔向空中，被同志们抢走的钱应该成千上万吧。后来领导们全学乖了，开年会的时候只装二百块钱。记得特辉煌的一次，所有的制片人和领导在我们吃饭时是不许落座的，都穿着服务员的衣服，拎着水壶，各个桌被我们叫来叫去，倒水、倒酒，等等。其实一年365天，364天是这帮地主老财折磨你，有这么一天是反过来长工们折磨财主，形成了一种心态的平衡，我觉得很好。

现在也办年会，但是在老评论部人心目当中，2002年那次我们完整策划的《东方时空》的年会，是最后一次。小崔、我、杨继红、孙杰等等很多人，在孙克文主任的带领下，把《东方红》史诗重新填词，重新演出，方方面面都是我们组来承办。设计出来的海报非常棒，文化大革命那种宣传画，一定要将年会的快乐进行到底。碟我们也都做了，《东方红》取得了巨大的成功。但那时已经进入了互联网时代，后来不知道谁把我们的年会给放上了网。上了网之后才发现，中国很复杂，居然有很多的人看不惯我们这种年会，认为中央电视台，一个中央媒体的联欢会，怎么能这么恶搞呢，怎么能这么没大没小呢，怎么能这么讽刺挖苦呢，各方的意见开始变得非常强烈。最后汇总到台长，台长要我们收回所有的发放到员工手里的DVD、海报等等，连我手里都没了。所以，带有评论部色彩的平等、前卫、自由、欢乐的主基调年会，那是最后一次。

坚决地喜欢那段岁月，拒绝伤感和不断怀念

问：我采访的很多人都觉得遗憾的一点，就是当年的理想与情怀都没有了，关于这一点你有什么感触？

白岩松：时代都在变，曾经有很多人在回忆这二十年，回望1993年那段“延安的日子”。其实这个伤感，包括不甘心。不是这几年，早就有了。我曾经这样劝过他们，我说哥们儿有什么可抱怨的，我们应该庆幸曾经赶上过一段非常不正常的岁月。他们一听觉得有道理，我们今天所有讲述的这些东西，都会让年轻人、让亲身经历过的人觉得激情燃烧。可是你认为当时代正常了之后会这样吗？会来一个人觉得好就留下，不好就开了，那《劳动法》还要它干嘛？会十几个人往地下室那儿一住，找个保姆来做饭？现在的人都有自己的日子要过。不是这个时代不好，而是这个时代终于正常了。那我们就应该庆幸，我们曾经赶上过那么一段非常不正常的岁月，但是没必要去抱怨，回不去了，永远回不去了。

问：后来许多单位都想复制《东方时空》？

白岩松：我非常坚决地喜欢那个岁月，但是我从来都拒绝复制和不断地怀念，甚至伤感。我一直是感恩，我觉得更多的人也应该用这样的心态去面对。不能将那段时光的远去，作为我们现在不作为和不坚守某些东西的全部理由。二十年，足以改变很多东西了，凭什么一切还都停在原地呢？有什么值得伤感的呢？

如果自己彻底地改变了，背叛了自己，我觉得你可以伤感一下。因为环境的改变而为自己的背叛找到了足够多的理由，然后还伤感就有点假了。你是可以继续坚持做很多事情的，这个时代还不至于让所有的人都成为烈士。二十年前，所有的人都是拼搏者，因为拥有要实现的梦想。我从来不去抱怨那个时候我曾经遇到的很多不喜欢的事情，那也是你喜欢的一部分。二十年后真的不一样，当初的反抗者成为今天的既得利益者，成为今天应该被反抗的人。回望过去，那些显赫的和值得尊敬的名字，是不是今天也要经常反省一下，你是在继续推动时代前进还是你已经成为一个阻拦者了。所以，我觉得二十年应该是一个反省的时间，而不是一段纪念、伤感、回望，只证明自己老了的时光。

陈虻去世之后，我给陈虻写了一篇文章。在最后我说道，如果青春只是在将来回望的时候才意识到曾经有过，青春有什么意义；如果理想只是在年岁大了，喝高了之后，才会谈论的事情，理想有什么意义。如果陈虻死了，我们都是在一次又一次伤感中，才谈论起陈虻，陈虻死了又有什么意义。我觉得谨慎地看待回望是对的。陈虻死了还有人祭奠，可是二十年前有很多好的精神每天都在死亡，在不同的人身上消失，谁祭奠过？不要总抱怨别人和时代，问问自己，如果时代重新复制回去，以你今天的状态还愿意过那样的日子吗？有很多你自己就放不下了，你已经是既得利益者了，所以我不觉得该用一种那样的心情去面对。时代在变，你可以不那么变；你还可以改变很多。

二十年过去，大多数的人都已经慢慢成为了既得利益者，既得利益者就意味着双向选择。你也该想办法如何放点权、放点钱、放点名，做些让别人得到的事，别成为拦路者。所以我觉得做一个怎样的中年人，有的时候比做怎样的一个青年人要难得多。回忆二十年前《东方时空》创立的时候，我们都感慨，很庆幸拥有了一段去做一个最棒的青年人的时代。今天，不该是守在中年人的岁月里头回望自己曾经有个多么牛的青春，然后感慨青春不再。生命从来都是这样，我觉得现在该思考的是，我能不能做一个很牛的中年人，下一步再过十年、二十年，再去思考，我怎么样做一个更牛的老年人，这才是《东方时空》的精神。

问：《东方时空》对你个人意味着什么？

白岩松：对我个人意味着，这个白岩松已经是众人所理解和认识的白岩松了。过去白岩松只是我母亲的儿子，我哥的弟弟，我同学的同学和我媳妇的丈夫，还有我未来孩子的爸爸。但是现在这一切都是一部分，而另一部分是人们在嘴里谈论的那个，在电视上看到的那个，在和别人讨论某个议题的时候，让我都经常觉得有距离感的那个人。这就是《东方时空》给我的东西，当然这也是名利。

我不是主持人当中富有的，如果跟我的很多同行比，差得太多了。但是别装孙子，我要比绝大多数中国人日子过得好得多，所以没有任何可抱怨的道理。利，我也在得吧；权，我放弃了权力。因为我坚决不走官这条路，2003年，我把所有的制片人工作都辞掉了，可是我拥有另外一种权力，话语权。比如说我现在可以跟领导较劲。为什么？我以前年轻的时候也会跟领导较劲，但现在我是必须要较劲。因为当你拥有了这种较劲权，你不较劲的话，领导就会无限地放纵他的权力。而当你有这个权力去较劲的时候，他就会谨慎一点，你周围的年轻人就会幸福一点。我也要慎重地看待这种权力。我当然得到了很多，可是我也失去了很多。所以最后加减乘除是一样的，我没有什么可抱怨的。

问：最后一个问题，离开《东方时空》以后，你的经历如何？

白岩松：我应该是这个故事岔道口最少的几个人之一。1993 年 5 月 1 日我走进了《东方时空》的屏幕，1996 年，千期之后改版，我成了第一批的总主持人，然后一直留在评论部，我现在的关系依然在评论部。不管是后来我做《新闻调查》，还是做《新闻 1+1》，包括现在的《新闻周刊》，我都认为它是《东方时空》那个母亲生下的一批又一批的孩子。所以我依然还在这个大家族里头，我也不知道接下来会走到哪儿，但是起码我还在这个大院里头。这个大院有点老了，更多的人推门进来，甚至是去向远方，甚至，都忘了。

我都六年没有参加年会了，说明我不认为自己还是这个家族中的一部分。但我永远会是大家谈论当中，那个评论部和《东方时空》的一员，直到将来离开这个世界。我跟现在的《东方时空》有什么关系呢？虽然每天它下班，我上班，都是老熟人。泉灵做完了，张羽做完了，然后隔半个小时《新闻 1+1》直播。可是我真的觉得现在的《东方时空》只有名字是我熟悉的，剩下的都变了，不是说它现在不好，也很好，可是它不再是原来的那个《东方时空》了，现在是新闻节目。所以我更能体会到，我依然还在这儿，可是这儿已经不是那儿了。

我们是靠业务吃饭的

王志访谈

王志，1965 年出生，湖南衡阳人。1989 年毕业于湖南师范大学，同年就职于湖南电视台。1994—1996 年任《东方之子》栏目主持人，1996—2002 年任《新闻调查》栏目主持人，2002—2008 年，任《面对面》栏目主持人，2008—2009 年，到云南省丽江市挂职锻炼，任该市副市长。2009—2012 年，任红十字基金会副理事长。现任中国传媒大学校长助理。

给你派一个任务，行不行就这一把了

问：你最早开始接触到这个行当，接触《东方时空》这帮人是什么时候？

王志：我是 1989 年从湖南师范大学毕业，当时一直想当记者，当年比较幸运，分配到了湖南电视台。但不幸运的是，他们不让我当出镜记者，当时我在新闻部就拍新闻。这个时候接触到了第一个跟《东方时空》有关系的人，就是时间。时间来湖南拍节目，需要配一个摄像，我也去了，负责联络。为中央台来组织服务，因为时间是大腕。我记得他拍的一个新闻是关于水文监测的，拍了好几天，最后播出来也就是几分钟。时间那个时候没有现在这么胖，长得挺帅的，跟我想象的中央台的气质不一样。

拍完片子以后，时间对我印象比较好，他说你有没有兴趣去中央台去工作？我说中央台，怎么可能呢？我们从湖南师范大学毕业，中央台大门朝哪儿开都不知道，这个平台已经是太高了，已经是顶级的了。他说现在有一个机会，正在筹备一个新节目，可能是一个很大的节目，跟以前完全不一样，说你等我消息。什么样的节目，时间也没有说清楚，后来这事就一直拖下来了。

一直等到1993年5月1日开播那天，时间通知我，说你能不能看一下。我就想去看，有这种期待，纯属是因为时间的煽动，觉得这个很厉害，这个人跟我们不一样。《东方之子》第一天播的是一个企业家，题材并不吸引人，但是整个节目形态跟以前完全不一样了，最吸引的我的是采访不一样了。你想像胡健、郑也夫这些人都是学者，包括崔永元，还有小白（白岩松），都是策划，小崔还没有露脸，那是后来的事情。这些人在提问，这个提问的方式跟以前不一样，不是背，而是说他自己想说的，我觉得这个挺新鲜的。所以看了这个之后，有点热血沸腾，但是当时还有点犹豫，为什么？肯定很重要的原因就是体制内和体制外，他们说什么都不能解决。另外，自己能干什么？如果同样是拍新闻我就愿意去。所以这事就搁下来了。

大概在开播以后，就紧锣密鼓地做节目了，后来小罗（罗芳华）带着一个摄制组到湖南，张洁是摄像，小白是记者，两台机器，排场很大。当时《东方时空》缺设备，资金也不足，特别需要地方支持，时间直接打电话让我帮着联系采访对象，提供一下帮助，相当于剧务的角色。这个过程很过瘾，看他们现场工作，怎么采访，才知道这个节目怎么出来的。之前只是看着新鲜，这个时候才对《东方之子》运作流程有了一定了解。这样一来，心思就有点儿活了。

问：后来是怎么来北京的，又是怎么当上主持人的？

王志：节目快拍完的时候，时间又给我打了电话，说你上我们这儿来吧。我说那不行啊，不能请假，他说现在这不是有由头吗，来帮助中央台工作，所以我就请了几天假，随着摄制组回到北京，来看看后期制作。

那个时候是第一次见中央台这个大楼，时间当时在十四楼办公，跟现在的条件没法比，就看他们编这个片子，编完以后，时间说你给我们帮了忙，你又是客人，请你吃饭，就叫了组里一些人。吃饭的时候，我跟时间喝杯酒，他说你上我这儿来干吧，你像我要找的主持人。我说你瞎说，我普通话都说不利索，大栅栏（dashilan）老说大栅栏（dazhalan），“东四 十条”老说“东四十条”，因为我们对北京不了解。我说你别吓我，这是哪一出跟哪一出，开玩笑，我也没当真。

但时间第二天又提这个话题，他说

给你派一个任务，行不行就这一把了，去采访骆玉笙。他说反正无所谓，行你就行，不行我大不了另外找个人去采访。当时没有派编导，后来这个片子是乔艳琳编的。

当时这对我来说是一个很有吸引力、很有挑战性的工作。我问采访什么，他说你自己去搜集资料，你想问什么就问什么。我说我没有上过电视，我没有被采访过，他说你甭管，你就跟她聊天，而且不许拿稿子，不许背稿子。我说难道不要审稿吗，他说你先采访回来再说，编完回来再审。到现在，回想起来我们这批人的成长，真的是具备了天时、地利，要是现在考察记者，又填表格又考察资历，我的普通话肯定没戏，我估计不是我一个人没戏，很多人都没戏。

我赶紧搜集骆玉笙的资料，我就知道她唱的《四世同堂》很火。骆玉笙很热情，全部是很自然的，没有摆拍一说。从进门开始，摄像说你甭管了，就敲门，正常的，我们到时候会剪辑，别紧张，也别让对方感到紧张。采访非常顺利，人物是在很自然的状态下聊的，采访完，骆玉笙问你什么时候开始，我说已经采访完了，她说你跟别人有点不一样。这样一来，中间有些过程很生动。她掏钥匙，说柜子里藏着好东西，什么好东西？我以为是珠宝之类，结果是点心、花生，因为我们是客人，她全要用钥匙打开给我们，非常生动。后来乔艳琳看了采访素材，我说行不行，她就在旁边说，行啊，我看你可以。这个节目编了以后，我算是得到一个认可了。

因为当时我没有跟湖南台说，所以我又回去了。后来节目播出的时候，我们领导看见了，说你怎么跑那儿去了，还当记者采访。后来我就跟湖南台开一个借调函，再过来试一试，合适就来，不合适就回去，对湖南台没有损失。当时湖南台领导也很开心，说哪有这么好的学习机会，你就去吧。1994 年过完春节以后，我记得很清楚，大概是元宵节，我就第一次正式加盟了《东方之子》。

当时那个场面我记得很清楚，是在六里桥商场后面有个二楼，见到孙玉胜，挺大的场面，那个时候他已经是《东方时空》的负责人了。时间跟我讲，说你看，领导还是很重视的。其实不光是欢迎我，是一个年终总结会，感谢一下大家，见一下大家。那天正好下着雪，所以很有点氛围，外面雪花飘飘，里面非常温暖，大家相互不认识，心里怀着一种期待，围着个桌子。孙玉胜说欢迎我们，欢迎，很简单的。《东方时空》这扇门，凡是有理想的、有想法的、有才华的人都可以来，大门随时敞开，正好门打开着，雪花都飘进来，所以那个印象很深。

进来的门是打开的，出去的门也是打开的

问：进来以后你感觉到最大的压力是什么？

王志：不知道自己行不行，因为这是一个新行当，以前没有当过主持人。我说我编片子行，拍也行。时间说不行，他很较真儿，说这叫专业化。所以当时最大的压力是不知道自己行不行，因为一露脸，你就再也回不去，做幕后的路也断了。

当年那个体制我觉得算很科学，但也很残酷，因为你不知道你的竞争对手是谁，尤其当主持人，你算一下《东方时空》，就《东方之子》有多少人露过脸，播出的可能有办法统计，但是没有播出的呢。我觉得到目前为止，我还没有见到哪个电视台，哪个栏目，让这么多人来尝试。但是试了，行或者不行那是观众说了算，是节目说了算。一个是观众来信，还有一个就是所谓美誉度，能够引起多大的反响。哪怕时间说你好，哪怕孙玉胜说你好，哪怕袁正明说你好，但你节目不好也不行。只要那个墙上三个月没有你的名字——什么意思呢？评奖。你榜上无名，就不要找理由，自己卷铺盖走人。也不需要制片人来你给做思想工作，你不会想着跟领导去争我为什么不行，为什么留他不留我，没得说。所以那个时候随时有可能被替换掉，不知道哪天又来了一个人，这个人干什么的；身份不管，过往不管，学历也不管，什么都不管，就管你干活。进《东方时空》的门是打开的，出去的门也是打开的。这个体制给了你一个平台，但是同时淘汰率也很高。

问：淘汰的标准是什么，是时间的一句话吗？

王志：组织管理上就他一句话，制片人就是老板，人、财、物，他一个人说了算，但是标准实际上是每一周要评奖，每一个月要评奖，每一个季度要评奖，所以说竞争很激烈。整个《东方时空》四个栏目——《东方之子》、《音乐电视》、《生活空间》、《焦点时刻》——都来评，还要分开评，你想工作量有多大。如果说这一个季度，一等奖评一个，二等奖评两个，三等奖评三个，无论你是什么工种，只要没在这上面，那你就不要再说别的了。当时的规矩就是这样，一个硬指标。当然也有极个别的，领导说这个人能不能再给他一次机

会，打磨一下，但这很少了。

当时工资也是一个全新的体制，当你被聘用之后，就是说领导认可了，说你可以来干活了，就拿基本的工资，六百块钱。做完了以后就计件，播一期节目给一些钱。第三块就是奖金，就是评了奖了，就给你奖金。竞争是很残酷的，淘汰也是很真实的，有后门的人绝对不会来的，所以说没有想法的人、没有理想的人、没有热血的人绝对不会留下来，很苦。但是我看没有一个人去关心工资，没有人关心生活上的事儿，大家每天都是谈节目，哪儿有好节目。我印象中时间还在梅地亚租了一间房，可以看到台湾的节目、国外的节目，看人家的节目形态。完全就是一帮人在摸索当中，大家所有的目标就是想把节目做好。

当时大家就是在六里桥那个地下室，只有少数人才能够进到台里的办公室里面，他们被认为是相对比较稳定的、比较成熟的编导。所以你经常看到那租的几套房子里都是陌生的面孔，你问谁谁哪去了，他已经回去了。很奇怪，那么多年也没有人埋怨，也没有人说来上告，可能大家都是心知肚明，都是讲理的人，文化人。

我觉得这样对于大家来说是一个比较公平的环境，我记得很清楚，那时我们在二炮招待所开会，时间表扬一个人，但是另外一个主持人就不服，就说我有不同意见，那是一种很平等的氛围。你认为我的采访不行，我认为我行，可以辩论。但是当然最后是制片人说了算，他主宰这个节目的导向。所以看似没有一个规章制度，但实际上就是高度集中的情况下，只要他的这个水准不降，整个这个节目的水平就不降，正是因为有这一点，很多人趋之若鹜，只要有机会就愿意来。

对我来说采访对象永远是未知的

问：你进去的时候，他们已经探索出一些提问的方式，比如说胡健的“粉碎式”、白岩松的“背景式”，恐怕也会给你很大的压力吧，因为你要去创新。

王志：我从来没有想过要创新。时间拿了一堆片子给我，你看看人家怎么采访的吧，什么小白的，胡健的，等等。那个时候我觉得他们采访得真好，我真是有点自卑感，再一个，你想我们南方长大的，普通话不是我母语。我用湖南话思维翻译成普通话，所以为什么我后来说话比较慢，可能因为语言的障碍，大家还认为我是老谋深算，在想问题，想问题当然也想，但是核心的问题是语言，歪打正着。

我前面一再强调《东方时空》这种形式，就是让我在一种比较自然的环境中间生长，当时的提问方式并没有规定说你应该怎么样，不应该怎么样。我没学过，没有人教过，广院的大门朝哪儿开我都不知道，更别说上播音系了，所以很多年以后，我们还要拿那个普通话的上岗证，那对我们来说是一个很高的门槛。

我记得小白后来总结说他是背景式提问。但我说不出他那种话来，我一直觉得我们去采访别人，只是要听别人说，不是说我把话都说完，那剩下的就只能说是或者不是了，而且是一种主观性导入。可能跟我的性格也有关系，我觉得我们跟采访对象之间应该有一条线，一条红线，对我来说采访对象永远是未知的，我们永远不可能坐在一条板凳上。

说到这，有一个很重要的观念，就是关于称谓。当时时间就说了一个，我们节目里不许叫“老师”。时间的观点是，我们是代表观众在提问，可能这个人真的是你老师，他真的是你尊敬的人，但是你坐在镜头前的时候是平等的，要平视。

我觉得时间在电视方面是个有天分的人，他不一定全能说出来，但是你能感觉得到，实际上我们这些采访风格跟他有直接关系。他当时就说，平视是什么意思？以前都是仰视，这能采访好东西吗，别人一看你俩在对戏呢；有时候对老百姓可能又是俯视，一脸的不屑，现在我们电视台也经常看到。他说我需要的是平视，因为你所面对的这个采访对象有可能是一个高官，在实际生活当中他是一个强势者，但是你代表所有的观众，你不应该有私心。也可能你对面坐着的是一个手无寸铁的弱势者，那你不能颐指气使。所以他强调这个“平”是心理上的一种张力，就是我们从心理上来说是平等的。当然你不要侮辱人家，后来别人对我的采访也有很多质疑，说我老是盛气凌人。其实不是，你去看我的节目从来没有盛气凌人，永远不会是逼迫人家，说你这个对或者不对，下结论，不会的。

问：刚来的时候，你会不会觉得有座山挡在你面前？

王志：可能是湖南人的性格吧，天不怕，地不怕。而且我对自己还是有一定的自信，当时为什么让我去参加主持人比赛呢，后来时间说是因为我最会考试，当时要笔试还要面试，我研究生毕业，当年的研究生还比较难考。当然我前面确实有很多的人已经做出了榜样，胡健、郑也夫，包括陆建华、小白，这个是我看得见摸得着的，天天在一起，这个节目不是他做就是我做。但是我是这么认为的——就像当年大家都觉得某歌星是个奶油小生，采访他时他就伸出十个手指头，十个手指头还不一样齐呢，这个舞台那么大，为什么只能有一种风格存在呢？最适合你自己的是什么？我觉得每个人都有每个人的特点。

不过就像刘欢有一句话：没有一个大师，没有一个杰出的歌手是靠模仿出来的，但是你一定是从模仿开始的，当你超越以后你就变回你自己了。这可能讲的是一个螺旋式的上升，我可能在采访领域没有经过专业的训练，但是因为有这么好的机遇，有这么好的采访对象，有这么多好的节目，有中央电视台这个平台，我觉得我走的就是这样一个轨迹。

我变换过这么多身份，为什么现在又回到学校，因为我还有一个愿望：能不能找个机会沉淀一下，另外，能不能把自己悟到的去跟学生讲一讲，如果在我进入《东方时空》之前，有人跟我讲这些，我有可能比现在做得更好，即使不如现在，但我心中可能会更有数一些。因为不是每一个记者都有我这么好的运气，能碰上孙玉胜，能碰上时间，能碰上张洁、周兵这样的编导。

问：有人概括过，湖南人的性格就两个字，霸蛮。你作为一个湖南人，当时是怎么样在夹缝里找到出路的？

王志：当时压力的确很大，每天都在看，都是别人挑剩的节目给你做，都是你不喜欢的。你还觉得有意思吗？我这个人性子有时候比较直，但还是有一定的忍耐力。如果是好的节目你能做好，你很牛，但是不好的节目你也能做好，那不是更牛吗？我觉得这对自己是一个更好的挑战。当年为什么当记者，为什么来北京，为什么当主持人，人生不就是在不断地挑战吗？

当时《东方时空》营造一种很好的氛围，允许有不同的东西存在，我们希望有对立面，希望有竞争对手存在。我觉得这一点对我们来说就是一个相互作用力，产生的是一个正效果。没有什么负面的阴谋诡计，节目播出去好坏自然有评价。在这种环境下必须有一定的压力，一点压力没有，有什么意思？

有几期节目我觉得很重要，比如“姜瑞峰”那期节目，其中有一个我的提问，“金钱和美女有什么不好吗？”当时的评论部主任梁建增在会上表扬了这个问题，我觉得他是行家，他看出来了。因为大家可能忘记了这一期节目里的很多话，但是一定记住了这个问题。

金钱和美女有什么不好呢？当年姜瑞峰是被树立的典型，他从一个工商干

《东方之子》王志出镜现场（摄于 1994 年，上图）。对李嘉诚的采访，改变了王志的路向（摄于 1995 年 10 月，右下）。左下图为王志在二十年后接受我们的采访（摄于 2013 年 1 月）。

部成长为一个纪委干部，成为全国人民都知道的一个模范人物。他痛斥腐败，说我们个别领导干部喜欢金钱、美女。但是当时我却从反面来考虑问题，脱口而出“金钱美女有什么不好呢？”你找老婆不愿意找个漂亮的吗？领导给你开工资你不喜欢开高点吗？因为别人很多时候是用一种惯性思考问题，没有想到实际上真理和谬误之间就是一层纸，人上人和阶下囚有时候就是一步。我们做学问也好，做记者也好，时间长了以后就容易误入歧途，必须要进得去，也要出得来。所以我后来提出，所有的问题我们应该从常识出发，也就是说你得说人话，得用正常人的思维去思维。之后“刘姝威”那期节目，包括“非典”一系列采访，应该说就是这样一条轨迹，只是容量大小、娴熟的程度可能有区别而已。

晚几年进台又有什么关系呢

问：能不能说一下你在《东方之子》那两年成长轨迹里几个关键点？

王志：第一个我要提的是吴建民，吴建民那期节目是我得的第一个奖。但是当时我问他也是下了很大的决心，其实我也和大家一样，觉得是不是这样说对人家不客气，是不是人家会不高兴。但他当年是外交部新闻发言人，第一他年龄比我们大，第二他资历深，他已经是久经考验的，什么样的记者没见过？所以当时我问了比较尖锐的问题，就是从质疑的角度来说，从他的身世，从他当新闻发言人，到他的家庭，都是从反面的角度提问题。就好比同样是一个杯子，但从不同的角度去看，效果是不一样的。可能这一期节目歪打正着，我觉得这个不也挺好的吗？而且这个节目正好评了奖，没有冒犯吴建民，观众反应也很好，完了以后领导觉得也很好，同行也觉得很好，我觉得这条路可以走下去。

第二个是采访李嘉诚。当时我印象特别深刻，因为大概是1994年，湖南台叫我回去，因为要上星，变成湖南卫视，但是我觉得这边还是有吸引力的，我愿意留下来。那矛盾不可调和，后来就把档案拿出来，我变成一个社会人了。后来领导关心，又找我谈，说现在有进台的名额，但不知道怎么回事就没我了，虽然我不太在乎这些东西，那时候还是有点不舒服，人嘛。

有一天时间打电话给我，说你做一个采访，这个比你进台的事情还要重要。我当时觉得莫名其妙，采访谁呢，采访李嘉诚。时间有这个脑子，什么节目给谁，什么节目适合你，这个是他的本事。后来他说，为什么选你呢，因为你震得住，而且这个对你来说很重要。

当时我觉得你这不是天方夜谭吗，一个采访，一期节目，怎么比进台重要呢？但是现在回过头去想一想，我所有的业务轨迹都是有由一个点、一个人物、一期一期构成的。你的所谓风格，江湖地位，都是从这些节目里体现出来的。从业务上来说，大家可能不知道，他在我们镜头前有两次流泪，因为这次采访不像是做秀，问题击中了他的要害，击中了他心中最柔软的地方，而且他必须回答，因为这是公众关心的问题。所以李嘉诚的这次采访让我感觉到深入人物的内心有多重要。

我现在很多地方讲座都会说，那期节目不但业务上说对我帮助很大，对我的人生观来说也非常重要。《东方之子》的口号是“浓缩人生精华”，从这些被采访人身上，你哪怕每人学一句话，也肯定是人尖了，我比较认同李嘉诚的理念，当然我这辈子不可在财富上跟他匹敌，但是我觉得他在财富的积累和奋斗过程中，他的人生经验，对大家都是平等的。他的人生经历，对我来说是一种触动，对我的很多事情产生了一种正面的作用和影响。

所以我今天觉得时间的话是有道理的。晚几年进台有什么关系呢？不进台有什么关系呢？不影响你在电视台露脸，有多少人匆匆而来，匆匆而去呢？但是如果我们留下的每一个都是扎扎实实的脚印，很多年以后，人们还可以拿出你的影像来，课堂上还在讲你这个提问，从这个意义上来说，就这个平台这个节目重要。我们是靠节目吃饭的，是靠业务吃饭的，这是我的理解。

问：说说你刚来时候的生活，到了北京，住哪儿呢？

王志：最早住在六里桥一个居民楼，七楼，现在那几栋高楼我们台里很多人都住过，好像顾长卫他们两口子也住过，但是我没有见过。很多后来成了名人的人都是这种生活。

后来搬进了六里桥地下室，然后还搬过两次家。七楼条件要好些，但地下室房租便宜。不过好像大家感觉不到苦，两个人一间房，两张席梦思往那一铺，我们很少待在房间里面，饭可以到外面吃点，住呢，有个东西盖就行了。我来到北方觉得特别新鲜，冬天有暖气，南方冻得贼死，所以觉得很幸福。问题是每天有事情，等到我可能感觉到要寂寞、要厌倦的时候，就出差了。

当时只有小白比较特殊，因为他结婚比较早，所以就单独给了他一间房，是地下室一间比较大的房子。但那个房子，除了晚上他们俩睡觉大家不去打扰以外，其他时间都是大家公用的。而且他夫人特别好，老给我们做吃的，因为是江南女子，比较细腻，比较关心大家的情绪。我觉得这个很不错，后来有人也说，王志羡慕白岩松有老婆，嫉妒白岩松，我说是羡慕嫉妒，但绝对不恨，是爱，大家就像一个大家庭一样，男的一间房，女的一间房，互相关心。后来时间为了活跃大家的生活，弄来一张乒乓球桌。他乒乓球打得好，但没想到，有一次我把他打败了，他说你够黑的，制片人都敢赢，我说你不让我赢下次不赢了。那时候大家都是一起开玩笑。

后来请来一个保姆，大家觉得老在外面吃饭比较贵，再一个也不是那么可口。我们吃饭常常没点儿，当年北京可以吃宵夜的地方很少。保姆熟悉了之后就和我们开玩笑，尤其嘲笑我们做主持人的，她说你们就像地老鼠一样，住在地下室，出去都是人模狗样，西装革履。那时我确认自己要做主持人了，还跑到赛特商场买了平生最贵的衣服，那衣服我现在还留着，八百块钱，一件格子西装。实际上格子的根本不适合出镜，当年没有人教我们应该穿什么样的衣服，当年的条件也是那样的，所以形象反差比较大，总被保姆笑话。

可能也是因为这样，小区里没几个人认识我们，那个时候三环还在修，我们可以打的——这个我觉得也是《东方时空》一件了不起的事情，我们可以坐飞机出差。打面的，但是因为离电视台近，有时候人不愿意去，我们就说去机场。等他一停下，我们再说去电视台，就逗乐，这种生活挺好的。好像大家很少觉得苦，也很少想将来怎么办。请个小保姆，每天给我们管管账，做做饭，也挺好的。我有时候也试试身手，我是湖南人，比较喜欢做饭，后来小白在联欢会上开玩笑说，王志是我们主持人里做饭做得好的，我估计在厨子里边可能主持也差不多能拿个第一。大家很和善，也很和睦。

问：你跟谁住一屋？

王志：好像都轮着来，每一个房间是两个席梦思，谁在谁住，跟张洁肯定是住过一个屋，跟周兵、张朝夕也肯定住过。

他们可能很多人都会讲发大水那次，唯独那次，我们觉得心里挺不舒服的。下大雨那个地下室泡水了，所有东西都漂起来了，我们也没有多少行李，我第二天出差回来的时候看到我的东西被搁在楼梯的平台上，席梦思全部被泡了，虽然水已经扫干净了，但是里面有很多泥。我说北京还会出这种事，因为我在江边长大，以为只有我们那个地方才有这种事。那一次觉得生活还是挺艰难挺苦的。也没有领导来慰问，大家也没有去报告领导，当然时间他们肯定是知道的，后来给房租了，让我们可以去外面租房子。那个时候北京房子不太贵，我第一个房子就租在长安商场对面，第二个房子租在三里河，也没有觉得不好，就是这种生活。

我们当时在台里也是被歧视的对象——没有证件，大门也进不了，每次进门必须填单子，后来经过争取才可以进门。我们不能上二楼吃饭，但是这些困难都好像被掩盖了，被吸引力都掩盖掉了，被《东方时空》的巨大成就掩盖了。这个是不是一个人在有所追求的时候必须要付出的？而且相对来说，领导们制片人还是尽可能在关心大家的生活。大家在选择“漂”的同时一定会考虑清楚：很简单的道理，我在中央台干一年，抵得上在地方台干好几年，当然我说的是业务方面。所以到今天我们一直觉得是这个平台成就了我们，是真的背靠大树好乘凉，这个东西没有话说。当然回过头来，中央台靠谁？那不也是靠每一个岗位上的人，每一个作品。这些是相辅相成的。

所有的后来都因《东方时空》而起

问：很多人都留恋当时《东方时空》的人际关系，包括那个时候的干群关系，你个人的体会呢？

王志：我给你讲一件事，当时所有的人都出镜了，包括领导。时间也出镜采访过，关海鹰也采访过，梁建增他们都出过镜，但后来一夜之间出了规定，说从明天开始所有担任制片人的这一批所谓管理者不许出镜。因为他们手里有权力，出镜是有利益的事情，是露脸的，所以大家都想。不是说这些制片人没本事，他们其实也有能力出镜的，但是全部都取消了，可能是为了维护《东方时空》整体的形象包装，也可能是为了解决这些矛盾，也可能是为了走得更远一点。这是我印象中比较深的事情，编好的节目都给拿掉了，他们的形象就是不许出现了，而且从此再没有人去犯过规。这大概是1994年的事，我觉得这个是不容易的。

当时领导审片，他们随叫随到，制片人、主任，都是这样，我们也都认为理所当然。而且领导看片子看得很细，可能有的领导脾气急一点，话糙一点，但是绝大部分一定会听你的意见，因为大家都是就节目论节目，不会记仇。当年有个故事，原来我们有一个杂志叫《空谈》，里面讲到一个上下级的笑话，说老袁打来个电话，接电话的人可能忙昏头了，看老袁问得特别细，问这个问那个，就被问烦了，就说你是谁呀，管这么多。老袁说我是袁正明。接电话的人说你是袁正明，我还是你大爷呢。结果老袁五分钟之后跑下来，我找找看，我大爷在哪儿。这后来被当成了一个笑话。说到上下级平等的关系，也从每一年的年会能看出来，年会的主题就是折腾领导，就是折腾制片人，折腾主任，折腾台长。这是相互之间有一个很平和的环境，每一年释放一次。

你想想我们那时候播的那些节目，是要有勇气的，孙玉胜签字，罗明签字，都是要担风险的，但是你当领导的，这是你应该承担的风险。这些人真是把这些当事儿，这真是一种人文情结，是一种情结在里面，这个节目都围绕这个来的，包括选题、表现方式，都是这样的。站在领导位置上想，他可以不签这个字，不就是一期节目嘛。虽然《东方时空》只是一个节目而已，但是我相信它倡导的这种理念，是放之四海而皆准的，小至一个栏目、一个电视台，大至一个行业，乃至一个国家，都需要这种精神。

问：你业务上的成长跟时间是密切相关的，回忆一下当年时间审片的经历？

王志：时间确实对我很重要，但是他不一定意识得到。他当时有权力把握导向，审片的时候他的观念是很重要的，但是他不会跟你讲理由，他就说这个好，或者不好。

有一次，他在会上说王志的采访是很先进的。我当时没得过奖，马上就有人反驳，不可能，一个新来的能先进到什么地方。因为所有主持人都希望在镜头前多露脸，我也希望多剪几个镜头，多留一点我的问题。但是偏偏我问得少，剪得也少，露脸的机会也不多。时间说我不这么看，主持人应该是有自己的想法，但是他都把话语空间留给对方，王志是想得多，说得少，问的也都在点子上。他提问的节拍是跟得上的，不是在背问题，是在想问题，像剥丝抽茧一样，从对方的回答里抽出第二个问题，从第二个回答里面抽出第三个问题来，不是事先列好的。

当时往往出现这种情况，答非所问。如果第一个问题已经把第二个问题已经答完了，你问还是不问，当然不要问，所以从这个意义上来说，我觉得倾听永远比说要重要。而且事先做案头的时候，应该有几手准备。当采访对象往A走的时候，你就必须顺着A这条线走，往B的方向走的时候，你要往B的方向走。但是殊途同归。你不能太机械、太教条，罗列出九个问题来，一个个背出来，那不就回到老路上去了吗？

问：不敢苟同的时候，敢跟时间理论吗？

王志：我的印象中，在电视这个方面，好像没有认为时间有说错的时候。可能因为他掌握着我的命运，掌握着这期节目的命运，而且他讲得真的很有道理。所以电视台这一层一层的领导，单就业务来说，你永远可以跟他们去争。当时新闻中心主任李挺，审节目审得多严啊，但是他也给你机会争辩。包括陈虻，后来的梁建增、罗明台长，他们的风格不一样。每一个人因缘巧合可能遇到不同的领导，各种因素放在一起，但是没有他们怎么可能有这些节目大放异彩，不可能的。

另外，我在学校就开始做学生工作，可能比大家承受力稍微强一点；时间也对我比较尊重，因为原来都是朋友。他审片的时候，主要是编导去听他刺耳的话，京骂也肯定免不了。但他说得最厉害的时候是不带脏字的，"你听清楚我这个意思吗"，骨子里是一种蔑视。但蔑视在我们眼里也不算什么，不行你来嘛，你行吗，你不就嘴上说说嘛。可能心里会有抵触，但回过头一想，他讲得有道理，我觉得确实这个东西可以更好一点。

所以不管别人怎么说，我从心里头很感激他。28岁来到北京，我觉得人生最好的一段年华，是跟这帮哥们儿、这帮姐们儿混在一起，当然有人愿意来，有人愿意走，有人留下了，有人成功了，有人改行了。我觉得就是个人的选择，《东方时空》表面是一个节目，实际上就是中央台开了一扇窗，给我们这些人搭了一个平台，也是留下一段记忆，一段关于理想的记忆。我相信对于电视工作者来说，它绝对是一段有历史意义的记忆。

问：离开《东方时空》以后你去做什么了？这段经历对你有什么意义？

王志：我觉得对于我的专业、我的生活和理想来说，它都是一个新起点，所有的后来都是因《东方时空》而起。

离开《东方时空》以后就到了《新闻调查》，后来又成立了《面对面》，再后来就去了云南挂职锻炼，回来以后，在红十字基金会待了两年，现在又到了传媒大学。我跟他们开玩笑说，离电视台越来越近了。所以这次接受采访，我说四年没有出镜了，但是还是非常高兴。这些东西就是过十年过二十年，都像刀子一样刻在你脑子里边，永远不会忘记。你的事业，你的青春，你的爱情，你的人生的很多理念，都因它而起，就像一个精神家园，就像一片沃土，有的在里面生根发芽，有的现在已经长成大树了，可能更多的像根一样在地上蔓延。

你想想现在多少人是《东方时空》培养的？现在这些主力，包括后来的，从露脸的到不露脸的，这些理念都是从这个地方来的，《东方时空》留下的东西不是一个电视节目所能涵盖的东西，它有很多普世价值在里边，职业理念，人生信念，你怎么去接人待物，你的领导艺术等等。

问：你觉得《东方时空》留下来的是一种精神？

王志：其实《东方时空》一直提出人文关怀，虽然并没有在条文里面写上"人文"两个字，它把目光放在小人物身上，以《生活空间》为代表，但是对我们自己来说，我们能感受到其中的人文关怀。

比如《东方时空》从组织结构上做了很多有益的尝试。要拉这么一支队伍，怎么解决他们的吃穿住行？怎么解决他们的身份？怎么解决将来养老的问题？这些事情从电视的发展上看不出来，但对我们来讲太重要了。作为领导或者作为《东方时空》的创始人来说，我相信他们是费尽心力，想给大家创造一个好的环境。

再一个从生活上来说，我觉得制片人也不是像大家所想象得那样霸道，因为大家那个时候的生活条件全是这样的。当时的收入已经能够证明自己有价值，能够让我们有尊严地生活，有尊严地工作。所以我看《东方时空》现在能坚持下来，觉得大家都还不错，生活至少是衣食无忧，我觉得这是一个最大的人文关怀。我始终认为我还是很幸福的，能找到一个自己喜欢的工作，这个工作又能让你有尊严地生活，这是很难的。

我不是一直待在《东方时空》的，我也进进出出，每次你走，没有人为难你，但是你回来，大家很真心地欢迎你，2000 年我去英国待了一年，当时是一种职业倦怠，一定要出去，领导同意了。后来孙玉胜给我打电话说，《面对面》还是非你莫属，现在条件都成熟了，你还是回来弄吧。我觉得我走了很多单位，《东方时空》这些管理者不逊色，非常细，包括我在云南挂职，我说我父亲去世，领导都惦记。

这个也是《东方时空》为什么吸引那么多人，为什么大家一直留恋这个地方的一个很重要的原因。人文关怀是从自己的一言一行，是从细节中间体现的，那时候每周一次例会，大家都喜欢去，因为领导坐在台上从来不跟你讲大道理，就讲这个星期我们要干什么，上个星期怎么样，都是讲这些要害的问题，我们要怎么维护这个集体，我们怎么样对得起观众。

所以概括起来，《东方时空》的精髓是什么？从业务上来说就是真实，大家说真话，你用真实的方式去表现这种真实。这种东西不是做出来的，那时候不能保证每个人都说真话，但是你至少可以保证自己不说假，这个就是底线。从精神内核来说，真的就是一种人文关怀，发自内心的关怀，这种人文关怀的理念，电视业务水准的提高，我相信无论到什么时候，都不会过时的。

周兵访谈

从第一批「北漂」到「大片专业户」

周兵，1968年生于甘肃，1991年毕业于北京广播学院电视系，2010年获南开大学历史学博士学位。1993年10月进入《东方时空》，任《东方之子》栏目编导；2000年9月，任中央电视台《东方时空》、《纪事》栏目制片人；2003年5月，任中央电视台新闻中心新闻评论部特别节目组制片人；2008年任中央新闻纪录电影制片厂特别节目部主任。有《梅兰芳》、《故宫》、《敦煌》、《千年菩提路》、《台北故宫》等作品。

我一定要做中国最好的导演之一

问：先讲讲你当年是怎么到《东方时空》的？

周兵：我1991年北京广播学院毕业，当时毕业生必须回到原来的城市，我就回去了，在兰州电视台做摄影和编导，其实生活很优越，但是内心很苦闷，觉得干的不是自己在大学受教育时那个想干的电视——你提问的水平不是最重要的，最重要的是你喝酒的能力，跟人打交道的能力。在这当中当然也有收获，但总体觉得这不是我想要的工作。

有一天看到一个新闻，说中央电视台要改版，要做早间节目，有很多提法引起我的关注。那个时候中国人早上是不看电视的，没有这个习惯，我有一天早上特地非常早地爬起来，专门去看这个节目。看完以后，内心就有点震撼。我那时候才工作一年多，在我的职业的经验中，那样的节目是特别有活力的，散发着一种说不出的让你觉得激动的东西。这才是真正的干电视。但是我从来没有想过我会加入那个团队，作为一个在兰州电视台工作的人，去中央电视台工作，是一个非常遥不可及的梦。那时候我们台里每年还有任务，你一年能在中央电视台播一个节目，那是了不起的成绩了。

问：遥不可及的梦想是怎样实现的？

周兵：可以说就是命运，《东方时空》是5月开播，9月的时候，我记得张朝夕（我当时同班同学）给我打电话，说《东方之子》要来一队人马到兰州采访，你必须给我接待，说你最好全程陪同，我就领命。来了以后我就很佩服——有《望长城》的录音张文华，因为《望长城》在我心中是非常高大的；还有《新闻联播》的一个记者，《新闻联播》那时候也是高大的不得了，那时候年轻嘛。可以说天天陪他们，请他们吃饭，给他们解决车辆，最后他们提出要去敦煌采访。当时从兰州到敦煌要一千公里，也不知道那时候怎么想的，就沿途去敦煌，我们关系处得特别好，那是我第一次去敦煌采访段文杰先生。

因为都是同龄人，在一块依依不舍的。回来以后，他们就留下话，说你到北京来看我们。但我当时不可能去北京，我是刚刚工作的一个年轻人，那时候我是摄影，连导演都不是。后来张朝夕给我打电话，说你可以以送节目的名义来北京，我就在甘肃做了两个《东方之子》的片子，送到北京，就第一次见到了时间，非常紧张。当时《东方之子》那个团队对我来说，令人非常敬仰，甚至可以说是崇拜的心情，因为我很快见到了江滨，《沙与海》的摄影，见到了徐海英，《毛泽东》、《邓小平》的导演，还有胡健，这些人我都佩服得一塌糊涂。但也没有想到留在那儿，就想送完节目就回到兰州生活。

问：那你当时做的第一个片子命运如何，最终播出了没有？

周兵：我做的第一个节目时间就看上了。当时我拍了甘肃的藏族，也是我自己摄影，自己编导。我也不会做，就拿了一堆素材去，让张朝夕帮着拿了几个比较好的《东方之子》节目，我看了看就模仿。做完以后，时间还蛮喜欢的，就在晚上九点的时间档播了，我当时很骄傲，因为在整个兰州电视台都几乎没有这样的成绩。

回去以后，反倒更苦闷了。现在想起来是不懂事，这个成绩没有算在领导头上，所以就是遭到一些不公平，比如所有的节目经费，没有，从摄像机到交通的费用全部得自己解决，台里不提供，弄得我也很痛苦，这个地方没法干了。正好时间又发出邀请，说你来我这儿。

问：那个年代要从电视台辞职，还要离家，是需要很大勇气的，家里支持吗？

周兵：时间发出邀请以后，我特别挣扎，第一，我的父母是无法接受的，尤其我父亲，因为其实他已经给我安排好所有我退休以后的东西了，就是说如果我在兰州生活，后半辈子是不用发愁的，这个让我觉得是更焦虑的一件事，年轻人总要自己完成自己的事业。

我那个时候基本上每天都有喝酒的应酬，每天都能吃大餐，但是每天都很痛苦，就是因为你还是有事业上的追求的。后来我跟我父母严肃地谈了一次，我说我还得走。我说我对这个城市没有认同感——当然现在不是这样的，非常抱歉，兰州养育了我，培养了我。但是我确实对那个城市没有很喜欢，然后那个工作环境，消磨人的斗志，还开玩笑说，连内裤都有别人给，因为那个时代的记者啥都有人送，出去还有红包什么的。

我跟我父亲谈了以后就辞职了，但是最可怕的是，还要交罚款，现在这个事我还耿耿于怀呢，我要交 7000 块钱的罚款，因为我当时上学是电视台给我出了一些学费，7000 块钱对我来说是巨款，我掏不起，我那时候工资 89.5，后来涨到 93.7，我一年所有的工资不吃不喝才不到一千块钱，结果借钱把罚款给交了。

我记得印象最深刻的是，我父亲送我上火车的时候，我拿着一个皮箱，装了几件衣服，也没带什么。我父亲就问，你到底想要什么。我当时也是为了让我父亲高兴，说了句豪言壮语，我记得特别清楚，说我一定要做中国最好的导演之一，我说这是我的理想。然后毅然决然地就走了。当时说这话的时候很忐忑，因为我觉得这是非常遥远的一个目标。1993 年 10 月，就坐上火车来到北京。

中国电视圈里第一批“北漂”

问：告别父母，拎着箱子到北京，那时《东方时空》办公在什么地方？

周兵：我记得在中央台七楼的一个办公室。第一天当然在中央电视台东门等，忐忑地等，张朝夕来接我的，进了办公室，时间不在，我就一直在等，见了时间以后，他就说你抓紧编片子，就匆匆地安排了一下。那时候，我记得有一个技术叫王强，特别好，有说有笑就带着我开始剪片子，宿舍就是跟张朝夕挤在一起。

问：住哪儿呢？那时候宿舍的生活

情况是怎样的？

周兵：就是《东方之子》的宿舍，是一个公寓，后来搬到了六里桥一个半地下室，七八间房子，一个长长的走廊，分成东西两边，一边是机房、办公室，一边是宿舍，有厨房和厕所，我跟张朝夕一间屋子，白岩松和他老婆一间屋子，徐欢那些女孩子一间，王志好像有一间，徐滨他们几个分成几间。一般两个人一间，机房是单独的。生活，工作，学习，谈恋爱，都在那儿。

大家那时候天天吃住在一起。有一天徐欢大清早就在嚷嚷，说昨天谁钻进我的被窝了？其实她不在，去朋友家住了。原来是张朝夕在机房编片子，离女生宿舍近，他可能困极了，就近在徐欢床上睡了。那时候经常还有男女同床，晚上太累了，就一个床一挤，办公室就一个床。这样的事都有，很纯洁。

来到北京以后，生活条件一下子变得非常差，我从小也是比较娇生惯养那种，因为都住宿舍，然后加班，每天工作十几个小时，那时候我记得好像除了干活、吃饭，就是睡觉，还有吵架。

那段给我的，在生活上是很痛苦的记忆，生理上和心理上，但是事业上是非常的快乐和兴奋。大家一帮年轻人住在一起，我们的家长是时间，我自己心目当中觉得二当家是白岩松，因为白岩松每次都召集大家吃饭。他是唯一有洗衣机，有冰箱，有全套家具的。我记得头一两年，只要节假日他都会让他老婆做一顿饭，让我们这些“北漂”坐在一起吃，特别温暖。

那时候“北漂”很少很少，很罕见，我觉得我们自己就是中国电视圈里第一批“北漂”。

问：那时候住在地下室，生活中有哪些记忆深刻的故事？

周兵：在六里桥地下室的时候，一个月挣多少钱我不记得了，但是一定比在兰州挣得少，几百块钱。那时候来了之后，一旦我做一两个节目不被这个团队认可，马上就失业。我不可能再回到兰州，我已经办了辞职，所以我那时候想，要哪一天突然被时间不认可了，我拎着行李走在大街上，我都不知道投奔谁。这种恐惧至少有六七年。

不过还是坚持下来了，我现在反过来想，我特别感恩时间，他那时候就是眼睛里不能揉沙子，做节目，精益求精地要求，几乎没有你个人娱乐的时间。那时候在六里桥，出差拍片子，回来就剪片子，然后就睡觉，超负荷地运转，我们那时候提出来一个口号，歇人不歇机器，机器是24小时在转的。

后来有一次下大雨，宿舍被水淹

了，张洁知道这个事。那天正好摄像机在宿舍，我拿着拍了，那个视频还留着呢，有张洁剪片子，有白岩松、张朝夕、徐滨的他们三个人怎么搬东西——我们机房和宿舍都在一起，宿舍可以淹，但机房不能淹，机房淹了就惨了。张洁还在剪片子，后期设备都在，我记得特别清楚，我们拿什么衣服，不知道有没有沙袋，就把宿舍的门全堵住，然后就把机房给保住了。

之后这个地下室就住不成了，时间给我们每个人几百块钱出去租房子住，我搬到了东单干面胡同，就跟袁丁很多大学同学住在一起。那时候我住的房子就一个单人床，再放一个单人床都放不进去，因为我后进的，而且我交钱少，我同学连克住床上，然后我打地铺就住在床下，如果他掉下来肯定掉到我身上，我记得特别深刻。

但是现在想起来，六里桥地下室发生过很多有趣的事，那时候时间为了照顾我们，请了一个安徽保姆，天天给我们做饭。有一次我回来快九点了，没有饭吃了，我就跟保姆说，能不能帮我们做点饭。那个保姆特别牛，说我现在是下班时间。我特别生气，跑进厨房自己炒了菜，弄碗面条什么的。张洁后来告诉我，说那个阿姨刚来的时候还对我们挺好，后来态度越来越差，有一次张洁跟她聊，她就拿出暂住证，她说我有这个，你们有吗？我听说你们连暂住证都没有。张洁讲的，大家听了都挺辛酸的。

还有一年春节做特别节目，晚上都不能回家，因为节目是大年三十晚上"东方之子"怎么过三十，而且连夜要做出来，第二天初一要播。就分配我拍几个人，我就只记住了谢军，国际象棋冠军。因为我拍谢军家吃年夜饭，他们家特别拥挤，我不小心把三脚架给碰倒了，把他们家大衣柜玻璃给砸了。所以我记得特别深刻，人家很客气地邀请我吃饭，我就吃了两口饭，没敢吃饱。那天晚上我就一直是饿着肚子的，因为中午就没吃饱饭——那时候年轻，吃两盒盒饭才能吃饱，但那时候满脑子想着工作，就是匆匆忙忙地吃了半盒饭还是一盒饭，反正没吃好，但盒饭很快就被人抢光了。我们一般都有经验，就是先抢两盒盒饭放起来，慢慢吃；我们还交流经验，先大口吃米饭，菜先不要动，把米饭吃差不多了，再抢一盒盒饭来吃。那时候特有意思，琢磨这些事，因为我们那时候干的是体力活，真叫电视民工。

那天结果就一直饿着，越想越委屈，因为我们家我是长子长孙，家里对我一直很好，至少没挨过饿，这是第一次大年三十没吃饱饭，看到偌大一个办公室，乱糟糟的，就我一个人，然后给

“那时候在六里桥，几乎没有你个人娱乐的时间。出差拍片子，回来就剪片子，然后就睡觉，超负荷地运转，我们那时候提出来一个口号，歇人不歇机器，机器是24 小时在转的。”图为《东方之子》采访现场。左起：王志、周兵、中国第一位女州长石玉珍（摄于1996 年2 月）。

我妈打电话拜年，打着打着电话就哭上了，给我妈吓坏了，说你就赶快回来，别在那儿干了，父母也担心。十二点左右我从台里出来回到六里桥地下室，白岩松一个人坐在一个圆桌上，摆了一桌子菜，他老婆做的，没人动过，等着我，说团圆饭，陆陆续续张洁、张朝夕都回来了，想起来就挺感动的。

后来有一次在一个高档饭店时间请我们吃饭，也是这些人，每个人都开着车，吃完那顿饭的时候，我就突然特感慨，同样是这些人，但是境遇完全不一样了。

问：现在你们都是有车有房了，当时想到过这些吗？

周兵：2000年之前，我至少搬过十二次以上的家，几乎每年都搬家，就在公主坟、木樨地那一带来回走的时候，木樨地有很多高楼，部长楼，我记得那时候采访一些离退休部长在那儿，我经常看那个楼，我就想什么时候我在北京能有一套房子，这辈子就觉得知足了，最高生活理想就是在北京有一套房子，两居室就OK了。有时候也想，这么多房子跟我们好像也没有关系，坐公共汽车，看着那些亮着灯的大楼，特别有镜头感——我是做导演的，属于移动镜头，看着一排排高楼上的灯，我就想这样的房子跟我没有关系的，就那种心理，那种非常难受的感觉。

我的保护伞

问：那时候生活上很艰苦，究竟是靠什么坚持下来的？

周兵：我前两天还跟我们很多年轻导演讲，我说多少年了，二十年，那段日子给我留下的几个基因，我到现在还希望我的团队能传承下去，比如说理想，电视理想，这是真的；激情，热情，对一个东西的热爱，对品质的几乎完美的追求，这是时间带给我们的。

不断地创新，不断地要做先锋，这个先锋不是喊口号，是实实在在拿你的创作、创意，你的镜头、剪辑，你的故事做给大家看。还有就是兄弟般那种情谊、团结，把这种东西转化成节目，就变成是一种人文情怀，渗透在你的片子里头传递出去。

这些东西后来慢慢消失。其实，后来我离开《东方时空》倒不是什么待遇问题，我的待遇还是蛮好的，我是一个既得利益获得者，我后来也成为《东方之子》的制片人之一。我离开是因为我发现当年这个东西越来越少了。

地下室最温馨的一幕，半夜两三点钟的时候，我在剪片子，然后出来休息一下，就看见时间光着膀子和袁正明两个人在打乒乓球。我说我片子做好了，他就放下乒乓球拍子跑过来审片子，就那样的，好像大家就是兄弟。这些放到现在，不可想象。

几乎只要有空余的时间，大家就坐下来，请当时行业里很多精英，包括文化精英来跟我们交流，告诉我们怎么做好片子，怎么有独立的思考、独立的精神，这些东西，这个过程对我个人是挺重要的，我觉得那以后我是长大了，真正地长大了。

问：刚到《东方时空》的时候，你怎么开始做片子的？时间怎么要求你们的？

周兵：印象第一深刻的就是，时间要求我们看他做过的纪录片，《天安门》、《我毕业了》，看完以后很震撼，对他也非常佩服。第二个就是第一次他给我讲片子，我一个最深刻的印象就是，他是一个非常严厉，而且眼里不揉沙子的人，他几乎会对每一个镜头，包括每一帧都做出要求。这一点非常恐怖，每一帧。后来有一次我看他晚上剪片子，他为两个镜头是多一帧还是少一帧剪了两个小时。时间带给我的就是一开始的启蒙，我的纪录片启蒙，包括我剪片子都是他带给我的，他那种敏锐，对某些事物的快速和准确的判断，不单纯是从技术层面，他一直要求我们有独立思考的精神。

问：听说审片子的时候他对你们非打即骂？

周兵：没有怎么太骂过我，反正徐欢哭过，很多女编导都哭过，张洁可能也有过恐怖的经历，张朝夕也有，但是我觉得他一直对我还挺好。就唯一一次，我在那儿剪片子——这个片子不是我去拍的，别人拍的交给我来后期剪辑，我啥都不知道，就在那儿剪，剪完以后很苦恼。他站在后面看了一眼，冷冷地冒了一句，你还想不想在这儿干了？我当时后面的汗毛都竖起来了。

除了这一次，他对我还是一直爱护有加的。有一次我听别人跟我说，《东方时空》也会有一些政治任务，时间几乎从来不给我干，我也很纳闷，后来他说周兵不要让他沾这些事，就让他做他的艺术。所以我特别感动，其实他在给我做一个保护伞。

问：在你记忆中，那时《东方之子》的主力有哪些人？和他们有哪些难忘的故事？

周兵：我刚进组的时候，有二十多个吧，张洁说他算过，来来往往八十多个，最后留下的就十个左右。

那时候我很崇拜资深导演乔艳琳，她个子很高，很资深，做片子很强势，一开始她对我还是有很多这种专业上进步的鼓励和压力。我记得很多次我们在吃饭，她说她不要孩子，我就觉得她就是一个职业的女强人。但现在她有孩子了，而且很疼爱她的孩子，母性的光辉特别浓烈，所以我觉得人生也是不可思议的。后来我们不在一起工作了，反而觉得我们之间很亲热，但是当时倒还没有特别深的交流，因为毕竟她跟我们感觉隔了半代一代，她周围的人都是大腕、大师级的人物，我们都属于小年轻人，不带玩儿。那时候，她跟时间说话也很随便，我们都不敢跟时间那么说话，她就敢，老大姐，很尊重她。

但是我记得乔艳琳说过一句最刺激我的话，心里头很委屈，也有点生气。我送到《东方之子》第一个节目，拍的藏族一个摄影家和诗人，摄影是我，当时评奖的时候有人提出那个节目应该评最佳摄影奖。当时坐在第一排的乔艳琳来了一句：那个地方傻瓜都可以拍成这样。我特别生气。后来每一期都要憋着劲儿做。

当时帮助我最多的，除了时间，还有像张文华，她是北京人，也是中央台的正式职工；像白岩松，我记得我感冒躺在床上好几天，爬不起来，他总是过来又送水又送药的，我记忆很深刻，一个人孤零零，躺着没人管，他来管我。

张朝夕不用说了，对我也特别关照，大学的时候我们就很好，他从北京坐火车到新疆，要坐三天几夜，路过兰州的时候，我让我妈在家里做了一碗面条，我骑自行车给他送到了火车站。他老婆在医院生孩子还是干什么，我又做了一碗面条给他老婆送过去，这前后差了十几年，所以我们都很亲，而且我能到《东方时空》是因为他，他的推荐，他的鼓励。

但我们俩一开始走的路完全不一样，我觉得，时间一开始是希望把我培养成一个好的导演，而对张朝夕，可能想培养他成为一个好的制片人。张朝夕做事非常认真，讲哥们儿义气，做事比我仔细，很会照顾对方的情绪，是善于管理团队的人。我不是这样的人，我做事是往前冲，你爱高兴不高兴，我只考虑自己要完成这个目标，所以后来他做了《东方之子》的制片人，而我被派去做了《纪事》的制片人。

徐欢就像妹妹，我们叫她“徐志磨”——一般我交片子特别早，他们叫我小快手，而“徐志磨”就是恨不得拖到片子快开播的时候才交，她好像有这样的“劣迹”，一听说今天徐欢送节目，大家都会很紧张，她每次不紧不慢的。这也是一种生活的态度和姿态。我觉得她没有把事业当作她的百分之百，这是很好的，她还有很多去享受生活的态度和方法。她是成都长大的，她不是玩儿，我觉得她是一种享受。

我们都是互相帮助，我几个事业低潮的时候，他们一定会陪我说话、聊天，来劝我、安慰我，一定会，每次都这样。

白岩松就是一个大哥的形象，他一直很犀利，而且很讲义气，我们在一起只要喝酒，那几年每喝必醉，只要我们在一起，他一定会备一桌饭跟我们一起吃，组织大家。我现在做纪录片，看似做的是文化历史选题，但实际上他给我很多新闻性的启发，他的那种犀利、对新闻的敏锐，所以我现在做很多选题背后是有新闻训练的，这是小白带给我的启发。还有就是，他是很硬朗的一个人，表面上很硬朗，但内心还是非常柔软的。

在《东方之子》的导演中，我前面有两座大山，乔艳琳是一个，张洁也是一个，我觉得我一直无法超越他，他一直是一种长者和老大哥来教育我、开导我的形象，张洁身上有很强烈的责任感使命感，铁肩担道义的这种劲头，所以我觉得他内心一直比较苦闷，还有就是他一直在事业和理想之间找平衡。

我觉得我跟他是完全两种不同性格的人，我身上也有责任感，而且我这种责任感不是忽悠人的，我是有文化理想的人，但是我随时可以卸下来去玩儿，我身上还有一点好玩儿的劲头，但是，张洁缺这个。其实我也没有张洁那种非常深厚和较真儿的责任感，我有时候会溜肩膀，大不了这事我不干了，他不会。

当时《东方之子》的主要力量还有胡健，除了是老大姐，她还是一个智者，她是时间真正认为有独立思考能力、并且把这个能力展现在节目当中的人。她现在已经退休了，我个人觉得，她其实比白岩松和王志更犀利，更有功力，但她离开《东方时空》有点早，不知道什么原因。

从“苏州园林”到“大片专业户”

问：回顾一下你进入《东方时空》到后来的发展，有哪些重要阶段？

周兵：我刚来的时候，不太可能自由选择自己想做的选题，都是别人给我派。当我自己能做主做选题的时候，我的偏好基本上都是艺术、文化这样的，都是从唯美路线，镜头漂亮，讲节奏，情绪，一直是这样的。我特别感谢白岩松，我搭档最多的是白岩松，这对我在

《东方之子》的成长帮助非常大。白岩松是一个很好的主持人，所以我跟他搭档，不会差到哪儿去，他采访人物质量高，加上我的镜头走唯美路线，所以白岩松评价我的片子像“苏州园林”。开始的节目《刘宇田》是很重要的一个，时间通过它认可我在这个团队待下去，后来跟白岩松连续做了学者系列，这一批人做下来，我在这个团队基本上很稳固了。后来我可以自己报选题，我想做书法、绘画，就做一批画家，现在基本上都不在世了，唯一在世的就是黄永玉。

还有就是工艺美术大师系列，都是不带主持人的，全是走优美路线。那时候我拍《东方之子》八分钟，时间就给我不到一万块钱左右，但我用升降车，我1994年就干那个事，现在想起来挺大胆的，所以那套节目出来镜头很漂亮，内容还是得感谢白岩松，他给我很多启发和教育，但这个事他不知道——他做主持人的时候，他怎么去调研这个人物，怎么去提问，怎么去挖掘这个人物方方面面的细节、情感、思想，他有一套方法；因为我天天坐在旁边，他采访我坐在旁边看，后来我在采访的时候，我就学他的一套，非常有效。

问：后来你不做短片，开始去做大片是什么时候？

周兵：我参加的第一个大的片子叫《忘不了》。中国电视播的第一个真实再现的节目是徐欢，时间让徐欢做的，1994年播的，第二个就是《忘不了》，但学术界认为它是第一个播出的。拍的是抗战，日本人屠杀整个村庄这么一个故事，时间是总导演，我和徐欢是分集导演，那是我参加的第一个真正意义上的大片，现场人山人海，日本鬼子是武警扮演，一百来人左右，一个连队，整个一个村庄的老老少少来跟我们演。

当时我是分集导演，服装、道具、烟火、现场制片、调度，我干的是这个事。那次对我成长也帮助很大，不过那时老板用人也够狠的，这么大一个项目，我都没有干过，让我去八一厂，去谈所有的服装、道具、化妆，还有烟火，就我一个人去弄，跟人去砍钱，一把刀多少钱，一挺机枪多少钱，那时候都是真道具，我自己怀里抱着三颗星的一把抗日战刀，是抗战胜利的时候缴获的，我还交了5000块钱的押金，我记得特别清楚。还得管饭，我还要操心饭的事。那次对我成长帮助特别大。

然后就是1995年，我27岁，突然有一天时间说，你跟我去做周恩来，那时候我完全傻掉了，我觉得我刚刚成长，老大就说，来，给你两集《周恩来》去做，而且我做的有一集是极其敏感的，关于知识分子的。对我来说这件事真不可思议。

我记得我跟总撰稿陈晋祥吵过一次架，他写稿子，我给他改了，他就大发雷霆，我还拍了桌子。当时他们就说我，你27岁，很多事发生时你都没有出生，然后我就回去发奋读书，一摞一摞周恩来的书，看完之后我就改他的稿子，我当时不知道陈晋祥的地位，还站起来跟他拍桌子，就在中央文献办公楼，我说你看看你写的这些文字，你再看这些书，我当时理直气壮，觉得给他改的是有根有据的，后来我们俩几乎要发生肢体冲突了，时间就把我叫了出去，把我给呵斥住了，但是回去以后时间也没批评我。现在想起来陈晋祥那么大领导，但我不知道他是什么职务，当时时间也不告诉我们他们的身份，我们也没有什么来往。

那时候的主任是逄先知，还有金冲及，他们审片。还有一点，当时我去新影厂摇片子，看了至少四五个月，摇得我都肩周炎了，因为涉及周恩来的成长，从延安时期一直到1978年，整个知识分子的历程，新影重要的胶片我全看过，包括“文革”、反右、四清，看得我很震撼，对我的成长作用很大。我还看了大量的档案，就是中央文献，从那以后，我觉得我从懵懵懂懂的年轻人，非常有电视热情的年轻人，开始慢慢有一些沉淀，那个历史太深厚了。尤其采访季羡林、费孝通的时候，季羡林当时就说，我真觉得我脑子里是有问题的，我要改造我自己，这么一个大师级的学者洗脑给洗成这样。50年代费孝通写了《知识分子的春天》，为这个事，我专门采访过他，后来片子也按照要求制作播出了，那些大量的信息对我的人生成长，对我的思想是很震撼的。

问：那时候你们作为临时工进入央视是一个很大胆的改革，具体和正式工有什么区别？

周兵：有一年《故宫》获金鹰奖最佳纪录片的时候，杨伟光台长请我们所有获奖人在长沙吃饭，我才知道是因为他的举措，我们这样的人才能进到中央台，但是这些人待遇连中央台的清洁工都不如，我印象很深刻。

现在已经过去很多年了，我不知道这个背景，当时只是觉得首先第一，能在中央台工作就很感恩了，是不是临时工，我们当时也很无奈，只要进了那个东门，能干活，那已经是无上光荣了。当然歧视会有一些，比如说打饭，临时工是一个队伍，正式工是一个队伍，临时工不能站在正式工的队伍里去打饭。有一次一个同志去借磁带被人给骂出来了，因为我们是临时工，当时听说杨伟光台长发火了，说以后不允许这么对《东方时空》导演。

我记得那应该是《东方时空》1000期节目展览之后了，我和张朝夕是第一批在《东方时空》有大哥大的人，我拿着大哥大去磁带库借磁带，当时一个正式工当着我的面，用北京话冲着另外一个正式工说，你看，现在这些临时工都可以有大哥大了。我听了特别难受。

问：在这样的一种环境下，对具体的工作会有影响吗？

周兵：人在那种环境下更要证明自己，我肯定不当一个失败者，我也不可能回到兰州去，那我只有在这儿硬扛，证明自己，但是我觉得光靠个人是不行的，现在想《东方时空》的环境和制度是非常好的，完全是一些创新的制度，那时候只要你有好的想法，只要你有热情，有能力，领导马上给你批，去做，去实验，我觉得《东方时空》就像一个孵化器，是精神再现，孵化了两年，很有耐心，时间不停地拨预算让我们去做。

问：《东方时空》播出1000期的时候搞了一个隆重的庆典，你还记得吗？

周兵：我记得当时观众很狂热，所有的展台都挤满了，不管是胡健，还是白岩松、温迪雅、王志，签名都签不过来，那主持人真是明星，被簇拥在那儿。我们在现场，做导演的都是服务人员，要维护现场，发资料什么的。现在想起来不可思议，一个电视栏目怎么能在北京展览馆做那么大一个展览，去的人人山人海，我觉得百姓的这种认可和热爱现在是很难有了，那个不是商业，那是真正的新闻理想，一种人文理想的转换。

实际上1000期之后，我基本上是按照我个人的理想以及时间培养我的这条路走下来的，大片接着大片，变成一个大片专业户，成名作就是《记忆一百年人物》，做了两三年，之后很快被任命为《纪事》的制片人，带出来一批精英导演做了三年，那三年我觉得也挺骄傲的。紧接着很快我又去做了《故宫》纪录片总导演，从那以后就不停地在做大片，一直做到现在。我现在最想说的一句话，就是我特别感恩时间，他不但给了我一个启蒙，而且给了我一条正确的道路，这才让我兑现了我对我父亲的那句承诺，我要成为中国最好的导演之一。我现在觉得我应该算在一流导演行列里头，我可以无愧于父亲对我的这种期待。

3 /

《焦点时刻》：瞬间变化的焦点凝聚永恒的时刻

张海潮访谈

只提供好看的新闻，只培养一流的记者

张海潮，1993年加盟中央电视台《东方时空》栏目，任《焦点时刻》制片人。后创办《焦点访谈》，任第一任制片人之一。1995年担任中央电视台新闻评论部副主任。2007年任中央电视台广告经济信息中心负责人，分管CCTV-2和全台广告经营。现任中国国际电视总公司副总裁，负责内容生产与广告经营。高级编辑、博士生导师、中国传媒大学兼职教授。

有时候就是一瞬间，人生的路就拐弯了

问：当年最早听说《东方时空》是什么时候？怎么加入的？

张海潮：那是一个特别偶然的过程。我原来在社教中心工作，做科教片、纪录片这类节目。后来我想去做文艺节目的导演，就和台里的文艺部主任商量，他也同意了。正在办调动手续时，有一次我去食堂吃饭，在路上看见童宁和玉胜在那儿很热烈地讨论着什么事。我就走过去问他们，你们俩干什么呢？他们说我们在策划一档新的早间栏目，叫《新太阳60分》，制片人都定得差不多了，就剩《焦点时刻》的制片人还没定。我就说那我来做吧。他们说你行吗？我说我觉得我行。

当时的文艺部是非常有名的部门，我是奔着做大导演去的，《东方时空》是一个还不知道会怎么样的早间栏目，而且我在这之前真的什么新闻都没有做过。但那时候，一瞬间便决定下来，我要来做这个事。现在回想起来，我也不知道怎么回事儿就加入了《东方时空》。我有

一种直觉，觉得自己有底，虽然我从来没有干过新闻。有时候就是一瞬间，人生的路就拐弯了。

问：你还记得第一天去《东方时空》上班时的经历吗？

张海潮：第一天去报到的时候，看见一群年轻人围在一个大桌子旁边——就是新闻中心二楼的玻璃房。大家都在很认真地忙碌着，不时有人进进出出，虽然都不认识，但能感觉到每个人热情都很高。

我刚去的时候，《东方时空》大概也就三五十人。每个部门的人都很少，时间带了一拨人，王坚平带了一拨人，梁晓涛带了一拨人。我去了以后，临时召了几个人，开播前也就七八个人，每天要做一个“焦点”，现在想起了，当时的胆儿真是特别大。

我记得在筹备的时候，有一次碰到罗京，他把我叫到空演播室跟我说，海潮，你这个事得想好了，这可是非常难的事，原来做《观察思考》，一周一期压力都很大，你现在要一天一期，能做得了吗？政策上怎么把握，要配多少人力物力，你得多想点。他跟我讲了一个多小时，我印象挺深的。

但我当时就是觉得自己能行，有杨台长、李东生、孙玉胜等领导的支持，还有我十五年的专业经历，我觉得我应该可以胜任，就懵懵懂懂、不知深浅地干下来了。

问：最早《焦点时刻》的队伍是怎么拉起来的？

张海潮：当时我过去的时候已经有一两个人了，都是听了风声去的。我印象中，去得最早的应该是张恒。张恒是《东方时空》第一期节目的总主持人之一，也是后来《焦点访谈》开播的第一期主持人。张恒是一个很有追求和理想的人，之前他是中央人民广播电台的播音员，辞职后来到《东方时空》的。在二十年前，他敢于丢掉当时一流媒体的铁饭碗，到一个未知的世界来创业，这种追求和胆量一般人真的做不到。还有一个是孙克文推荐的老乡，东北来的姑娘，叫李媛媛，在报社和电视台都干过。还有黄瑛，也是台里人推荐的。《焦点时刻》第一拨记者总共也就是七八个人，有些是我们去找的，也有别人推荐和自己来的。

刚开始的时候，大多数记者都没有做长新闻节目的经验，我虽然做过不少非新闻类的长专题节目，但也没有做过新闻专题节目，只是有一股热情，就和大家一起边干边摸索，热火朝天地准备起来。

只要是老百姓关心的，就是焦点

问：最早的几期节目是什么？出于什么样的考虑？

张海潮：第一个是得做几个备播节目，以保证节目开播后不“开天窗”。这批节目的时效性不能特别强，可以随时播出。第二，因为是试水，政策的把握要好，不能太极端太刺激，但又必须是观众感兴趣的话题。我记得第一个节目是关于影星下海的，二十年前下海还是一个比较热门的话题呢，当时想，明星都下海了，丢掉铁饭碗，这应该是一个大家感兴趣的话题吧。

第二个节目是部队换新军装，很漂亮啊，新式的三军军装，让大家都来看一看吧。第三个节目是北京“的姐”，因为当时女出租车司机也还算是一个新鲜事。反正准备了四五期这类的节目，后面的节目还没影儿呢，播起来再说吧。《东方时空》开播的时候，我突然有这样一种心情，觉得自己有点像饭馆的厨师长，得保证客人每天都有饭吃，而且开饭时间一秒钟都不能晚。反正不能不努力，况且大家还有比拼呢，那几个制片人都那么优秀，我也不能让这个团队太差吧。

问：刚开播的时候，你遇到的最大挑战是什么？

张海潮：刚开播的时候最大的挑战应该是节目定位问题。我刚才说过，开播以前我们准备了一批还算是比较新鲜的选题，有一点点时效性，但是又不完全是新闻的专题性的节目。由于我在社教中心时受过一点训练，对演播室访谈和切换有一点把握，只要没有节目了，就可以找一个热门话题，把嘉宾请到演播室，和主持人一谈，就出一期节目。而且我能做到零秒切换完成节目，就是从进入演播室到采访完以后的整个节目正好是适合播出的长度，连字幕全都可以现场加进去，也就是说，访谈一结束，节目就可以播出。我当时认为这是《焦点时刻》可以看家的一个东西，无论发生什么情况，都能保证有节目播出。但是，头几期非牛非马的专题类节目播出后，周围就有了一些说法，认为这些节目没有焦点，或者焦点是虚的。我也觉得确实有很大的问题，需要迅速调整，找到栏目的准确定位。

就在我正在想该怎么办、怎么能迅速找到新闻感觉的时候，我突然接到一个观众电话，说是辽宁营口的大石桥镇发生了一起特大车祸，一辆拉着学生春游的大客车在铁轨上熄了火，被开过来的火车给撞飞了，孩子们全部遇难。我觉得这事应该报，马上通知李媛媛，让她迅速去采访。她拍得很快，第二天就赶回来了，我就和李媛媛一块儿完成了编辑。节目中有一个画面特别的惨，我现在都难以忘记：几十个死去的孩子临时停放在一个像体育馆那样的地方，一位母亲趴在窗户口泣不成声地哭号，太残酷了！这些孩子都是十几岁的花季少年，正在上中学，父母也都已四五十岁，不能再生育了，而每个家庭又都是独生子女。飞来横祸啊。

节目播出以后，观众反响强烈，这也是《焦点时刻》找到新闻感觉的一个标志性节目。这样的选题就是焦点，就是新闻，接下来，我们的题材就越来越有时效，越来越多样，记者们也越来越“疯”了。

新闻感找到了，但由于新手多，节目的质量没有保障。于是我就从选题到采访技巧，再到后期编辑，手把手地带新同事。有一段时间，每天晚上我都是住在办公室，记者们粗编完了节目我再进行精编。我还做过一段时间的串场主持，经常是深更半夜，满脸菜色地在演播室里串联《焦点时刻》的头尾。由于赶时效，我们的节目通常都是白天拍摄，晚上编辑，凌晨四五点钟把沈纪台长和李东升、孙玉胜主任叫来审节目是家常便饭。

问：关于《焦点时刻》的“焦点”，你们当时怎样理解？

张海潮：关于什么是“焦点”，业界有过很多讨论。在经过一段不长的摸索之后，我们很快就找准了“焦点”的定位。我认为焦点不单是指曝光社会的不良现象，也不仅仅是突发灾难事件，它应该是近期内老百姓最关注的问题。既可以是大事件，比如说空难，比如说一些重要活动，如奥运会开幕；也可以是看似非常小的事件，比如说人民币加息、感冒流行、天气突然热了——全国的气温突然间发生如此巨大的变化，会严重地影响到每个人的生活，包括社会机器的运转。这些肯定应该是公众近期最关心的焦点问题了，但过去不少人都认为除了国家大事，这些都不是媒体应该高度关注的焦点、热点问题。

什么是“焦点”的概念清晰了以后，题材的选择和报道的方式就有的放矢了。经过一段时间的摸索，《焦点时刻》找到了比较有效的选题获取渠道和选题管理模式。我们安排了一个叫张玲的女同志专门负责选题收集。张玲经过严格的信息搜集专业训练，她尽可能大范围地搜集各种可能成为“焦点”的信息。主要信息源大概有这几类：一是《新闻联播》和台内相关报道消息，这样我们就可以随时和台里的报道重点保持一致；二是近期宣传重点和领导交办的选题；三是记者们根据自己的信息来源上报的选题；四是新华社、人民日报、中央人民广播电台，包括一些区域性的晚报、一些畅销杂志上的信息；五是观众的来电、来信。我们在节目中向社会公布了栏目的联系电话和寻呼机号码，信息管理人员的寻呼机必须24小时开着，办公室也有专人接听观众电话和拆信件，一发现重要，特别是突发事件的选题，有关人员就会第一时间通知我；六是国外媒体的相关报道；第七类就是我们自己策划的重点选题。对各种来源的信息，张玲原则上每天早晚两次给我提供重点选题清单，我也经常要与信息人员和记者们讨论、策划栏目选题，规划下阶段可能出现的报道重点，并随时把最新选题的想法和信息向相关领导汇报。开放的选题思路，丰富的选题来源，加上与上级领导的有效沟通，《焦点时刻》首先就在报道题材的选择上占了优势和先机。有道是，好的选题是成功的一半。

在报道题材的取舍和优先顺序上，《焦点时刻》也摸索出一套自己的方法。首先是新闻性、时效性强的选题优先原则；第二是当前宣传重点和公众普遍关心，但并不一定是突发性事件的选题，也尽量靠前安排；第三是要平衡好国内、国外，正面报道和批评报道选题的比例。总之，选题的取舍和把握，是制片人必须不断提高的基本功。

此外，节目的报道方式和角度，也与“焦点”的选择把握有关。随着社会的日益开放，对于一些社会不良现象和自然灾害事件，有关部门并不一定是不希望老百姓知道，但是你在报道的时候不要只是去渲染灾情和社会阴暗面，除了事件本身以外，你得介绍一些当地政府和百姓的积极救灾行为，或者反映一下有关政府对危害人们利益问题的鲜明态度和具体的处理措施。这样的报道能让老百姓满意，因为他们获得了知情权，也看见了社会的力量和政府的力量，同时也能让政府相关管理部门满意。任何一个国家、任何一个地区怎么能不发生事情呢？关键是媒体的报道“态度”是积极的还是消极的，是有社会责任感的还是仅为了哗众取宠的。所以，对于很多的所谓“敏感”选题，关键不在于能不能报，而是怎么去报。

《东方时空》做了那么多期的焦点节目，原则上上下总体都还是满意的，精心选好报道题材和把握好报道的“态度”是非常重要的原因。总之，我们希望《焦点时刻》展现给观众的是一个有品质、有追求、有社会责任感的国家级媒体形象；我们也希望观众能通过我们

《高考出题中心探秘》这期节目，第一个镜头就是作为出镜记者的张海潮，站在高考命题中心的门口歪着脑袋做现场报道（摄于 1994 年）。
“在经过一段不长的摸索之后，我们很快就找准了‘焦点’的定位。焦点不单是指曝光社会的不良现象，也不仅仅是突发灾难事件，它应该是近期内老百姓最关注的问题。”组图为《焦点时刻》采访现场。

的节目了解到极速变化的世间百态，同时也能感受到社会的正能量。

问：能不能给我们举一个例子，来谈一谈关于《焦点时刻》的选题？

张海潮：举一个这样的例子。《东方时空》开播不久就快高考了，我想肯定全国有一大批学生、家长、老师、学校都在高度关注这件事，做一个关于高考的节目一定会很受欢迎。我就想到了北京有一个国家教委的高考命题中心，就在玉泉路，我和他们联系以后，就去采访了。

我清楚地记得，那期节目的第一个镜头就是我站在高考命题中心的门口歪着脑袋做现场报道（因为我出镜老是习惯性地歪着脑袋，还经常被同事们笑话）：“观众朋友们，一年一度的高考就要到了，全国大概有三四千万的民众在高度关心这个问题。我身后的这座建筑就是国家教委考试命题中心，每年的高考题目都是出自这里。让我们一起进去看看能从这里获得些什么有价值的信息。命题专家们能对今年的高考有什么建议。”

第二个镜头是，一个桌子上放了七个密封的卷宗。我就指着它们说：“观众朋友们，展现在你面前的这七个密封的卷宗就是今年的高考命题。非常遗憾，我不能把它们打开，因为对于考试题目的保密问题，国家有明确的法律约定。但是，我们今天能非常有幸地采访到今年高考命题的七个专家组的组长，他们应该能告诉我们很多有价值的信息，让我们一起去听听命题专家们怎么说。”

然后我就一个专家一个专家地采访。专家们谈得都非常简单和谨慎，大致都是今年的这门科目与去年变化不大，可能会在创新性思维上增加一点内容，只要考生们基础扎实，考试时不要太紧张等话题。采访完，我用了半天时间编出了两期节目，就把它们搁到保险柜里当备播带了。

几天以后的一个早晨，在楼道里碰到了当时的新闻中心主任李东生，他说海潮有没有什么节目要审，我说有一个关于高考的节目，不一定很着急看。东生说你马上跑步上楼，拿下来我审看。看完节目，东生很兴奋，让我马上编一条消息，在当天晚上《新闻联播》预告明后两天《东方时空》播这个节目。第二天，“高考出题中心探秘”这一期在《东方时空》播出后，社会反响超出我想象的强烈，以至于有那么几天，全国各地打来索要录像带和命题专家访谈稿的电话造成了台里总机的严重拥堵。后来根据观众们的强烈要求，李东生又跟我说把这七个专家的访谈编成七条新闻，连续七天在《新闻联播》再播一次。就这么两个十分钟，我仅花了半天采访的节目，中央台的电话能打爆，联播也要播，命题专家们说的每一个字，全国很多高中老师、考生和家长都认真研读过，并据此做了进一步的考试准备。我事后还听说一些有商业头脑的人还通过卖录像带和访谈稿发了点小财。通过这个节目，也使我们对什么是真正的"焦点"选题又有了进一步的体悟——焦点不一定全都是曝光和灾难，只要老百姓真正关心的热点问题，特别是那些"必看"的东西，就是焦点。这个节目就是非常典型的例子。

做好看的新闻

问：在《焦点时刻》里，现场报道是一种很主要的形式。怎么样做好现场报道，有什么样的要求？

张海潮：现场报道真的是新闻报道形式的核心所在，对于新闻性节目来说，它既是形式也是内容。比如说那次隆福大厦大火的报道。有一天晚上，七八点钟，我正在办公室准备第二天的选题。观众来了一个电话，说隆福寺人民市场着火了。当时办公室里只有一个摄像在，我查了一下，离现场最近的记者叫何浩，他刚交完一个节目正骑着自行车在回家的路上，我呼他速回电。我们给记者都配了呼机，而且我们组有一个暗号，只要是办公室呼你一定要回，肯定会有重要的事。他就赶紧把自行车扔在路边，跑到公用电话亭打电话给我。我说隆福大厦着火了，我已派了一个摄像在路上，你迅速赶过去跟他会合。他就过去迅速报道了火灾的情况，大概早上三四点钟，何浩他们就赶回来了。编出节目后，我看见他对着大火现场报道："观众朋友们，我身后就是北京的隆福大厦，它终于着起来了！"在镜头中，以熊熊大火为背景，何浩有些气喘吁吁的报道感觉非常真实生动，极富感染力，可是他确实因为紧张出现了点口误，怎么办？如果说把它拿掉的话，现场效果就会大打折扣。后来我想了一下，觉得与现场感和真实性比起来，有点口误没大关系，在如此慌乱的情况下，稍微有一些慌张，有点口误是可以理解的，就决定把这段内容保留下来，审查时也没出问题。

播出的时候我还挺紧张，怕观众有意见。实际播了以后，观众什么不好的反应都没有，大家都理解，在那样紧张的情况下有点口误很正常，谁能在危急的现场设计得那么完美？而且有的时候，恰恰是因为记者在新闻现场的些许紧张，摄像机扛得歪一点，更增加了报道的真实性和感染力，这实际是电视新闻业者追求的一种“高级”的报道状态。在《焦点时刻》后来的节目中，我们大量地采用了这种报道方式。

《焦点时刻》对现场感的追求是比较强烈比较执著的。我们要求所有的节目都必须是现场报道，即使是旁白，也不允许在室内录音，太干净的声音会影响新闻的真实性。而且在一个节目中，记者必须至少出镜报道两到三次。至于出镜的方式，每个人都要训练，我们明确要求，不会现场报道的记者请自动离开本栏目。大家摸索出多种多样的现场报道方式，比如边走边说是一种，从车上下来报道是一种，画面先起，然后根据声音摇到报道的记者是一种，拿着实物现场报道是一种等等。总之，每个人都得会几招，太呆板还不行，而且尽量要与事件、环境互动起来，形成了一种栏目报道风格的格式化范式。

问：除了现场报道，当时还有什么方法能让节目鲜活好看？

张海潮：《焦点时刻》在叙事的表达上，在如何让节目生动好看上是做了一些探索的。比如说每次审片子，只要觉得不太理想，我就会问记者，这个节目你父母看得下去吗？你女朋友感兴趣吗？如果回答是否定的，或者是犹豫的，我就会说，我们不能连自己的父母都骗吧，连女朋友都骗吧，得改。你们都是名牌学校毕业的，学了这么多年的习，把事情讲清楚、有逻辑性是应该的，是最基本的职业要求。我们这儿是国家一流媒体，我们要的是最会讲故事的人，能把事情讲清楚是没有商量的前提，能把事情讲生动才是你的真本事。同样一件事情，为什么我讲起来索然无味，他讲起来就让大家觉得妙语连珠，就是因为表述方式不一样。我把文学的、戏曲的、电影电视剧的好多结构和表现手段以及技巧引到了节目中来，并要求记者们都要了解并不断完善报道技巧。比如最基本的，凤头、猪肚、豹尾故事结构；比如传统曲艺表演技巧中的三番四抖技巧；再比如说根据电影电视剧要在三四分钟有一个剧情小变化、十分钟左右就有一个小高潮的故事讲述规律等，我要求我们的节目必须两三分钟出一个兴奋点，整个节目必须有起伏和高潮。国外往往管新闻专题节目叫新闻故事（News Story），是指对观众来说，看新闻也如同是在看一个故事，因此，新闻报道也是按故事的讲述规律来进行，比较典型的如美国的名牌节目《60分钟》、《20/20》等。在保证了真实的情况下，在新闻节目中加强故事性是完全可以做到的，怎么样把报道做得更加的生动、更加的真实、更加的快速，是我们栏目追求的目标。我们对节目评价的标准只有一个，就是要好看。

举一个例子，是我们通过结构的调整，让节目变得更加生动。有一次我们有个记者去拍了菏泽的一个医疗事故，医生把两个住院的小孩的病例给搞错了，做手术的时候两个病人输液输错了，两人的手术也给做错了。这是一个很大的医疗事故。刚开始粗编出的节目呈现的是，事件发生，然后是受害的孩子哭，家长哭，后面跟一大段各方面的采访。节目前面的情绪很饱满，后面的情绪就塌下来了，孙玉胜也说不好看，还得重新把它改一下。

后来怎么改的，就是先哭一段，然后有一段采访，过两分钟再哭一段，再有一段内容，中间有三五次的这种情绪起伏，故事就好看多了，影响力也大多了。怎么让节目生动，我们真的是下了不少的工夫。有一次张恒也是在一个医院采访一起医生把手术钳落在病人肚子里的医疗事故，他和我商量，这个开头怎么开。我们想先是以相声里讲的马虎医生把手术钳落到病人肚子里的荒诞故事为引子效果应该不错。后来张恒的报道就是在医院门口拿着个手术钳说，我们身边真出现了这么一个如相声里说的匪夷所思的医疗事故，一下子就吸引了大家的关注。

监督，是度的把握，是一种技巧

问：《焦点时刻》最引人关注的还是一些监督类的节目，当时是怎么把握的？

张海潮：这个和我们的定位有关系。至于监督的度的把握，我们也是在台领导和各方面力量的指导下，不断地通过实践来调整完善的。首先《焦点时刻》的题材比例我们是有所考虑的，比如一般会把握三分之一的突发事件，三分之一的热点话题，三分之一的监督内容。一个国家级的媒体，它不能一天到晚全讲不好的事情，这是不对的。人们关注的焦点也不天天都是那些事。今天人民币汇率调整了，这是人民关心的，因为当时的存款方式、理财方式不是很多。再或者说今天的天气特别热，连动物园的老虎都受不了，全国各地出现了异常的天气，这也是老百姓非常关心的。或者有一些什么问题需要提醒大家，比如最近有一种流行病可能会出现，这都是热点。我们的题材放得很开，包括国际内容的加入，可以选择的话题很多。监督题材很重要，但它不是焦点的全部。

第二，报道的态度非常重要。焦

点这么多期，几千期下来，没有一个领导批评，也没有一个群众来信或者来电指责，为什么，就是我们度的把握比较好。出现了负面消息，我们一定要进行报道。但除了报道事件本身，当地的老百姓的态度，或者当地有关方面怎么来进行处理，政府是什么态度，下面要怎么进行改正也要报。事件有人管，政府有作为，老百姓就会高度关注，同时也希望事情往这方面发展。

我觉得监督其实是有一定技巧的，重要的事情必须告知大家，但是作为国家台不能幸灾乐祸，不能说不好的事情发生了，就不了了之，在给受众知情权的同时也要体现政府的管理职能。这种报道侧重的选择和平衡实际上是焦点节目能让各方面都满意、能做下去的一个很重要的基础和保证。

问：《焦点时刻》还使用了很多偷拍的报道方式？

张海潮：这个是和刚才说的曝光节目联系在一起的。节目做到一定的程度，很多时候正面的采访就进行不下去了。靠事实说话，你必须要抓到危害社会的人的言论或行动。我们开拍一段时间以后，很多记者都遇到了危险，包括恐吓。

我印象挺深的，有一次我还上蹿下跳地为避免恐吓危险做了好多的工作。那次是《焦点时刻》刚开始不久，具体是一个什么节目我记不清楚了，罗京参与了节目制作。播出后就来恐吓信了，说罗京你等着，反正你住哪儿我也知道，你敢曝光我们，我就让你好死不了。我赶快把这个事情跟台领导汇报，向保卫处汇报，我们做了很多准备。虽然这个事情最后没有发生，但是确实惊吓不小。当时的舆论监督力度很大，收看的人也很多，基本上曝光一个机构，相关的人员就要受到处罚，在单位和当地就抬不起头，甚至出现有的人被曝光后自杀的，这是我第一次感觉到舆论的力量真的很厉害。

节目刚开播的时候，由于人手不够，节目源不足，地方台的一些焦点栏目也给我们提供节目。有一次湖南台的焦点节目制片刘沙白给我送了一个节目，讲当地的村委会贪污公款的事，经过我们重新编辑以后就播出了。播出以后不久，沙白就给我打了一个电话，说海潮出事了，死人了。他说那个节目中的一个人死了，是站在村长旁边那个不太起眼的、也没有进行采访的会计。这个节目在村里头影响太大了，他受不了压力自杀了。所以说，舆论监督对公众来说是受欢迎的，但对当事人也是有很大的压力的。

后来，为了能更有效地获得真实画面和保护记者的安全，我们就想到了用偷拍。当时我们焦点组有一个同志是专门管技术的，他也做摄像，叫孙宏。我就给他布置了任务，让他想办法试验偷拍技术。刚开始使用的偷拍设备是掌中宝家用摄像机，用一个小书包，书包里头抠一个窟窿，拿既可起到隐蔽作用又可以拍下画面的尼龙袜子把窟窿给挡住，把装有机器的包提在手里头，就这样来进行拍摄。

出来的效果挺好，虽然歪歪扭扭的，但是效果很真实。这就增加了一种报道手段，后来很多的记者像盖晨光、杨明泽、陈耀文、何浩等都能很熟练地运用这套设备。后来，我们又发展了新设备，头盔式的摄像机，眼镜式的摄像机，钢笔式的摄像机，这样就更不容易被对方发现了。而且舆论监督节目的报道采访技巧经过不断试验形成了一个相对成熟的模式，第一个是先用隐形摄像机去暗访被采访的人和环境，偷拍的。然后回来仔细分析拍回来的资料，做好文案。第二次再去正面采访，提问就非常有针对性：你这个地方作为国家相关管理机构乱收费了吗？你们有没有违反公众利益和法律上禁止的行为等等。一般来说，正面采访他肯定会讲述机构的好处，回避问题，我们就会继续追问好多问题。回来以后，我们就把暗访的和公开采访的内容混编在一起。先是暗访抓到的事实，接着是记者采访。有这事吗？他回答没有，这就等于自己打自己的嘴巴。以这样的报道方式播出，本身就很生动，确实带有冲突性，我们还把一些悬疑片的技巧放在里面，一层层地往前推。

这种报道形式还有一个好处，就是没有一个当事人敢出来告你。因为这都是你自己说的啊，不是我们说的。对于一些坏人坏事，有一群这么智慧的年轻人在盯着你，坏人确实很难受。所以说暗访又增加了一种报道的手段，它也是既是形式又是内容。不过，它有一个基本使用原则，不能乱用，一定要用在危害公众的事情和人物上，这是基本的职业道德，也是有一定的法律要求的。不能说一个很正常的事情，你为了让它生动就暗访，这是不允许的，得有严格的把握。

问：好像你们有一个要求，在关键情节的地方，对话之间不允许有剪辑点，因为你们掌握的话语权对别人有很大的影响。这个问题是怎么发现的，又是怎么解决的？

张海潮：关于被采访对象的话语的剪辑和选择，这个牵扯到内容的真实性，也牵涉到表现方式更加专业、生动的问题。刚开始的时候，因为没有足够的经验，也为了控制好节目长度，对采访就会做比较精致的修整，也许还会穿插一些主持人或者记者的反应画面。看起来是流畅了，但是实际上它会有断章取义的嫌疑，特别是那些关键的话。

此外，由于有大量的曝光性的节目，如果这种采访你掐得太多，人家也会说你不真实。所以，为了让节目更加真实可信，让观众感到客观，我们最具关键性的核心对话，最能代表证据的镜头是不许掐掉的，后来就变成了大家的共识。

问：当时好像对不同的时机，播出什么类型的节目也有特别的考量？

张海潮：我们需要根据不同的社会阶段的主题环境氛围来定一个相对的题材比例。比如说要过春节了，虽然灾难性的事情、曝光性的事情每天都有，如果你每天都是关注这些事情，就会给大家一种全部是灰暗面的印象。而且有些社会问题和灾害问题不都是全国性的焦点，有些是局部地区的事情。在不同的时期，不同的社会氛围，我们首先是以人为本，以观众为本，观众在这个时期内最关心什么事情，是我们考虑报道选题的重要的因素。大过节的，你天天在讲杀人放火，又不是巨大的不得了的影响全国、全球的大事情，你的报道题材比例当然要做一些控制。

如果说你纯靠玩儿收视率，那是一种新闻态度，如果你是一个有责任、有担当的媒体，你就是另外的一种态度。比如说默多克，收了这么多报纸，经过他调整以后，销量一般就会上升。为什么？他的招非常简单，第一，加强凶杀匪警内容；第二，加色情暴力版面。他甚至在收购了英国最权威的报纸《泰晤士报》后，为提高征订率，在头版上会放尺度极其开放的女郎的大照片，引起社会舆论哗然。其实一个媒体，如果曝光了太多这些负面内容，除了对社会氛围的影响以外，对老人、孩子、妇女都容易产生巨大的伤害。不能为了你的收视率，就去做这么大量的曝光，匪警、色情等内容。比如，警察局每天都会有犯罪事件要处理，交通事故每年都发生数万起，每天都报道这些东西吗？不是。所以我们作为国家媒体，一定要在选题的内容的宏观把控选择上，在报道的态度上，有我们自己的把握，有自己的定力。即使是在不少西方国家，为避免过多的凶杀、色情等负面新闻的不良影响，对媒体该类信息的发布量和时间也是有一定的法律限制的。

“水壶盖”，一发不可收

问：国际报道方面，《焦点时刻》也做出了很多精彩的节目，当时是怎么开始的？

张海潮：《东方时空》开播了一段时间以后，我们做了许多老百姓关注的问题。但是我们发现光是国内的题材是不够的，作为国家级的媒体，对国际事务应该要有反应，要有报道。当时的国际新闻专题报道数量很少，而且往往也就是用一些资料画面配上旁白，我们刚开始做了几期，用中文播音员主持，觉得效果一般，而且和我们整个栏目的现场报道风格也不太一样。后来我就下决心，一定要有我们自己的主持人，一定要有记者深入国际事件中去进行报道。

主持人怎么找？第一个思路就是到外语学校去找老师和学生。当时有一个榜样就是杨澜，她就是从学校出来的，学外语的。结果找了一圈，试了几个人以后，没有合适的。我有一个老朋友，叫盖晨光，他原来是学希伯来语的专家，后来调到了新华社，我就去找他，说你给我想个办法，找一个外语又好，又能出镜，又能主持的这么一个人。过了几天以后，他就给我打了一个电话，说海潮，我找到了一个人，你迅速到新华社来一下，我们见一面。然后我就赶到了新华社的咖啡厅，等了一会儿以后，就看到一个中等身材、戴着帽子的青年人进来了，盖晨光介绍说他叫水均益，是新华社国际部的记者，并力荐这个人，说肯定特别好。我在旁边看着水均益，觉得形象也没有什么特别突出的，问了一下背景，原来驻过非洲总站，在埃及待过，是兰州大学毕业的。当时也看不出来到底行不行，但是我相信盖晨光，因为他是我多年的好朋友，很有水平，而且他也参与过我们的一些节目，我说那我们就试试吧。

然后盖晨光对水均益进行了很多的训练，因为他是兰州人，发音不是特别准确，刚开始在镜头前不太适应，盖晨光就让他就一段开场词对着镜头上百次地练习，找感觉。做了一两期节目以后，我认为这个人很有潜力。光靠这么简单的培养是不行的，要做好国际节目必须要有一个组织机构，于是就配了三个人，我们管它叫“国际部”，盖晨光编导，水均益主持，还有一个编辑叫胡杨。胡杨当时是社科院美国研究所的，他们几个外语都很好，分工明确，胡杨管资料编辑，水均益主持，盖晨光是导演，是“国际部”的灵魂和智囊，后来不知是谁开始管他们叫“水壶（胡）盖”，于是大家就都这么叫这个小组了。

“水壶盖”这一做就一发不可收，

他们迅速地就找到了自己的定位：对重大的国际事件必须要进行报道，重要的国家元首来华必须要进行采访，中央电视台对重要的国际事件不能失语。他们用了《焦点时刻》坚持的新闻报道方式、国际化的视野和表述，以及全力投入的职业精神，很快地形成了自己的风格。

问：为什么他们当时能够做出那么多重大独家的国际报道？

张海潮：主要是高度的职业素养、极大的工作热情和创新意识。比如，香港回归是一段时期的全球热点，为了采访到鲁平，他们真是在他下榻的那个饭店里等了二十四个小时，感动了国台办的工作人员，给他们特殊安排，做独家采访。从此，“水壶盖”就喊出了一个口号：24小时等你，后来这个口号也变成了我们《焦点时刻》的口号。

还有一次采访拉宾，那是以色列元首第一次来中国的破冰之旅，他很高兴地接受了采访。“水壶盖”在办公室经过一晚上的讨论，设计了这样的一个开头。水均益说：总理先生，非常欢迎您来中国访问，您是我们所知道的一千四百多年以来第二个从你们那个地区访问中国的重要使者。拉宾一听就蒙了，怎么我是第二个，我这可是在做破冰之旅啊！水均益拿出一份资料说，中国的古书上有记载，一千四百年前就有一位以色列使节到中国进行过友好交流访问。拉宾就问周边的外交人员，你们知道这事吗，他们都没听说过。他一下子就对我们另眼相看了，觉得记者采访他是经过认真准备的，是对他的尊重，而且也很有水平，值得和记者对话。接下来，采访进行得很顺利，原来定好的半个小时的采访，谈了一个多小时。

采访提问，是我们要求记者必须掌握的基本功。因为刚开始的采访出了很多笑话，而且很幼稚。比如诱供：这件事情你是这样认为的吧？你觉得应该这样做是吧？这种诱供我们认为是剥夺被采访对象的思想，不尊重对方的表现，会严重影响记者和媒体的形象，不能用这种下结论的方法来做提问。比如不能泛泛地问被采访人，你有什么感觉？提问太空泛往往会造成被采访对象不知如何作答，也反映记者不够专业。我们的采访态度也要注意，记者是代表媒体，也代表公众对新闻事件和人物进行采访，作为被你采访的人来说，即使是普通人，大家在人格上也应该是平等的，应该用平视的态度和语气。此外，对官员、对名人记者也绝不仰视，原则上不能称“您”或“老师”，必须是不卑不亢，平等的。这一点我觉得做得最好的是水均益，采访元首从来不卑不亢。

开拓国际报道以后，整个焦点的品质提高了一大块。只要是国际重要的热点我们就有反应，而且是尽量站在老百姓的角度，站在中国的角度来进行报道。让观众感到自己也离国际事件很近。

上下互动出的集体氛围

问：当时《焦点时刻》有严格的审批程序，你们怎么和审片领导打交道？

张海潮：一般是我先初审一遍，该改的就改了，然后交领导审一遍，签字播出。《焦点时刻》的节目时效性很强，最着急的时候是几个人分头编辑不同段落再最后组合。很多时候出现离播出就差一两分钟节目才送到播出线的情况。那边播出线的预警系统的红灯在闪了，《焦点时刻》的带子还没出来呢。经常是在最后几分钟内，我们终于把带子插了进去，那种感觉挺刺激的，变成我们当时的一种生存方式，晚上做节目太正常了，因为这个就是你的职业要求。

那时候领导半夜四五点钟被叫来审片也是家常便饭，沈纪、李东生、孙玉胜这些领导随叫随到。所以《东方时空》的成功，绝不是光靠几个年轻人就能做成的事情，它是上下合力，共同努力的结果。我们下边就是认真干活，做领导的在上头把关，并且有精神上的关心，还包括提供一些必要的物质条件来给予支持。《东方时空》如果没有台领导、新闻中心领导的全面支持是不可能存在下去的。当时的那种干群关系，我觉得现在很难找到了。

问：你自己作为管理者与被管理者，在管理方面，有哪些方法和心得？

张海潮：首先，我觉得最重要的是要尊重每一个人。因为当时组里实际上只有我一个人是电视台的正式人员，其他都是从全国各地来到这里的年轻人，他们当时连个记者证、工作证都没有。无论是来自什么地方，无论岁数大小，大家应该是平等的，你不就是比别人先进电视台几天吗，能力还未必比别人强呢。孙玉胜也要求我们要充分体现以人为本，机构内必须人人平等，而且部门里不许带“狗牌”，尽量避免让其他同事产生分三六九等的感觉。“狗牌”就是中央台正式职工的牌子。再有一个原则，当时也是和孙玉胜主任定的，就是中央台发的劳保用品，我们正式人员都不要。虽然发的东西并不值钱，但如果你提个大包小包回家了，那些人什么都没有，就会让人家产生压力。这些看似细节的小事，就是《东方时空》的一部分。

再有一个就是要相信人的潜力。每个人都有超出自己想象的潜能，只要他认真，素养不是太差，给他机会，他就可以做得更好。我和组里的同事们说，虽然不能给你很多钱，最早的时候每个人一个月500块钱左右，采访只能打面的，住集体宿舍，但是我们能给你创造一流的机会，让你掌握一身的本事，有更大的发展空间，给你创造更多的尊严。

比如现场报道，我让每个人都去发挥，让每个记者在父母面前，在同学、朋友面前感到自豪。在采访报道方面，《焦点时刻》出了一批优秀的记者，张恒、章伟秋、李媛媛、水均益、陈耀文、何浩、黄瑛等等，他们还都有自己的粉丝团呢。激发人的潜力，除了给予一定的培养以外，还要给予一定的压力。我们把每个人的工作量做了一个表挂在墙上，谁这个月做了多少节目，上个月做了多少节目，都搁在一起，大家一目了然，可以互相激励。总之，我们就是鼓励大家去创新和发挥，只要你是真正表现好，就该获得尊重，就该获得更多的收入。所以，对人的潜力的理解，给人以发展机会，也是我们当时管理的一个挺重要的方面。

还有一个就是对同事生活关心。比如在北京没有房子的同事，我们去给找宿舍，谁病了的话，我们会更加关心。我们晚上加班比较多，大家都很辛苦，工作到很晚，有时候两三点。我会通知大家开会，开什么会呢，桌上放了一桌吃的，就是开一个吃饭的会，让大家吃完饭再干活。

对大家，我也有比较严格的专业化要求，比如舌头要伸直，采访必须语言清晰；比如现场报道必须有十套八套的招式；故事的编排一定要力求生动，讲不清楚讲不生动的人在我们这儿不要。我们还有一套自己的座右铭——只提供好看的新闻，只培养一流的记者，只留存有理想的人士。你必须要很好地掌握现场报道的技巧，达到一个专业化的要求，必须要有很好的提问能力，必须要能够很好地讲故事，也必须要在电视编辑技巧上达到相应的水平。当然，我也要身先士卒，加班我往往是最多的，这是我对自己的要求。

问：所以当时《东方时空》尊重人的内部氛围是自上到下的？

张海潮：《东方时空》推行以人为本、尊重每一个人并不是一句空话，往往是落实在具体的细节上，先从领导做起。某种程度上领导比我们还忙碌。我们的直接领导孙玉胜，也是新闻中心采访部的主任，那时几乎所有重要的时政采访都是从这个部门出来的。他那个工作是一点都不能耽误的，可他同时还要管理《东方时空》，还要审片子呢，所以工作特别忙，身兼两个部门的管理，压力也特别大，有一次还累得病倒了，我们把他送到医院去急诊。

每年年底我们会做一次聚会，为了让大家高兴，惯例是可以跟领导开开玩笑，让大伙发泄一下。联欢节目设计中可以让领导出点丑，或者让领导受点罪。比如说有时候让领导做俯卧撑，或者背着领导采访他的家属。然后现场提问某一个领导，你的女儿和你关系好吗，你是不是除了工作以外很关心女儿啊？领导说那是肯定的，我的女儿我肯定关心，而且她跟我的关系很好。一转眼，屏幕上一放她女儿的采访，女儿可能说，不对，我爸爸老不回家，有时候还跟我发脾气，除了工作以外，她对我关心还很不够啊等等。对这类节目，领导不能有意见，绝对不许急。

《东方时空》当时的风格是追求卓越，即便是年会活动也要生动丰富，每一次活动都希望做得与众不同，要超越上一次。即使是玩儿，也体现了一种凝聚力。记得有一次年会，我们要求所有的领导在会场门口迎接记者。我们在一个老式的带有大门的古式建筑里开年会，先把门关上，等大家都聚集在门口的时候，放鞭炮，门一开，所有的领导都一字排开给大家敬礼，这是一种创意，其实某种程度上也是一种管理，体现了一种创新精神，一种和谐的氛围。反正，我认为《东方时空》的内部氛围是上下互动而自然形成的。

《东方时空》，让理想和职业结合

问：你曾经谈到《东方时空》有一种理想主义的情怀。在你看来，当时大家为什么会产生那样的一种热情，一种理想？

张海潮：为什么《东方时空》能吸引那么多优秀的人才？为什么它不可拷贝了？我觉得这是和当时的社会条件，和具体的环境联系在一起的一个综合性的结果。

首先，当时邓小平南巡，引导社会更加开放。中央领导也对新闻提出了新的要求，我们的台长落实中央的精神，采取了具体的行动，就有了《东方时空》这一类的实验性节目。整个的氛围，社会上下都是进取开放的。同时，全国各地的新闻业有志青年，终于有了一个机会，有了这样的一个平台，把大家凝聚过来。《东方时空》最宝贵的东西有两个，一个是它的精神，一个是它的人。这些人大都是30岁上下，经过十来年的专业发展以后，觉得自己现在的工作平台发展空间不够了，而中央台很有号召力，那里的发展空间又和自己的理想相符合，而且大家都是文化人，文化人对尊严和理想看得是很重的，希望自己能够开创一番事业，有所作为。而《东方时空》正好这儿有一个天时地利人和的地方，于是大家都往这儿凝聚。

这里的企业文化可以让个性尽可能得到张扬，让个人才能尽可能得到发挥和尊重。大家有着非常好的工作氛围，领导和下面的人是一条心的。谁都可以直接找台长、主任，有什么问题都可以谈。虽然条件不好，办公条件极差，生活条件也很一般，但是大家觉得很高兴，自己的价值观和自己的生存追求达到了一致，未来还有很大的空间。那时候的氛围是充满理想的，关于追求物质的想法虽然也已经开始出现，但是没有后来这么强烈。

这种理想的东西，虽然现在说起来有点虚，但我认为真正能够让一个人有激情、有原动力的力量就是顺着自己的理想发展。这是一个非常虚又非常实的东西。不是每个人都能找到一个让理想和职业结合在一起的地方，但是大多数《东方时空》的人都找到了这种理想，找到了自我发展的职业平台。

问：离开《东方时空》以后，你去做了什么？二十年后回过头来看，《东方时空》对你个人来说意味着什么？

张海潮：离开《东方时空》以后，我先是去了广告经济信息中心，做了一段时间的领导。在这期间，我一直在坚持节目创新，比如在十几年前，我就和同事们花了50万美元，买了英国的一个真人秀节目的版权，把它根据中国特点改造成一个新的节目《幸运52》，包括后来的《经济半小时》改版，还有王小丫的《开心辞典》以及二套的频道改造。此外，我还负责过全台的广告运营工作。十年前，我又调到国际电视总公司来了，工作的主要内容是用市场化的方式来进行电视剧、动画、综艺、体育等节目的生产。原来是拿着经费去做节目，现在是要把花的钱挣回来——现在的节目意识就更加市场化，投入产出方面的考虑就比以前多多了。此外，我也管理总公司的广告经营。

因为刚到《东方时空》的时候，我学习的经历不是特别好，知识结构也不够丰富，有的时候是靠感觉和悟性、靠别人的点播来发展提高。后来我就加强了学习，先上了人大的硕士，然后考进了北大，学完了博士，现在又在传媒大学做了兼职的博导，带了几个学生，写了五六本书，主要讲的是媒介市场、经营和节目分类、评估等内容。

我觉得《东方时空》对我来说是一种精神，是一种生活方式，是一个激动人心的年代，是一个极其叫我难忘的、生动的、群体的故事，这么多年来它影响着我之后的人生。其实我现在的思想本质，我的灵魂、我的根儿可能还是《东方时空》那种追求卓越的精神，那种不断挑战自我、不断完善自我、让事业发展得更好的一种精神状态。总之，《东方时空》带给我的就是一种思维方式，一种做人的态度、工作的态度。我想，我会一直把这种生活方式、这种精神理念延续下去的。

有些梦想需要群体性的疯狂

章伟秋访谈

章伟秋，浙江台州人，浙江传媒学院播音专业毕业后任职于浙江电视台新闻部，担任《浙江新闻联播》播音员，后到中国社会科学院研究生院新闻系学习新闻编辑专业。1993年加盟《东方时空》，1994年6月正式调入中央电视台。曾任《焦点时刻》、《焦点访谈》栏目的编导、记者主持。2001年开始在《新闻30分》栏目任主播；2003年新闻频道开播之后，兼任《每周质量报告》主持人。

怀揣着一颗蹦蹦跳跳的心就来了

问：你是怎样来到中央电视台的？又是怎么进入《东方时空》的？

章伟秋：毕业之后我先是到浙江台上班。两年之后，到中国社科院学习新闻采编。我们应该属于第一批“北漂”吧。1993年，《东方时空》栏目组建时，我在中央电视台采访部的文教组实习。我在浙江台的时候，就比较喜欢做采访类型的节目，除了《浙江新闻联播》，我经常自己出去做采访。那时候中央电视台新闻联播里面有一个小栏目叫《弹指一挥间》，浙江台送过去的现场报道就是我做的。我记得实习那一年，我还跟当时的采访部副主任高军去做了“农民减负”，那时候几乎还没有听说过减轻农民负担这个概念，就在河北的固安县采访了一些农民，后来那个节目还获了全国奖。

组建《东方时空》时，我还是实习生，我是听文教组的一个老前辈说要组建这样一个栏目，看看组里边有没有想做这个栏目的，可以推荐过去。他跟我说，你原先也做过节目，我就推荐了你。他倒是轻轻地说，我却是重重地听了，这件事就落在我心里了。我对这样的一个栏目还是挺感兴趣的。

过了几天，他说你可以自己再去找找主任，看看这个事情怎么运作。我就去找了一下孙玉胜主任。他说，你有什么选题，自己做一个文案，写好以后拿过来让我看看。那一年有一件事是推倒北京大学校园的南墙，我觉得这个挺有意思的，历史的纵深感跟新闻热点紧密结合。我就做了这样的一个策划文案，把它做成一个新闻评论式的节目。写了好几张纸，那时候也没有电脑，写完以后就交上去了，也没有消息了。后来五一要开播了，这事儿就是真的了。那时候我上学是在北京这边，但是关系还在浙江台。所以当时就跟台里说，我想来这边。做了很多的努力和工作，台里也不放。我当时离开了那样一个大家都挺羡慕的正式工作岗位，当时也没想那么多，后来想想挺后怕的。

这一点我很感激我的父母，我跟他们说的时候，他们从来没有从功利的角度去考虑这个问题。他们说我们相信你，你想去什么地方你就去。所以我没有想过那些庞杂的事情，比如说大家非常看重的工作关系，尤其是户口等等。那会儿不是现在，人口还没有开始大流动呢。虽然现在已经在这里扎根了，有时候我还是会想要是没有扎下来，我会是什么状况？但是那个时候的确是一点儿都没有想。我在我们组里当时算是最小的了，其他的人也都是抛家舍业的，怀揣着一颗蹦蹦跳跳的心就来了。

问：当时是什么吸引着你，你觉得你们当时的追求是什么？

章伟秋：我当时真的没想那么多，就觉得这个栏目有非常吸引我的地方。但其实现在想想，天哪，当年这栏目到底成没成形，后来会长成什么样，你根本就不知道，怎么就什么都不要就来了？这么多年过去了，你一提《东方时空》四个字，真的，每次我的心都会怦怦地跳，眼睛也会发潮。我们那时候的那一群人是相互在感动，相互在传染。所以我们今天会说，那就是激情燃烧的岁月，我们相互点燃。

我觉得这种追求很难说，就像说你喜欢某一个人，你说喜欢他什么呀？喜欢他的眉毛、头发、眼睛？不知道。你就是觉得一说起这样的一个栏目，就挺有意思。我心里就有一种非常强烈的欲望，想去做这样的一个栏目。而且我觉得那时候不是我一个人疯狂，这是一个整体的疯狂，上上下下的疯狂。想实现一个人的梦想，肯定要疯狂一些。但是有些梦想需要群体性的疯狂才能持久地实现。

为什么这么说？举一个例子，我们做完片子后，我们审片的领导，不管是制片人、部门主任、中心主任，甚至是主管我们的副台长，他们都会说你们这个节目什么时候做完什么时候给我打电话，凌晨两三点都没关系，我马上就来审片。这就是一种群体性的疯狂，一种激情的点燃。它在大家之间相互传递，相互感染，相互感动。现在审片，有的领导就说等着吧，然后等过一段时间又说，我现在还在开会或什么什么事，再等等吧。领导肯定很忙，但是如果老是这样的话，你就会觉得很不被尊重。

当年来的时候，你可能没有那么清晰，但来了之后你就会觉得，我来对了。虽然我们起初的收入非常低，几百块钱，但是非常值得。我们从来没有想过，我们能拿多少钱，有什么样的待遇，没有人这么说，从来没有。所有的人天天就跟驴似的，扛着大包小包进进出出。那时候的磁带非常大，一天得拎很多盒，还有三脚架、摄像机，谁有怨言吗？没有。谁在谈待遇吗？没有。回来都聊什么呀？如果有点时间，我们都在谈论节目，都在说这个节目该怎么做才能更好。彼此之间没有任何保留，更没有相互嫉妒，也没有我说你了你会不高兴。我们已经形成了特别好的一种专业氛围，大家就想追求这样一个纯专业的梦想。如果要说我们的追求是什么的话，我觉得就是对专业精神的执著。

只有两行半字的选题

问：你一个南方姑娘自己来到北京工作，觉得最大的压力是什么？

章伟秋：最大的压力就是做节目。那个时候有这四个栏目让我来选择，我选的是《焦点时刻》。其实这个栏目可能是最艰苦的。别的栏目可能有别的艰辛，但是这个栏目真的有它的特殊性。它那个时候的确是想开辟一块处女地，因为以前根本没有做过这种监督性、舆论性、评论性的栏目。到底该怎么做，其实有很长的一段时间都是在摸索。

那时候我们办公室在二层的大玻璃房，那里有一个长桌子，《焦点时刻》的人基本都是在那办公，只有我们的制片人张海潮有一个自己靠窗口的桌子。永远忘不了我第一次进那个办公室。那个下午我进去以后，他就把我叫过去，给了我一个报纸上剪下来的选题。他说这个选题给你，两三天之后的早晨就播你的节目。我拿的这一小块报纸，是关于西城区一个初中生自杀的事情。当时报纸上的两行半字只是写了这一个信息，我上哪儿找去，西城区得多大呀，我真的都要疯了。

后来我们老跟张海潮说，你那时候对我们太残忍了，就这么几行字，明后天就要播节目。以前我在浙江省台的时候，做节目都是和其他的同事一起做的。选题多数是他们事先都了解好的，然后我们再一起去做现场。在这我真的一下子就蒙了，我连自己的生活都还没有落定，然后上来就这样。当时我也没有办法，又不能跟他讨价还价，我只能接受，谁让我来这儿了呢？

问：你是怎么找到这个孩子的信息的？节目几天完成的？

章伟秋：我只能去找报道这件事的报社记者帮忙。当时感觉我做这个节目从头到尾就是各种发蒙的劲，每天晚上回来的时候我都要哭一通，因为压力太大了。我其实不是爱哭的人，但是在这里做第一个节目的压力实在太大了，每天出去以后哪儿都找不着，你就觉得北京这么大，我去哪儿啊？对于一个外地人来说，找地点就是一个压力，实在找不到的时候就找个三轮车，请人家拉我过去。

1993年的4月29日这一天，我来《东方时空》的第一个采访本上写着，那天我要开介绍信，去北京市公安局。还准备提前去了解一个叫王建宗的老师，他是崇文门一个学校的校长，在义务地做青少年的心理咨询热线。另外，我还要查找各种《健康报》、《中国教育发展纲要》等等可能有用的信息。能得到多少东西就得到多少东西，因为支撑我自己的只有我自己，没有人能帮你，这是压力最大的一次。

后来我终于找到了自杀少年的家，我记得有一个很狭窄的通道，好像只有一个人能进去。他们家就是一个特别小的小黑屋。因为父母离异，经济状况也不太好，所以那孩子的压力也很大，有一天就上吊自杀了。我就做了这样的一个节目，我记得当时的采访也不是很顺利，毕竟人家孩子出了这样的事。相对来说，家长还算是配合的，但是心里又不是很愿意。学校也不愿意接受采访，反正整个采访过程是别别扭扭的。

我记得我先是在他家里出了一个现场，然后在他学校的操场出了一个现场。《焦点时刻》追求的是你要在现场说出自己的话来，那时候我自己也非常喜欢这种形式，剪接起来也会很方便。每次在现场的时候，我宁可多花一些时间，把当时看到的某些东西提炼出来，浓缩出来，马上就在现场来一段，会觉得很畅快。

尽管每天晚上回来都要哭一通，但

是做完以后，我还是挺有成就感的。当时第一个节目审得比较顺利，没有什么大的改动。张制片人也比较放心了，他想看看我做出来的节目到底是什么样的。这就是我在《东方时空》生下的第一个“娃娃”。但是这个娃娃没有在5月1日开播，是过两天播出来的。我家里还有一张表，是我爸爸给我记录下来的我到中央电视台后做的每一期节目，从《东方时空》到《焦点访谈》，他都给我记下来了。几月几日播出，播出的是什么题目，什么内容，他都做了非常详细的记录。

问：第一期播出的时候，你给爸爸妈妈打电话了吗？

章伟秋：打了，打电话的时候都不敢说自己在这儿活得怎么样，只是说节目要播出了，让他们看一看。希望能让他们看到节目之后觉得我在这里工作是一种正常的状态，这样就可以让他们放心。家里人都特别关注自己的孩子的节目，就像我爸爸每一次看完节目以后，他都会告诉我他的感受是什么。

他自己画的那张来记录我节目的表格，他一直没有告诉过我，直到我的节目播出到了一百期的时候，他才把这样的一个东西寄给我。我自己都没有想到去记，我都不知道到底播出了多少期，所以收到爸爸寄来的这样一个东西的时候，我当时都不知道说什么好了。其实我当初来的时候，他们心里肯定有很多很多的担心。但是他们从来没有提醒过我，你要怎么怎么样。他只是说我们相信你，只要是你想去的地方你就去吧。当时他的话说得轻轻的柔柔的，很简单，但爸妈内心是什么样的惦记，我都不敢想。

问：有了第一个节目，之后再找选题还那么困难吗？

章伟秋：一开始在选题方面是有些被动的，因为刚有这样从未尝试过的栏目，你不知道方向究竟是什么，大家都在试的过程中。张海潮会剪一个报纸或者把他从哪个地方得来的一个信息告诉你，至于这个信息是不是属实，你得再去调查。后来慢慢地我自己就知道我要找什么了。

我的第二个选题也跟教育和孩子有关——我特别偏爱教育方面的选题，因为我家里老师挺多的，我爸爸就是中学的校长，我从小就在校园里长大，所以对教育题材很感兴趣。我的第二个选题是沈阳的六个孩子出走，沈阳市飞机制造公司第四中学的六个女孩。当时我起的节目名称是《回来吧，孩子！》所有节目的前后期采访制作我都全程参与，

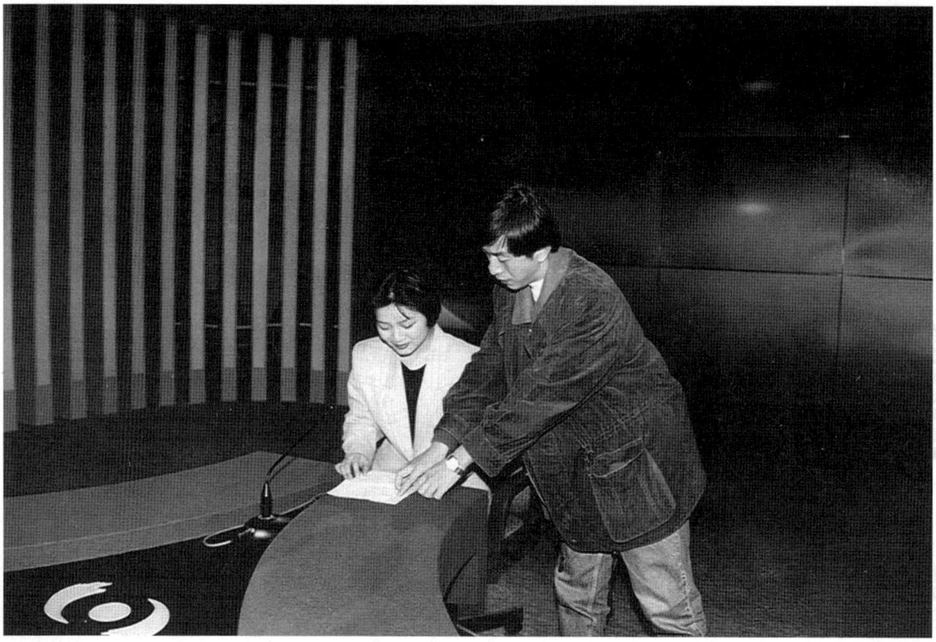

“我觉得这种追求很难说，就像说你喜欢某一个人，你说喜欢他什么呀？喜欢他的眉毛、头发、眼睛？不知道。”章伟秋是《焦点时刻》第一任出镜记者，图为演播室中的童宁与章伟秋（摄于 1994 年）。

比如说后期什么时候上字幕，衬底做什么样的颜色，后面审片的时候肯定也要在。只是拍的时候，我觉得摄像机扛不动，没有拍过，但其他所有的事情都必须要自己去完成。

当时我们去采访的时候，他们家里人都快疯了，所以采访时家长也挺配合的，也希望能通过我们这个节目找到他们的孩子。这六个孩子出走有一个多月了，因为各种各样的原因，学习的压力和家长对她们的教育，还有一些沟通问题。我最最惦念的一件事情，就是能跟这些孩子联系上该多好啊，但是做的时候一个奇迹也没有发生。我印象很深，我还写了这么一段解说，"我们不是寻人启事，但是它就是一个寻人启事。如果有人看到这些孩子，希望你能告诉她们，家里人都在那么焦急地等着她们回家"。

比"曝光"更重要的是"解决"

问：你觉得在《焦点时刻》做节目的历程中，哪期节目对你来说最为重要？

章伟秋：个个重要，但《洋河污染》是我记忆最深刻的。我之前并没有选过污染的选题。是因为我们《东方时空》要100期了，就像孩子诞生百天了，是一个很大的纪念日。要做一个特别节目，《焦点时刻》这个板块就落在我头上了。

张海潮当时说，你去做《焦点时刻》的100期节目，自己选一个有分量的选题。所以这个难度就大了，不像平常的选题。我一直都觉得没有满意的，有一天正好和一个朋友聊起来，说哪儿污染挺厉害的，我一听好像有点儿意思。《中国环境报》的记者去过那个地方。当天我就自己坐公共汽车到了《中国环境报》，去找当时去过的那个记者。我谁都不认识，就直接找到了报社的办公室，那个记者正好在，兴奋地就跟他聊这个事的来龙去脉，之后我还和这个记者成了哥们儿。聊完以后，我觉得这个选题可以，所以这一半石头落了地。我挺高兴的，那天我穿什么样的衣服我都记得，是一身嫩绿的衣服。我们100期应该是7月份，天气特别热，然后我就回到台里跟张海潮报告。

他听完我的叙述之后，他说行。我就去了河北怀来县，这个地方1988年就有一次污染，1992年、1993年几乎是连续的污染。他们那儿有一个做农药的厂家，把污水排到一个叫洋河的地方。这条洋河还跟北京有关，它会经过河北的怀来、宣化这些地方，最后流到北京的官厅水库。药厂把污水排到河里以后，农民就把污染的水浇到了水稻和瓜果里，这一年几千亩的地就绝收了。水稻看着挺高的，但都是瘪的，当时的损失是一千五百多万元。农民都绝收了，他怎么吃饭呐？那个地方本来就穷，所以农民也崩溃了。

我们自己派了一辆车，到那里是下午两三点钟。他们的村长名叫韩存江，是一个三四十岁的汉子。他看到我们的时候话不多，但是心里抱着希望，从他的眼睛里都能透出来。先到地里看了受灾的庄稼，大概了解了情况，到了晚上我们就去村里那个很昏暗的会议室，那里聚集了不少村子里的农民。这会儿大伙就七嘴八舌地说开了，拦都拦不住。我的习惯就是在采访之前要先感受和了解，所以那天我们只是在那儿聊，我告诉他们我就是一个普普通通的人，我就想听你们说说你们家到底发生了什么情况。然后他们就滔滔不绝地讲，水稻怎么样了，茄子就长了这么一丁点儿，萝卜长得都特别小……还说以前上面曾经来过人，但还是污染。听了这些以后，我就想我先不拍他们，我得找受害的根源在哪里。如果根源找不到，只拍了农民说现在颗粒无收，还是解决不了他们连续三年的灾难，我这不是更伤人家心吗？记者的职责在于发现，而面对连续几年地里绝收、碗里没粮的农民，我想到的是要“解决”。

所以我就告诉他们，今天晚上我就去找，看看污染源在哪里，看看管你们的政府是怎么说的。我让他们都不要着急，因为他们的情绪很亢奋，很焦急，也很愤怒。我只能平息他们的情绪。我们连夜就赶到了怀来县所属的张家口市，因为我发现这个根源在于政府的管理。这事1988年就发生了，1992年、1993年连续绝收他们都是知道的，为什么没有解决？是因为这家企业对政府的税收方面或者其他方面很重要，所以政府说，可能这个源头不只这一家企业，我们还需要去论证，因此大家都在等怎么处理这件事的文件，但文件一直都没有下来。

赶在上午8点上班，我就到了市政府。按照程序，我肯定会找市府办公室。印象很深，是个很长的走廊，门是褐色的，很安静。这个办公室一开始没人，然后我们就只好一个门一个门地敲，也没人。后来终于找到一个办公室副主任。我就问他，能不能采访你们负责的人，比如说市长或者哪位主管的副市长。他说我只是一个办公室的副主任，如果要采访市长的话，你得找秘书长，我们有12个秘书长，12个市长。我问那市长在哪儿呢？他说现在我们地市合并，他们现在正在搞合并工作，特别忙，你找都找不到。的确，我们就在那儿等，到中午 12 点也没有找着人。

这个事情的来龙去脉他们都是清楚的，只不过现在被搁置了，一直没有解决，这样的一个问题不急迫吗？我就站在市政府门口说了一段话，我说我从早晨几点等到了中午几点，我们因为这样的一个事想采访主管的市长，但是没有等到。他们说地市合并工作很忙，但是我认为老百姓的吃饭问题也很重要。在拍的过程中，周围有一些围观的老百姓，我一说完他们哗就鼓掌了。当时并不是说我说得有多好，可能这件事情大家都在关注，我这么一说把他们心里想说的话给说出来了。

接着我又采访了市环保局，环保局说宣化农药厂生产的农药是除草剂，所以它污染了水以后，农民用污染的水一浇地，就等于说把那些庄稼也当草给除掉了。顺着这个线索，事件就越来越清晰了。那家农药厂是最主要的一个污染源。农药厂已经不生产了，但是问题没有解决，农民没饭吃了，善后的处理并没有做。

既然要找污染的源头，当然要采访农药厂，我们终于等到了负责人。他来了，他说庄稼用污染的水浇完以后，肯定得是过一段时间才能看出来，不能说我现在停工了，庄稼就好了，这不可能。我们就问农民的吃饭问题怎么办，他就不能回答了。其他的问题，他也不好回答，但其实他在默认这样一件事情。这时候我心里的石头多半就放下了，因为主体内容我都拿到了。这时候我就需要当地的老百姓说话了。第二天，我又杀回这个村子采访那些农民。有的人说我们吃饭就靠这块地，连种粮的人都没有粮食吃。有的人就说再这样下去我只能流浪去了，因为我赔不起。还有的人拎着茄子给我看，你看看这个茄子这么小，这个谷子都是瘪的。我当时采了一点瘪谷回来，装在一个瓶子里头，一直放到现在。当时我是担心到了单位以后万一要补什么镜头，我就留了一些谷穗。

我为了这个污染的节目，可以说三下洋河。第一次去拍就是刚才那样的一个过程。第二次，我就想去看看他们那儿有没有什么改变，到底怎么样了。我们的节目播出之后，当地政府马上就采取补救措施了，给农民发了一些救济金，让他们能够渡过这一段生活。相对来说农民还算满意的，他们就觉得，连续绝收的这个事是有希望解决的，他们看到了希望。

其实作为我们报道的人来说，并不是想把这个问题很刺激、很痛快地反映出来就完了。最希望的就是播出以后，到底有没有改变，对他们有没有什么帮助。我们起到了一个桥梁的作用，我们要的是后面有没有解决，它的结果是什么，这是我们最关心的。节目的时长不到9分钟，解决了这样一个三年绝收的大问题。我也有一种跟农民一样的幸福感。

第二年的时候，污染的企业彻底都关了，庄稼很正常地生长。这个村长就带了他们村里的一些人，来到我们那个办公室，拿了一面锦旗送给我，还有一些今年长得特别好的谷子。这个锦旗上写什么、放在哪我都忘了，但是这个谷子我一直留着，就放在这个瓶子里。所以我就有了这两个瓶子，现在想换瓶子我也不舍得换了，我把它们放在我的书架上，跟书放在一起。今天我带来了，这是差不多二十年的时间，我第一次拿出来，在这里亮相。平常都是我自已在享受，打开书柜看一看，给自己留下一个最珍贵的，也是很幸福的纪念。

问：像这样监督性质的采访是不是会经常遭到采访对象的拒绝？

章伟秋：很正常，我们经常遭拒的。其实我们都像是隐形人。一般采访的话，别的栏目组肯定会告诉对方，我来了，然后当地很多人去配合他，这样工作开展得就更顺利。对于我们这样的节目来说，你去了，不能告诉任何人，也不能让任何人知道，这样你的工作才可能正常展开。否则那个阻力就不知道会有多大。

被人追得到处逃的时候有好多次。有一次我们找到一个县，它的产值有问题——那时候也是一样的，像现在你GDP报的高，可能省里头就会多给你拨资金；有些时候你瞒报一些，可能也会得到某些资金。也就是说，他会根据能否得到上面的拨款来制定政策。所以在那个地方，瞒报和多报的事很普遍。这样对国家来说就是一个损失。本来我不应该拨你这些资金的，但是因为你这样的一个数字，国家也给你投入资金了。所以我们就要做这样的一个节目。大冬天特别特别冷，那个地方比较穷，也比较偏远。没有飞机，我们坐火车，大概凌晨三四点钟到那，出租车司机帮我们找了一个宾馆，我们就先住下来。

这个事到底怎么样，企业在哪，你可能都找不着。所以我起来以后，到街上先买了一张地图。整个这个县的布局，我要事先有所了解。然后我们租了一个出租车，就开始一家一家地找。后来想想挺可怕的，要是人家给你关在里头打一顿呢？我真的觉得我自己的命挺好的，怎么逃，怎么窜，最后没有被人按在那打一顿。有一天中午，我们终于找着了一家企业，那家企业是瞒报的。人挺多，坐在里头，我就把这些数字，摸熟了跟他核对，核对完了以后就把这个证据拿到了。这个时候他们发现了，知道你的目的是什么了。我们出来以后，他那个车就追出来了，一直追，吓死我们了，我们也甩不掉他。尽管我们的车跑得飞快，车肯定没有他们的车好，出租车一般都是最普通的车。但是没办法，就想把他们甩掉，真的像大片里头飙车的场景。

而且旁边都是那种稻田水沟，我们就怕翻下去，但是那时候都顾不得。跑了差不多有一个小时吧，一会儿不见了，一会儿他们又出现了，一会儿又不见，一会儿又出现了，最后终于发现他们是真的不见了，我们才松了口气。终于到了一个像是集市看到有人的地方，才觉得安全一点——就像谍战片里头的地下党一样，一进人群你就觉得消失得更快。这时候我们就找了一个小饭馆，那个饭馆里头真是人太多了。这时候就想找个没人的地方，躲起来吃。

我们就上楼，楼上是个八仙桌，那个桌子的土极厚，估计平常是没人来吃的。那个老板娘拿了一个巨黑的抹布擦，擦完以后留下一道一道的土印儿。平常我是一个特别爱干净的人，但是我到采访的那些地方，无论再苦我都能待。我当然希望享受好一点的生活环境，但是如果没有，我绝对没问题。那招待所里什么都没有，那脏乎乎的被子我能不睡觉吗，不睡觉我明天怎么工作，我只能用那个被子。我知道我会很难受，但是必须为了工作保持体力。所以那个八仙桌就擦成花了也没办法。我印象特深，我们点了一盘炒饼，一碗汤，吃得那叫香。的确是饿了一天没吃饭了，下午三四点钟的阳光照进来，觉得真是心里暖洋洋的。这碗炒饼，是最香的一碗炒饼，而且我们还把追我们的人给甩掉了。

我也很愿意做隐形人。包括我现在做台前工作，我也很希望自己就是个隐形人。我经常觉得我要夹着尾巴做人，不希望谁能看见我。我在网上也从来不去张罗那些事，我希望自己是一个安安静静、平平凡凡做自己的人。

问：当时是什么支撑着你把这个节目做出来，还是为了社会的公平正义？

章伟秋：我觉得做这样一个节目的人，内心里悲天悯人的情怀是必须有的。我不敢说我们做记者的每个人都有那份侠骨柔情，但是我想，大家应该是这样的。如果他不是这样的话，他不能坚持那么久，也不能做到那样一个深度，他呈现给你的东西一定不能打动你。所以你会觉得，我要伸张正义，这不是一种口号，而是一种关怀。

除了做节目之外，你要承受这一切

问：当时的审片制度是什么样的规定？

章伟秋：我们这个栏目有的制度很好，但是有些制度是一种条条框框的限制。审片是部主任审，有时候台长来审。后来节目的影响力大了以后，那肯定就是新闻中心主任和主管的台长李东生审。他是一个眼睛特别尖的人，你如果有瑕疵，他一眼就能看出来，特别神。

他对我们业务上的指导也是很多的，因为他审片的时候找出你的某些毛病来，你会觉得哎哟，真的是。他是一个特别有激情的人，他若欣赏你的时候，就会表现出来，不会像有些领导会隐藏什么。孙玉胜也是这样，什么东西他都会说出来。他真的特别好，看到好节目，自己满屋子来回窜，很兴奋。所以刚才讲这是一个激情燃烧的岁月，这是一群一起梦想、一起激情燃烧的人。但是我也遭遇过自己千辛万苦、千难万险把片子拍回来了，然后被毙掉了的情况，声泪俱下。

我记得有一次去一个城市拍片子，一个孩子做了一个极小的手术，就是像皮脂瘤那种，在胳膊的位置。她本来可以不做的，那个孩子想做，她家里觉得那么小的一个手术，做就做吧。没想到这个手术之后，这个孩子变成了植物人了，躺在医院里。这个女孩子特别优秀，长得也挺漂亮的，学习也非常好，学校特别看重她，但是她突然变成植物人了。到底是什么原因？我就去采访，这样一个采访很难，医院的阻力，都不用去想就知道。最终我把这里头可能存在的原因和问题都给采访到了，我觉得回来可以编成一个片子。

到了车站以后，列车长说，今天正好有活动要去北京，所以没有卧铺了，也没有坐票。他说我真心告诉你不要上这个车，否则的话就得站着，顶多坐一个边坐。我当时想，这样一个片子，要不把它迅速编出来，它的危险极大，可能就被扼杀，我只能赶速度。所以，我就说没关系，我坐我站都能站过去。结果一开始就是站着的，连边座都有人坐，餐车里也有人坐。到了晚上，他们实在看不下去了，把列车员休息的地方腾出来，让我们坐在那儿打盹儿，终于把一晚上给熬过去了。熬到了北京清早七点来钟，天下暴雨，我们什么雨具都没有带，只能出来打车，浑身都湿透了。摄像就把衣服裹在摄像机上，抱着我们的宝贝。人不重要，我们得裹着机器不让它淋湿，我们俩终于打上一辆车，到了单位。

这时候其实我真的困得都不行了，那几天采访已经被折磨得非常困顿，然后又淋湿了，我咬着牙到了单位，就在那儿开始记场记、编片子，到了下午就去审片。这个片子还没怎么审，就被毙了。当时一说这个片子不能播，我的眼泪就哗地下来了。我受这样的折磨不止一次两次，今天说起来我就不会流泪了。那时候一说真的太委屈了，可是又有什么办法呢，有些事情是需要妥协的，你必须妥协。

问：听说给别人曝光，还有被“反咬一口”的？

章伟秋：其实像这种事挺多的，我们做这样的栏目，经常会被人诬陷、被人调查甚至告发。因为你做了节目，可能就断了他的财路或者官路，他哪能放过你，鱼死网破，也要跟你斗争到底，所以他就想尽办法折磨你。这些是除了做节目之外，你要承受这一切，这也是必须的。

我自己比较关注的就是教育，我跑农村也跑得挺多的。用现在的话说，叫接地气。那会儿我也没想什么接地气，反正我就愿意去，我觉得在那里可以看到我想关注的东西和人。有一个学校，宣传做得非常好，说是学校在海边，全封闭军事化管理，可以把你的孩子教育得怎么怎么好，电脑房、钢琴房、图书馆这些一应俱全，什么都有，当然学费也非常昂贵。我们听到有家长反映受骗上当，还见不着孩子，得打报告，一层一层说谁来了。所以我就想那我去这个学校看看。

我不能仅仅听家长怎么说，我还得看看学校是不是就是那样，可是我怎么进去呢？我跟我的摄像两个人，如果男的进去可能更加引起他们的注意，只能我，我又很害怕——他们说校长特别厉害，说是很粗暴的屠夫式的那种人。早晨去了以后，我跟摄像严丝合缝地想了很多套方案，想假装家长进去。到了门口的确是大锁锁着的，我就跟传达室的人周旋。他们搬东西时我找着了一个机会，个小有个小的好处，我一下就溜进去了。之前我跟摄像说，万一有什么情况，你要冲进来救我啊。

我主要是想看看他们的设施到底怎么样，硬件能不能对得上。我一边躲着，一边又很正常地走，可能有的人觉得我是老师。因为家长是不能进来的，但是老师和老师之间也不一定都能认出来，所以我就钻了这么一个空子。我看了看，终于找到了。比如说琴房，就两架钢琴，好多人挤在一起弹一架钢琴。电脑房全部是土，一看就很久很久没有人进去过。然后再看阅览室，很小；小点也可以，我就看看都有什么书，一看全是他们的教材，根本没有孩子们可以阅读的书。

我一看这三个硬件都对应不上，心里基本就有数了。等周末的时候，家长把孩子接出来了，跟孩子聊一聊，孩子对学校的印象是怎么样的。我一看，这个片子可以拍，其实就是给家长和孩子画了一个非常美丽的月亮，让你去捞，但是他所说的好的教育都是不存在的，只不过是一把大锁把你锁起来而已。

然后我们要进入正式的采访，这时候就难了。一看你拿着大机器来，校长就出来了。的确就是没有书卷气的、挺厉害的人，他就不让我们进。然后我就用介绍信跟他软磨硬泡，做了很多工作。我告诉他，如果你想证明你不是他们说的那样，就得让我们去看，好告诉人家说这不是。你的问题已经暴露了，你是不是该告诉人家，我到底存不存在问题。后来他觉得可能也有点道理，就放我们进去了。

放我们进去后，始终有人跟着，不让你随便拍，实验室他也不让你进。你拍什么，他总是有他的一套辩护词。但是我觉得这样也没关系，这也是客观报道。我拍出来的是这样的，他说的是那样的，我想我们的观众会做出一个判断，我不去干预他说什么。

后来拍完了，他就写了一封信告我，说我拿了家长的什么钱，才被他们请到那儿去拍的。我自己都不知道这个事，我那会儿在做片子，后来我才知道的。我们的栏目组，我们的台长，真的特别好。台里就把这个事情压下来，没有跟我本人说，怕我有压力，就跟栏目组先调查了一下。栏目组说她不可能干这样的事情。

我就觉得那个时候真的是特别保护我们。这也是一种群体性的热情的爆发，一种激情的点燃。我们虽然没有拿到很高的工资，但是我们得到了这么多的温暖，得到了这样的一种信任，就是最大的安慰，我可以踏踏实实地工作。当然，你们去了解我、调查我，我肯定也无所谓。因为人家来告发你了，你来了解是很正常的，我也经得起调查，没有问题。但是你们用另外一种保护我的方式，来处理这件事情，我到今天心里还是存着这份感动。

尽力两个字，就是你该做的

问：有人说你从一个千娇百媚的江南女孩，历练成了一个强悍的铁姑娘？

章伟秋：尽管我那个时候没有想过我是不是强悍，但是我想性格当中一定是有的，没有的话，我不会过来做这样的节目，我也不会走到今天。只不过外表是这样的，但是内心还是很坚强的。

我觉得到了北京工作以后，变化还是很大的。最大的改变就是不爱穿裙子、不爱穿高跟鞋了。像我们江浙一带，一年四季你都可以穿裙子，冬天哪怕冷一点，外边裹一个大衣就可以了。那边有穿裙子的习惯，女孩子都要好看。来了这边以后都是跑着，从来没有好好走过路，都在走廊里跑。穿裙子会很不方便，工作性质也完全不是那种可以穿着裙子慢慢走的人。我就不用去商店，不用看裙子，裙子不在我的眼睛里。

问：生活是不是变得很简单，很粗暴？

章伟秋：不粗暴，但是真的很简单。简单到了有时候一天只吃一顿饭，因为没有时间吃饭。有时候你在现场，你总得把这个事做完吧。可能一顿饭都吃不上，吃了上顿你都不知道下顿在哪，这就是节目。

我去这么多地方出差，也会碰到一些景点，我从来都没有去玩儿过。有的时候节目并没有那么急，但是我就是没有心思，我这个人做事一根筋。做一个节目我就想怎么把它拍好，就想着怎么赶快回北京，把这个片子赶紧做出来，看看它是什么样子，是不是我所希望的样子，是不是还有什么样的缺陷，总之我想把这个东西赶紧做出来。

问：在那个二十几岁的时候，人是很容易虚荣的。

章伟秋：是，我们老师就说，你怎么小小年纪想法却跟我们一样，我说那不是挺好吗，我为什么要悟得这么晚呢。我如果悟得早，我就觉得自己内心很宁静，我才可以看看外面热闹的世界，才可以找到那样一种距离。我可以很好地看着它，然后把我想说的、想表达的表达出来。

到了现在人家就说你怎么坐地铁呢，我说为什么不能坐地铁呢。我就怕自己开车了以后，看不到那些人了。地铁里什么样的人都可以看见，多好啊，我就是其中的一个人。你一开了车以后，其实是你一个人拥有了一个环境。那样的一个人群，哪怕他们打架、他们骂人，挤得我也很烦躁，但是我觉得这是真实的，这就是生活很重要的一部分。

问：所以当年的工作你也没有反感过？

章伟秋：当年没有，我觉得这个跟家教有关。我非常感激我的父母，他们特别会教育孩子。我哥哥、我姐姐，我们兄妹几个出来，我会看到他们和别人是不一样的。我的父母并不会去做一些外在的东西，而是自己身体力行地去做事。会让孩子们做事情很投入，而且很陶醉，还能激发出你内心的那种热情。做完之后你不要去想那么多，你不要想用你的东西去换取某种东西，这都不可以。尽力两个字，就是你该做的。所以我觉得到现在为止，我最强有力的精神支柱就是我的爸爸妈妈，他们是特别伟大的人。

所以我那个时候我没有这种虚荣感。我昨天翻了一下自己当时的日记。那时我过一段时间就会看自己的节目，详细地列出来几个问题。没有想过，我做了这个节目了，就有名了，就有光环了，这些有用吗？这些跟你有关吗？没有关系。以前是这样，现在我也是这样。我就是希望自己是很真实地活着，有了那些东西它就不真实了。

问：1000期的时候，你们办了一个很大的纪念活动？

章伟秋：1000期的时候我们的栏目已经进入了成熟期了。后来的编导也多了，工作的节奏也比一开始要松快些，心情也会舒畅一些。记得那天所有人都穿上了统一的服装，一个夹克衫，下边是藏蓝色的。袖子、胸前都绣着《东方时空》，还有那个眼睛似的标志。我们在北京展览馆外面广场的通道上，把写着《东方时空》1000期的LOGO一直铺过去，当时我往里走的时候，就觉得这是真的吗？你第一天来做的时候，你不知道在这里会待多久，不知道这个节目会是怎么样的一个生存状态，而今天，看到它人丁兴旺，你就会觉得作为其中一员有一种幸福感。那天的新闻还是让我做的，在新闻联播里面播的。

那时候这个节目的影响力的确非常大，观众们就像亲人一样，他觉得跟你说你就能解决问题。场子里观众特别特别多，什么年龄段的人都有，都是自发而来。有很多人来找你签名，有的人对你非常熟悉，叫出你的名字来，说出你做过什么节目，如数家珍。用什么词来形容自己的感觉？就是觉得很幸福吧。当年觉得新的一天开始不是升起的太阳，而是《东方时空》的片头曲。当时社会上流行着一句话：看东方时空，吃方便面，打面的。这些都是当时最流行的。你做的时候并没有想要谁来关注你，但是做完了以后，才发现有这么多人在关注你。似乎是我们（观众）一起在做，他对你的关注就像是一种热气烘着你，你的热情又会高涨，你的激情仍然会燃烧。

问：你为什么离开《东方时空》，这段经历对你来说意味着什么？

章伟秋：我在《东方时空》的时候

经常熬夜剪辑，几年下来心脏就有问题了。我那时候也有孩子了，就做了一些调整。而且《东方时空》当时的节目形态也有改变，不像原先那样了，所以我心里也想让自己转换一下。

正好2003年新闻频道开播，要创办《每周质量报告》，《每周质量报告》起初全是关注食品安全问题的节目，让你看到的不是你想到的东西，挺恐怖的。这样一个栏目，的确推动了《食品安全法》的制定，也推动了公众对食品安全的关注。那个时候我就去了《每周质量报告》。

现在我在做的节目，和当年焦点类的节目是一样的，可能题材不太一样。但是暗访等采拍过程，和后面审片的很多过程，跟我当年所做的很多节目是非常相似的。这个节目需要暗访，而我这张脸已经是不能暗访的人了，我已经亮出来了，要在台前主持。现在一直在做，这个栏目也马上十年了。

问：《东方时空》的经历对你意味着什么？

章伟秋：《东方时空》对我来说是一个梦，这个梦特别地美好，也让我特别地坚定，它也是我的一种信仰。但是这个梦，走着走着，似乎被什么撞醒了，这个梦就没有做下去。我又特别想续上，因为，我还想做这个梦。到现在我一看到那些现场事件，我都会觉得眼睛放光，就很想去，跟当年一样。它给我留下来的东西是很多很多的。

水均益访谈

闯进电视的门外汉

水均益，1984年毕业于兰州大学外语系。1984—1993年任新华通讯社国际新闻编辑部编辑、记者。1993年4月正式加盟《东方时空》，兼任记者、主持人。曾任《东方时空》、《焦点访谈》、《国际观察》栏目记者、主持人。现任央视新闻频道《环球视线》、《高端访问》等栏目主持人、制片人。

差点去当了外企经理

问：1984年兰州大学外语系毕业后，怎么做起新闻了呢？

水均益：刚开始比较幸运，教育部搞了一个改革，规定分配的去向不完全凭学校和老师对你的印象，而是加入你在大学四年的成绩。这样我就占了便宜，因为我四年虽然很淘，但是考试考得好，平均成绩是年级第一名。再加上我是兰大子弟这个因素，我有了选择的余地。我一看名单，有外交部，有农牧渔业部，还有刚刚成立的《中国日报》(*China Daily*)，还有个新华社。那个时候对于新华社的概念，就是新华社北京几月几日电，就这么简单。但是知道是当记者，知道是做新闻。对于记者这个职业，感觉既陌生又神秘，觉得可以游历四方，肯定很好玩。抱着这么一个想法，我就选了新华社。去报到的时候，很幸运被分到总社国际部，到了北京，就开始从事了新闻。

问：在新华社的时候是什么样的工

作状态？

水均益：那个时候完全什么都不懂，先学习了一个月，培训后，没想到第一棍子上来，到地方分社去实习，直接给我派到宁夏分社，又回到了我出生的西北，于是有点闹情绪，心里不服气。那时候心气很高，尽管兰州大学不如北大、清华那么有名，但也是重点大学，我觉得我将来肯定会干驻美国、驻英国这样的好事。所以我就被组长批评，说你这孩子怎么搞的，你要先从小编辑一点一点干起来，不能太自由散漫。

我的性格就是一个自由散漫的性格。新华社是个老牌单位，类似国家机关——进了新华社的办公室，那个味儿就不一样，柜子、桌子闻着是一种陈年木头的味儿，很昏暗。老编辑老记者们坐下来一天都很严肃，都不带跟你说话的，完全跟我想象的不一样。要求新来的要每天早到，扫地，打水。那时候年轻人心里很反叛，我凭什么给你打水，我又不是你的奴隶，就有那样一种心态，所以就很不顺，都觉得这孩子调皮捣蛋，好像很不服管。

当然我业务还可以，我这个人自认为比较聪明，所以编新闻很快就上手了。那时候什么稿子都有，有用密码发过来的，打出来就是四个阿拉伯数字，对着本把它翻成中文。还有纯汉语拼音，一篇稿子没有音标，像天书一样，要猜，要断句，这事我都干过。

问：你在新华社还有一段驻外记者的经历？

水均益：我进去后的前四年，跟我一起进来的大学生有的已经被派到国外当记者了，那个时候我一门心思就是想出去当记者，但是由于表现不好，领导就迟迟摁着我。中间有一次要把我派去支教，不知道是对我的重视还是惩罚。我不是不愿意干，但是心里想不通，不想去。正好当时又赶上新华社改革，派驻外记者以前都是领导说了算，现在要考试竞聘。新华社藏龙卧虎，一百多个人参加竞聘考试，我考了第三名。不过考试只占60分，政治表现还要占40分。领导一看，就派你吧，就把我派到了新华社驻埃及开罗的中东总分社，当一个驻外记者。

这是1989年1月，那两年在那当记者也很幸福，因为一下子跑到国外，尽管不是第一世界，但是很过瘾。学了开车，学了怎么去采访，当一个记者。而且那两年中间赶上了几个大事，其中有黎巴嫩内战，我在炮火纷飞中第一次在贝鲁特做了一个月的战地采访，那真是晚上睡觉听着轰炸的声音。

还有第一次，海湾战争，伊拉克入

侵科威特，美国去打伊拉克。那个时候我既兴奋，又有点灰心——赶上这么一件大事，我主动跟领导说我要去前方，去科威特或者沙特，领导没让我去。让我在开罗，看着外电来遥控。当时心里面五味杂陈，为什么我不能去呢？我就找领导谈判，领导说你有你的工作，这里也算是前方。当时这对我有点打击，再加上那段时间在国外住，生活不规律，就得了胃溃疡。我是结了婚出去的，有一点想家了，在那一住两年多，没有探亲的机会，后来跟领导商量，要不然我回国吧，所以1991年就回来了。

回来之后还在新华社国际部，中东非洲编辑室，做一个编辑，天天坐那编，就觉得对这个事业有点灰心了。再加上那时候身边很多人纷纷开始下海，我新华社一个朋友给我出主意说，他认识一个单位，是德国的西门子公司和北京企业合资的，挣得多，也可以发挥我的所长，于是1992年年底的时候，我就背着新华社去应聘。西门子公司看上我了，让我当公关部经理，很快就给我办公桌，也给我印了名片。然后谈收入，比新华社高出很多倍，那个时候就心潮澎湃，说不干新闻了。这已经到了1993年初，我给新华社交了辞职报告。当时我们的一个老领导对我比较器重，就劝我说：我知道你对新闻还是很有感情的，你也很适合干新闻，你别这么激动，辞职报告你先放我这。我找了他好几回，一直没批。

问：就在这个时候，有了去中央电视台做新闻的机会？

水均益：这个时候，我们新华社一个组叫盖晨光的同事，他跟我说，你想不想干电视？他说我在电视台有一个朋友，准备弄一个栏目，想跟咱们合作国际新闻的报道，咱俩跟组长说一下，组长要是同意，咱俩作为主力的策划，来给他们供稿。当时就像给某个报纸写篇稿子一样，捞点外快，我一想，这可以，电视从来没做过，又是我的本行，做新闻，又是国际报道，很熟悉，要不然试试吧。

当时就跟我们的组长刘也刚说了，他说可以，组里支持。这样就等于我们可以在组里公开干这事了。因为要问一下电视台的要求，于是就把张海潮约到了新华社楼下的一个咖啡厅。我，老盖，还有我们组的老刘，见了张海潮。张海潮给我的印象很深沉，一看是很精明的人，说话滴水不漏，对于新闻，对于做什么节目，他有一套想法。当时我们就在新华社咖啡厅昏暗的灯光里面，预谋好了这么一个项目，由我跟老盖主要操刀做文字，如果需要采访的时候还可以有一些外电，然后再找一些专家，也就是新华社的老编辑、老记者。

1993年5月份，我们就开始给《东方时空》里的《焦点时刻》做幕后撰稿。大概这么干了两三期之后，到5月中下旬，有一天老盖问我说，你想不想出镜？我说什么出镜？说就像张恒那样，坐电视台那来说这个。我说我行吗？他说海潮觉得你可以，他见过你的形象，你要出镜应该效果不错。最关键的就是节目是你策划的，所以干脆直接由你来，《焦点时刻》想培养记者型的主持人。我说那就试一下。

那天，我们撰好稿，导语我自己写的，老盖帮我润色了一下，他说你念念我听听，类似于“观众朋友们大家好，今天我们《焦点时刻》要关注一下正在如火如荼举行的柬埔寨大选。柬埔寨是东南亚一个很动荡的国家，这个大选决定着柬埔寨未来是不是能够结束战乱，走上一个正规的和平发展的轨道”。大概就这么几句话，我也背好了，然后坐到镜头前，瞬时就傻了，灯光一打，看着镜头就脑子一片空白，盯不住镜头玻璃片，就觉得我对着它说话太不自信了。说老实话，之前我照相都紧张。我记得那次很痛苦，录了得有个一二十遍。好不容易有一遍行了。然后老盖去把这个东西编到一块儿，弄完以后老盖说，明天早上《东方时空》播。啊，我说这就播了？然后海潮说，我看了，不错，下次就是镜头盯得自信一点，你回头找找张恒他们，跟他们请教请教，看看怎么能够自如地面对镜头。

那是头一天的下午，表面上有一点点忐忑，可是内心已经乐开花了。我要在中央电视台的屏幕上出现了，我爸我妈可以看见了！于是我出门直奔电报大楼给我父母拍了一份电报，说请注意收看明天早上《东方时空》的《焦点时刻》，我上电视了。我父亲现在已经去世了，我不知道我母亲是不是现在还留着那个旧电报，这就是我印象最深的第一次上电视。

当新闻插上了电视的翅膀

问：第一次上电视反响怎么样？

水均益：第二天播完，我父亲给我发个电报，说很好。新华社的同事和朋友也说在电视上看见你了，你是不是调到电视台了？我说没有，我还得解释一通是怎么回事。这一下呢，心中就开始产生一点涟漪了。倒没有说是火了，但是觉得这么多人认识我了，上电视比在新华社写十篇、二十篇稿子效应大得多。署名“新华社记者水均益开罗报道”的稿子在《人民日报》登过好多篇，没有人知道你是水均益。可是就那一个节目，连我那时候在劲松两家合住筒子楼的邻居都说，今天早上在电视上看见你了。这种电视的效应，让我突然间就觉得做新闻有了强烈的成就感，同时也第一次感受到电视能有这么大的影响力。

问：最开始的工作流程是什么样的？

水均益：我一接到做节目的消息，就马上跑到马路上打面的，直奔新华社，然后到办公室调外电看，连夜打电话约摄像，找一个新华社的老记者、老编辑，就在新华社现场采访。然后再把这个文字的资料和我翻译的外电的新闻变成解说词。到凌晨大概四五点钟再打车到台里，把这些东西合成在一块儿。大概在五六点的时候全弄完了。我来出镜。

那时候就没办法再去预约演播室了。应该说那时候《东方时空》首创了记者在任何一个地方都可以出镜，马路边，商场门口，或者像我们这个连夜做的这个节目，直接在编辑机房出镜。第二天一播就火了，反应快，有时效，头一天晚上新华社外电才报道的，第二天《人民日报》还没出来呢，《东方时空》就出来了，国内独家。就这么干了大概有一年。

问：在电视台做《焦点时刻》逐渐被人熟知的情况下，你有没有想过辞去新华社的工作，调到电视台来？

水均益：那个时候没有想过能够调到电视台来。老实说新华社是老牌的正宗的新闻单位，CCTV 那时候还没觉得有多么了不起。所以刚开始还真舍不得一猛子从新华社扎到那去。但是，那个时候《焦点时刻》越来越火，全国人民都在谈论。

问：相当有成就感吧？

水均益：对，当时觉得电视可以这么玩儿，新闻可以这么做，出镜的记者居然可以有这么多的灵活方式。那时候《东方时空》给你的这个平台，你只要创新，鲜活，就都可以施展。

那次采访基辛格，我们有一个很有创意的设计。我带着摄制组往采访的房间里走，一边走一边说："今天《焦点时刻》要采访一个人，他是国际舞台上的风云人物，他曾经走遍中东，他的乒乓外交奠定了中美关系，他就是著名的基辛格博士，美国前国务卿。等一会儿我们就要在这个房间对他进行一次独家的专访。"一抹身一进屋，镜头再一转，我们坐定了，开始说"博士先生，很高兴您能够接受我们的采访"。那期节目当年是中国电视新闻优秀奖。

类似这样的节目一期一期在做，

《东方时空》也越来越受观众的喜欢，《焦点时刻》也越来越有冲击力。我也开始火了，走到大街上开始有人认出来了。新华社的同事投来了羡慕的眼光，说小水不错呀，没想到你平常吊儿郎当穿个大裤衩子，电视上还人模狗样的。

自己也感觉有了实现感，而且突然间重新唤起了我对新闻的狂热，特别是新闻插上了电视的翅膀。我可以琢磨，跟老盖讨教，跟海潮讨教，怎么能做得好，怎么编片子能编得好看，有冲击力。于是慢慢开始动心了，觉得干电视很有意思。1994 年老盖调到电视台了，他临走的时候说，有一天你也得进电视台。

1995 年春节后的一天，孙玉胜对我说，你现在干得挺好啊，台里让我问问你，既然老盖已经过来了，你也调过来吧？我说我想来呀，但是我也有一些后顾之忧。因为我那个时候住的房子是新华社的，我要离开新华社，新华社肯定会把这房子给收回去的。他说这个好办啊，你既然调到电视台，我们就想办法给你解决。

大概没过多长时间，三四月份就通知把我调过来。后来我才知道，我大概是最后一个中央电视台正式从其他单位调过来的。孙玉胜那时候特批，一个月给我 2500 块钱租房子——那个时候的 2500 块钱恨不得是现在的一万块钱。于是我就一步登天，由原来两家合住，搬到一个三室一厅的房子（租的）。这就是电视给我带来的变化。

全是野路子，小米加步枪

问：那个时候你们采访了很多重要人物，外交部有没有来跟你们讨论一下节目的选题和定位？

水均益：没有，那时候其实没有“要不要问外交部”的概念，多数的选题是我跟老盖俩人选的，而且当时已经具备很强的新闻意识，完全是按新闻的价值来判断。节目的总体方向把握准了就行，其他的标准是（就是新闻的标准和电视的标准）按照那时候海潮和老盖的想法，电视一定要有丰富的画面，让画面来解释这件事情。新闻以电视的方式来制作，要有冲击力，新闻性要很强。

包括我们 1993 年 9 月策划采访基辛格，属于第一次电视采访高端人物。那时候也不懂要通过什么机构跟他预约，反正知道他来了。跟人家打听，包括跟外交部打听，问住哪儿，说住凯宾斯基饭店，就跑到那儿去等了一下午，远远看着来了两辆车，基辛格下来了，那时候完全就是初生牛犊不怕虎，我直接跑上去，因为我有英语优势。我说基辛格博士，我们是中央电视台的，想对您做

在北京饭店采访前美国国务卿基辛格博士（摄于 1996 年 9 月 3 日）。"我跟老盖斟酌了很长时间，怎么能让他感到刺激，想了半天，最后决定问：中国和美国到底是朋友还是敌人？"

一个采访，您看行不行？基辛格说，跟我的秘书谈，类似这样的话，就上了电梯。身边有警卫，就把我们推开了。我一看没答应，不甘心，追上去，在他住的那个楼层里边继续跟他磨，磨了半天他秘书过来了，秘书问《东方时空》是个什么栏目？我说《东方时空》是现在中国影响力最大的一个新闻节目，收视率很高，有8亿人在看。其实是蒙人的，哪有8亿人看啊。盖导就鼓动我跟他约，我说五分钟就行，做一个采访。后来他的秘书出来说博士先生同意了，让你们明天下午来。那时候海潮也激动，“磕”下了基辛格，大腕呀，相当于现在采访到奥巴马，是重大事件。全体出动，双机拍摄，海潮说，老方（方宏进）你跟小水一块儿去。

然后就设计问题，五分钟怎么弄？你必须要想办法拖。我一看资料，还有大概一个礼拜是基辛格的生日。老盖一拍桌子说好啊，给他送花，提前祝他生日快乐，这些招数全备好了。第一个问题，我跟老盖斟酌了很长时间。这个人是风云人物，见的记者多了，怎么能让他感到刺激，想了半天，最后决定问：中国和美国到底是朋友还是敌人？那时候这种问题很具冲击力。第一个问题这么一问，老头一听就振奋了，这是一个很有挑战的问题，而且估计他没想到中国记者会这么直截了当地问。到了五分钟，他的秘书就在边上比划，我一看熬不住了，身后准备的花一拿，说过几天是你的生日，祝你生日快乐，基辛格博士很高兴，说我们再聊几个问题吧，我忙说OK，OK。这下整个采访持续了二十分钟，非常漂亮，独家。

问：可以不按照常规出牌？

水均益：那个时候我们全是野路子，刚刚开始干那个事，一下子让我找回在新华社当驻外记者时的那种热情，感觉时效就是生命。

我记得很清楚的一次，就是1993年有一艘中国船叫“银河号”，在海湾地区被美国人扣了。美国人说那个船上有违禁物品，怀疑我们给伊朗、伊拉克运化学武器。那是一次中国重大的外交危机。中方派了外交部官员去跟美国人谈判，说这个船没有问题，你们不能随便上我们中国的船来搜查，但是美国人说不行，所以两家在打架。当时中方代表团里有国际司的司长沙祖康，他是核心人物，等于是新闻当事人。要能独家采访到他，那会是非常精彩的一笔。所以就努力想办法。我给外交部打电话，给使馆和领馆打电话，终于联系到了这位沙司长，那次是我们第一次使用越洋电话采访。

那时候的电话采访还很粗糙，用座机打开免提，然后把话筒放在那儿。我们问他跟美国人谈得怎么样，我们这个船到底有没有问题，等等，都是这种很焦点的问题。然后老盖就在边上说，你采访沙祖康半天，没有这个人的照片啊。他在边上赶紧给我提示，要照片，要照片。后来我就问沙司长您有没有照片？我们需要在您说话的时候，把您的照片放到电视上。他说我现在在沙特，照片都在家里呢，你只能到我家去弄了。

当时是后半夜的1点钟，第二天早上我们就要播这个节目，那怎么弄啊？没办法，我出门打了个面的，找到了他家。外交部宿舍大院门口有门卫，铁门都锁了，敲了半天，看门老头睡着了没人给我们开门。我说这怎么行啊，就大半夜地翻墙进去。幸亏那时候还没有纠察队拿我当贼。我上去当当敲门，半天没动静。大概敲了有三五分钟吧，里边传出来一个声音，谁呀？那时候已经快两点了，我就在外头说，您好，我是中央电视台的记者，我们刚刚通过电话采访了沙祖康司长，电视制作需要一张他的照片，能不能给张照片？里边的那个声音很迟疑，犹豫了半天说，那你怎么能证明你自己呢？我这时候还没调到电视台，没有电视台的证件，唯一办的是电视台食堂的饭卡，上头有名字，但是没照片，然后我就把这个饭卡从门缝里给她塞进去。我说您看看，因为我出来急也没有带电视台的证明，这是我的饭卡，我的名字在这上头。她把门开开了，我说这么晚了，我就不进去了，阿姨您就给我找几张沙司长的照片，工作照或者哪怕是旅游的照片都行。给了三张，拿回来，赶紧用摄像机把它拍上，然后再编进节目里。

这个节目也被海潮同志高度表扬，说这是创举，电话越洋采访，而且还采访到了事件的核心人物。那个时候《东方时空》就是这样，像我们这么一批人，完全是在用土法上马，什么小米加步枪，翻墙的，什么招都有，我们就是在用各种采访方式来制作节目。

二十四小时等你

问：做国际报道为什么有这么强大的工作动力？是来自张海潮的压力吗？

水均益：没人给你任何压力，唯一的压力就是你能不能做出一个好节目。那个时候我觉得就像打了鸡血一样，觉得这个事业非常有感召力。而且来自社会的高度认可一下子唤起了我们所有人的热情。每一天都挖空心思，想办法怎么能做的新颖、有创意又好看。所以动力就是对这个事业的热爱，同时也是一种全新的尝试，因为那个时候几乎可以说没有成规，都是电视的门外汉，但是接触到这个以后一下子被迷住了，然后激发了很多人的一种投入感，一种激情。

那个时候突然间老百姓看到中央电视台还有这么一档节目，哪儿着火记者就第一时间出现在哪儿，中国的船被扣了，就通过电话在遥远的沙特采访到了中国政府的首席谈判。这完全是一个新的状态，一种新的传播方式，很鲜活，大家就觉得好像记者就在我们家门口，记者就在我的身边。我们曾经创造出了很多口号，其中一个口号，后来变成了《东方时空》的精神之一，就是我们在采访当中说的一句话，叫“二十四小时等你”。

当时是采访港澳办的鲁平主任，他在港澳中心酒店开会。港澳中心的人说鲁主任没时间，我说没关系，我们在这儿等等看。就在二楼的多功能厅等，没有沙发、椅子，就几个大柱子。我们生生地从上午一直等到晚上十点多钟还没结束，我们就在那儿耗着，渴了买水喝，饿了买方便面泡着，轮流去吃。

后来港澳办有一个管宣传的陈处长出来了，看见我们，说你过来过来，你们真的想采访鲁主任？我说是啊，这对于我们很重要，我们的时间随时都有，我们二十四小时等他。后来她说这样吧，明天上午给你们20分钟的时间。那时候我们初出茅庐，就是靠执著和诚意打动了陈处长，后来我们跟她成为了朋友。

回来以后老盖跟海潮汇报，说小水说了一句话，二十四小时等你，感动了他们。海潮一听，说这应该成为我们《焦点时刻》的一种精神，后来就流传开了。任何时候我们都是记者，我们不能要求被采访对象，你得听人家的，因为很多时候我们是求着人家，所以二十四小时都可以，任何时间。

问：国际报道当时对《东方时空》起到了很大的提升作用？

水均益：简单地说，国际话题元素糅进来以后，《焦点时刻》更丰富了。当然也丰富了《东方时空》。那个时候的国际新闻只是在《新闻联播》后面有两三条，什么美国下雪了，欧洲又酷暑之类。新闻类的电视节目，定期反映世界的热点，包括重大的突发国际事件，我们是独家。而且是真正作为一个专题，用八九分钟，甚至有时是十几分钟的电视节目来反映国际热点，我们做到了。这也是《东方时空》开辟的先河。

所以一开始就抓住了观众的眼球——那个时候刚刚改革开放不久，很多人已经开始关心国际问题了。我们就摸索着做，从刚开始什么都不懂，然后逐渐地开始有一些方法，开始慢慢地跟国外建立了一些联系。我们创新地使用了越洋电话的方式，后来又开始做时髦的双视窗。

后来我们摸索出来两大秘笈，一个就是只要有重大事件，那就绝不耽误一分钟，连夜制作，第二天就播出。还有就是独家。那时候，中国观众第一次在电视上看到一个很稚嫩的记者和世界政坛的风云人物——美国前国务卿——面对面侃侃而谈。这种形式越来越成熟，手法和样式也逐渐多起来，奠定了一个基础。到1000期的时候已经很成熟了。我们探索的国际报道方式成为了一种范例，也成为当时《东方时空》成功的重要因素之一。

再也找不到的激情，再也回不去的辉煌

问：很多人都说这个组织非常特别，讲讲那时候你在《东方时空》体验到的内部氛围？

水均益：实际上我跟盖导加入到这个团队，刚开始有点若即若离。因为我们那时候是脚踩两只船，一边在新华社当着编辑，一边又类似于临时短工式地做着《焦点时刻》。所以对这个团队的概念并不清楚，对整个《东方时空》怎么运作也不是太清楚，包括与孙玉胜、时间、王坚平，都不是很熟。开会的时候我都不参加，盖导去参加。但是渐渐地我就发现，这个栏目有一种很强的团队意识，一种所谓的内部文化。

像我说过的，它的评奖的建立，应该也是创举。大概一个季度评一次，第一二个季度跟我没什么关系，因为那个时候我们只是刚刚用新的方式在做。像《东方之子》的张恒、白岩松那时候已经很火了。但是到了1994年，我们又兼做《焦点访谈》，时段更好，出镜率更高，看的人就更多，再加上我们做了好几期当时在全国很叫响的节目，包括《丧钟为谁敲响》，还有后来的关于巴以和谈的《和平使沙漠变绿洲》，一下子就火了。到1994年就开始有各种荣誉了。几乎每个季度都是金奖、优秀主持人。很快，1995年我就得了金话筒奖。那时候新华社也评什么好稿，但是从不像《东方时空》这种，有这么大的激励作用。

年会也给我很深的印象，第一次年会是1993年年底，以《焦点时刻》为主，《东方时空》整个栏目都参加了，盖导作为主要的策划。实际上就是联欢会，大家都干了大半年了，这个栏目已经得到社会的认可，大家过年热闹一下。大家围在一块，吃吃喝喝，也表演节目。盖导发明了一种折腾人的节目：

大家抽奖，有人抽中了一个钱包，一打开，里面有一张纸条写着："请从你自己口袋里面拿出100块钱来，放到钱包里，双手举着，递给你右手方向离你最近的一位女士，然后很恭敬地跟她说，对不起，有点少。"后来我们评论部的年会每年都搞得很好，有很多折腾人的搞笑的东西，就是从那开始的。

那一年我记得张海潮、孙玉胜也都参加了。最后一个项目，请孙玉胜和张海潮各自把身上的钱都拿出来，然后给大伙一分，说："弟兄们辛苦了，这点钱只是一个零头。"那时候孙玉胜也很开心，兜里其实也没多少钱，拿出来很痛苦地就给了，也没说再给要回来。那是一种团队文化的开始，然后从此每年都变成了一个固定的期待。当时《东方时空》的这帮人都是工作玩命的人，舍家抛业，我觉得说他们是"北漂"都轻了，他们完全像一帮殉道者。一年辛苦下来，有这么一个释放压力的机会，那是大家共同的一种愿望。

问：现在回过头来想，你觉得《东方时空》这个群体为什么能迸发出这么大的热情?

水均益：那个时候我们觉得就是在做一件创新的又非常开心的事情。《东方时空》十年、二十年，我觉得有点像一场革命从酝酿，到爆发，到革命展开的过程，而不是说最后的终结。所有的东西都是没人干过、又没人告诉你怎么干的。你踩下的每一步，都会被后人认为，这就是范本，这就是榜样。可是我们也都是属于深一脚浅一脚，完全在摸索，根本不知道能否得到认可。

到了后来，就有了《东方时空》1000期的大型活动。那个时候的核心意思是给社会一个交待，同时对我们自己也有一个交待。在这两三年中，《东方时空》已经成为了街谈巷议的话题，所以海潮、玉胜他们就策划搞一个大型活动，让我们这帮主持人都参加——那时候已经叫主持人了，我已经转正了。

我记得是在展览馆，彩旗飘扬，气球在天上悬着，挂着"《东方时空》1000期"。我们几个就作为《东方时空》的脸儿，给观众签名、合影。那个活动搞得就像个庙会一样，好多观众慕名而来，老百姓说《东方时空》原来是这么一帮人，白岩松是这个样子，水均益是这个样子，张恒是这个样子……我们当时也一下子有了当明星的感觉。在我的解读里，那是《东方时空》从创办到立足，到得到了社会的认可，到火爆，一个完整篇章的最后的句号。那是《东方时空》最辉煌的时刻，也是后来说到的所谓"中国电视一次真正革命"完成了的一个节点。

后来我们到各个展区去，跟观众聊天。我记得有一个观众，他把头1000期的《东方时空》完整的录像带，全带来了，一大箱子，那时候还是大盒带，他每一期全录下来，一期都不落。当时我们几个人，包括孙玉胜他们听了以后都特别感动，就说，我们干的这点事，居然有观众能这么细心地在看。

问：你怎么看待那时候的辉煌？

水均益：我现在这个年龄，已经马上要“奔五”了，那样的时光不会有了。我不是说它不可能再复制，只是说那个年代发生的事情，对我们来讲，估计再不会重演了。

首先，不会在一个完全空白的领域里面，再冒出一个这样的栏目，再产生这么一个平台，再聚集这么一群殉道者式的舍家抛业的热血青年。对我们来讲，其实也再不会有一个栏目，能让我们这帮电视门外汉从一张白纸去学。现在电视台开一个栏目，哪能说连编辑机都不会。那个时候盖导可以很耐心地站在边上，一遍一遍教。我记得我有一次，在人民大会堂门口楼梯上做一段串场，我说了快四十遍，我身边的游客从十几个围到上千人，现在能让记者这样吗？一遍说不下来你就该下岗了。

那是一段激情燃烧的岁月，那个特定的状态下，你有这个机会，这个平台，由一个门外汉进入到这样一个专业的领域里边。它给我们的最大财富，就是让你接触到完全陌生的领域，还让你在这个领域里折腾，所以才成功了。再不会有那样的时代了，今后再不会有那样的事情发生了。这是我的第一个感觉。

其次，多多少少有点伤感，就是有的时候会问自己，那个时代的热情哪里去了？那种激情怎么就再也找不着了呢？现在还在干这件事，但是已经不在那种状态了。可能是年龄的问题，岁月的问题，还是说有一些其他的原因，我们一直在思考。但是确确实实有时候经常感慨，找不回那种激情的状态，找不回那种天不怕地不怕、创意和鬼主意满天飞的状态。

问：当年《东方时空》的那段经历，对你个人来说意味着什么？

水均益：我觉得，《东方时空》像是上帝突然开了眼，照到我脑袋上的一个光环。我由新华社一个默默无闻的小编辑、小记者，机缘巧合懵懵懂懂地撞进了这个大门，跳到了这个平台上，然后一发不可收拾，脑袋上罩上了一个“名人”的光环。第一次出镜完全就是像过一把照相的瘾，现在已经是中国著名的国际问题记者了。

我当然不是说在这吹牛，说自己是名人。我跟同事曾经展望过，如果我还继续在新华社工作，到我退休的时候，我会依然是一个谁也不认识的退休老编辑，提着菜篮子，在新文化街的某一个菜市场里面，买点馒头、茄子、辣椒，也就这样，了此一生了。但是，《东方时空》让我成了今天的水均益，一方面，诚惶诚恐；另外一方面，我觉得它对我的意义就是，让我的人生发生了意想不到的变化，就是让我去写这个剧情，我都编不出来的一次重大的转折。

陈耀文访谈

用品质说话，在节目中成长

陈耀文，1994 年 1 月加入《东方时空》，担任《焦点时刻》栏目记者。2000 年任《东方时空 · 直通现场》栏目主编，2001 年任《东方时空 · 时空连线》栏目主编，2002 年任《世界》栏目总编导，2003 年任《国际观察》栏目主编。曾参与《焦点访谈》、《感动中国》、《有报天天读》等栏目和节目的创办，担任过《315 红黑榜》、《温暖在身边》等大型节目总导演。现任《新闻纪实》栏目记者。

宁可给《东方时空》交钱，也要这个舞台

问：你是怎么进入《东方时空》栏目的？

陈耀文：现在很多人来北京是为了找工作，谋一个更好的生活。而我当时不是来找工作，是来实现理想的。我把我原有的好生活全部丢掉了。我当时在部队，刚刚更换了最新型的摄像编辑设备，有专门的机房，部队给我配有专车，自己也有一套两室一厅的房子，正是活得滋润又恣意的时候，但我却丢掉了这一切，什么都不要了，为什么？就是因为《东方时空》。

那时候我经常到北京来送稿。1992 年底，我到孙克文家吃饭，她老公王国卿是我在老山参战时的战友。我在他们家喝酒的时候，孙克文说，我们现在正在搞一个早间节目。我当时想，早间，7 点多钟，谁看呀？

1993 年 5 月 1 日《东方时空》开播，因为是早晨，太早，我每天定时把节目录下来，起床后再看。大概看了

三个月之后，我突然有了一种感觉，觉得这个节目与我当时给中央电视台送的那种东西在质地上不一样。那时候《新闻联播》国内新闻的最后一条基本是军事新闻，我在47军负责电视新闻报道，目标就是《新闻联播》。我当兵的时候最早写新闻是出黑板报，一个一个小豆腐块。后来发现我做的东西也就是个黑板报，只不过贴的位置不一样，贴到《新闻联播》里去了。由于贴得好，1992年我还获了中国电视新闻一等奖，立了二等功。但是在拍新闻的过程中，随着对中国社会的了解，对部队的了解，我明显感觉到，我们在《新闻联播》里看到的仅仅是社会层面中很小的一部分，全是光明得不得了的东西。这不是真正的新闻。

看了一段《东方时空》以后，我觉得这个节目好像和中央电视台的任何节目都不一样。当时最吃惊的就是看见了像白岩松这样，口音不是很标准，长得也乱七八糟的主持人。再加上水均益，一口浓重的兰州口音普通话，还紧张的要死，看了只想笑。越看越发现，不光是形态不一样，节目关注的东西和表达的方法也不一样。几个月以后，8月初我到北京来送稿，又到了孙克文家。我说像我这样的人能不能到你们《东方时空》去啊？她说可以呀，我们这没有门槛，欢迎各种各样的人来。第二天上班她就跟《焦点时刻》的制片人张海潮说了，我正好在台里的军事部改稿，就从五楼下来，到了二楼《东方时空》的大玻璃房，见了张海潮。张海潮简单地问了一下都干过什么？我说已经在部队干了那么多年了，干电视也三年多了。他问文字功底怎么样？我说文字算是我起家的东西。他问我说什么时候能来，我说恐怕我还得到部队商量一下，办办手续。

这时候正好我的军长郭伯雄在中央电视台对面的京西宾馆开会。我记得特别清楚，我买了二十多块钱的一把香蕉和其他水果去看他，跟他谈了我想转业的想法。军长听完以后，问你为什么要转业呢，你现在在部队干得这么好，为什么要走呢？我说，说实话，我真的不想天天拍那种黑板报了。现在中央电视台有一个《东方时空》，那个节目特别对我的胃口，我期待去做那种节目。他说你这个想法倒是不错，这样吧，你先别转业，我批准你来学习一年，干得好你就干，干不了还可以回去。就这样，回到临潼，我就把我手头积攒的工作以最快的速度交接了，军长和政委同时签字批了一个我打的报告，送陈耀文到中央电视台学习一年。

这样，1994年1月我就到了《东

方时空》。因为当时是学习，部队那边还给我发着工资，我到这边来不拿钱，相反我自己还带着一万块钱。我当时想的就是，我宁可给《东方时空》交钱，也要它给我的这个舞台。当时心里面已经有一种很大的冲动，同时也有一种判断，觉得《东方时空》在中国电视史上，很有可能会独树一帜的。当时还没有想到它后来会发酵得那么大，但是能感觉到它本质上的不同。作为一个电视节目，它对老百姓有情感上的一种温度，以及像《东方之子》主持人提供的那种平等的氛围。现在的电视上，记者、主持人经常会张嘴就叫一个人老师，那时候《东方时空》里没有这样，都是叫名字。面对一位老者，最多叫个先生，叫他的职务。它没有代表观众莫名其妙地去敬畏一个人。它关注的事情基本上都是老百姓的那些“小事情”，但是这些很小的事情里面，都带有这个社会方方面面的折射点。它不去讲道理，但是它在推进一种思考，让你自己去做出判断。

问：还记得上班第一天你的经历吗？

陈耀文：1994年1月9日早晨到的北京，安顿着住下来，10日是上班的第一天，我打车到了中央电视台东门，制片人张海潮派了一个人把我接进去。当时《焦点时刻》栏目组在二十楼，进去以后我一看，这哪是个办公室呀，几排桌子，里面那些人呼呼嚷嚷的，跟我之前去过的中央电视台其他的办公室都不一样。这时候制片人过来简单地握了一下手，讲了一下情况，这就算来了。

当时坐着没事儿就看报纸，这时候制片人过来说，你会拍吧？我说会拍啊。因为我们部队搞电视的人基本上都会摄像、编辑、主持、写稿。他说那你今天能不能出差？我说今天就走啊？他说最晚明天。我说行，没问题。我当时是以编导的身份进来的，但是一说让我当摄像，我也毫不犹豫。第二天就飞到云南，拍了两个节目。回来以后，我就开始自己接选题当编导了，准备拍一个关于春节的节目。我在部队时大家都说我编片子不错，可是这一个片子却把我编傻了。制片人看完之后，很粗暴地说这个片子不能用。为什么不能用？当时他就给我讲了几点，意思是和《焦点时刻》所要的东西之间有很大差距。这时旁边另外一个编导盖晨光就跟制片人说，这是人家第一个片子，别说得那么严厉。因为我当时已经傻了，就不会干了。我觉得我这个片子不至于这样吧。但是制片人非常好的一点就是，批评完以后，他又把节目的结构重新做了调整，耐心地用文字写了一个简单方案，于是我连夜又重新编了一版。第二天再审，过了，很快就播出了。

就在这样的情况下，我开始筹备《东方时空》春节特别节目。那时候我还没出过镜，除夕那天就带着一帮人一辆车奔天津了。上蹿下跳地拍回来，大年初一，大清早就在那儿守着电视机看，当我出镜报道的画面出来，“记者陈耀文”几个字打在字幕上的时候，那真是心里没有办法形容的一种激动。这之前我也在中央电视台的军事新闻里出过镜，也拿过话筒，打过名字，但是这次我的名字打在画面上，那种感觉让我知道，从现在开始我已经属于《东方时空》了。

沉下去，走进中国社会的深层

问：在做节目的过程中，你的业务能力经历了怎样的提升过程？

陈耀文：经过将近一年的发酵，那时候《东方时空》在全国已经有很大影响了。我们《焦点时刻》的记者，拿着带着大眼睛的那个话筒出现的时候，已经很受关注了。那时候我进入《焦点时刻》学着做节目，学着找焦点，1994年第一季度节目评选的时候，我获得了内部评比的铜奖。这个过程中，我从过去只是拍表扬式的黑板报，转变到已经能找到焦点，能快速制作，保证播出，但对中国社会的了解，却是一步步努力才深入下去的。我那时候34岁，觉得人生的各方面自己都经历过，也上过战场，也在部队那么多年，接触过方方面面的人。但是我真正沉下去，逐渐地走进中国社会的深层，走到社会的底层，真正了解到中国社会运作过程中的各种关系，跟各个层面上的人深入接触之后，你会发现，中国社会真的挺复杂，这中间有好多问题来自体制等方面的复杂制约。

在找焦点的过程中，当我们了解了中国社会，特别是你跟很多人面对面交流过，了解到他生活在这个社会中的一些苦衷的时候，你把板子拍在他身上的这只手，慢慢就会不那么自信了。

1994年6月底的时候，我突然接到一个选题，社科院的一个老头带着他的外甥女，到我们这儿来举报了一个线索。这个女孩是河南洛阳的，她被黑中介介绍到天津一个叫宏江大都会的夜总会当了小姐。开始说是当服务员，结果没想到，到了那以后就逼着她做三陪。她不从，就被打伤了。然后她逃出来，逃到她舅舅家。我们一看，多硬的焦点，而且女孩身上的伤都在。制片人张海潮马上决定，连夜带这个女孩回去找那个夜总会。我们到了那儿以后，想请当地的公安协助暗中保护我们一下，路上我就跟经常给《焦点时刻》送稿的一个人打电话说，能不能以你个人的身份找几个哥们在外围配合我们一下，不能惊动你们当地政府，也不能惊动公安，万一我们在里面打起来，能够即时冲进去把我们救出来。最后这哥们说，哥呀，这个事儿如果被领导知道，我可是要顶雷的。我说那算了。我们就直接赶到塘沽去了。当时是1994年，我们那真叫二。一般来讲，夜总会能开起来，都有一个小势力罩着，里面起码有打手吧。我们到了那个地方，转了几圈，我判断了一下地形，把撤的路找清楚以后，就冲进去了。

我想说的实际上是后面的事情。当晚赶回北京，第三天，7月2日这个节目播出，节目中间，我在里面只用了这个宏江大都会老板的一句话，就是他一指镜头，说，你把灯关了。

而实际上是什么呢？我们当时冲进去，坐下之后，这个老板跟我讲了一个多小时，讲这个女孩和他们这儿的一个人之间的恩恩怨怨，俩人谈恋爱，成和不成的那个关系。为什么这个男的会打她，人家交待了这个背景。但是我为了这个节目的成立，没播这个故事，而是只用了他一个镜头。

《东方时空》播完，派出所就把这个老板给逮起来了。播出当天下午我们到派出所去采访，这个老板听见我的声音了，就冲到走廊里，说："你不是那个记者吗？我那天跟你说得清清楚楚，把什么事儿都跟你讲，你拍了两盘带子，你就用了我一个镜头？"

我当时的反应就是看了他一眼，没说话，接着跟所长了解情况。但是这件事情给我留下了深刻的印象。很多年后我都在想这件事情、这个问题，你有没有采访人家？人家有没有谈这个事情的来龙去脉？这个女孩被打有没有原因？一堆原因，你都没有讲。从我们的角度来讲，节目火了，我也真正开始出名，那个节目获了第三季度的金奖。但人家夜总会被停业，执照被吊销，那个人被拘留。你有什么权力不让人家在节目里说话，你知道情况，有什么权力用你的编辑权把人家提供的信息都去掉？所以在做焦点的过程中，我自己就意识到，这个事儿确实该曝光了。那人当时在派出所喊的一句话就是，我这辈子倾家荡产也要跟你打官司，你把你的节目资料留好，带子在你手里，看我到底都说了什么？很多年之后，我几次在文章中提到这个细节，这是我作为一个焦点记者，第一次被人指着鼻子骂。后来我明白了，我们的节目要想做到客观公正，你必须听各方面的人说。你不能为了曝光，一上来就限定这个人就是坏人。

这之后，我在思考问题的时候也会考虑到，一期节目在目前这种舆论监督环境下，能留给被曝光对象多少申辩的空间。因为法庭上都还是可以申辩的，原告、被告都会有说话的机会，而在我们的节目里却是没有辩论的，编辑权就在我们手里，我们不让他说他就不能说，我们说他错他就错了。作为焦点记者，我们公正吗？所以这才有了后来我们屡次看到的，台领导在审片的时候会严厉地说，重要证据上，当采访对象的回答和你的提问之间有剪辑点的时候，一律不准播出，也亲眼见过一个同事的节目被毙掉。谁都懂得，任何人谈话都是有语境的；这句话我在跟谁谈，什么前提下谈到的，不能简单地截取人家的一句话定性。这就像我们《焦点时刻》也好，《东方时空》也好，它的诞生和发展，也是有前因后果，是有成长环境等因素的，忽略了这些，评价一个栏目的价值，也自然就没有价值。

我们对自己这个职业的爱惜，对自己身份的爱惜是非常非常严格的

问：做监督类的节目是很有风险的，你采访过程中有没有遇到过比较惊险的事？

陈耀文：惊险的故事太多了。有一次，一个采访对象拿着五万块钱到我房间来找我。我说，你先稍等一下。我赶紧去把宾馆房间的门打开了，我说，咱们俩现在的所有谈话，请在一个公共空间里面说。他就叽叽歪歪地拿出五万块钱，这时候我就站到走廊里去了，赶快叫我的摄像也出来。最后他们就撵着我们在走廊里跑。

1996年的五万块钱对我来说是一个不小的数额了。我当时说的是，我们做这个采访，你认为不该播，你可以找电视台或者去找相关的部门，我有要执行的采访任务，这个过程中我不可能和你做这样的事。后来等到副省长请我们吃饭的时候，我就悄悄告诉摄像去埋单，交了两百块钱，开了发票，同时让那个餐厅的人注明一下，几月几日，哪个房间，记者吃饭。我们拿在手里，防止被人家说吃他们的了。

那时候我们出去采访，制片人规定，一不能寒酸，必须坐飞机，要带设备，必须住三星级以上酒店，确保人员和设备的安全，确保不能让对方给我们开房，不能吃对方的饭，不坐对方的车。有时候在一些场合被政府给拢住以后，实在抹不开面要吃饭的时候，我们都会悄悄出去，自己交一份饭钱，开好发票。我们的想法是，如果记者出门，高接远送，宣传部来车把你接着，住在四星级

以上的宾馆里，有人请，也敢喝茅台的时候，还有焦点吗？你怎么可能喝着人家的茅台酒还骂人家啊。谁不爱钱？但是那时候我们对自己这个职业的爱惜，对自己身份的爱惜是非常非常严格的。

等到“焦点”慢慢做到一定程度以后，我已经变成熟脸了，已经不能暗访了，几次暗访都被识破了。做《焦点访谈》一周年节目的时候，我油头粉面，打着摩丝，装成老板的样子，可我一张嘴，人家旁边那个人就说，你是老板，我不相信，你这个声音很像《焦点访谈》的一个记者。他们后来一看，我就是。我这个声音好像还有点特点，很多人一听就能听出来。加上长期养成的皱眉的习惯，人家说，你不是记者也是一个警察，总能从你身上感觉到一点那种气质。

还有一次挨打的经历。1998 年我做节目去湖北襄阳，一个法官执法被当地厂里的人给扣了。我们接到举报，直接到了襄阳市一个农村的化工厂。进去以后，看到厂里面工人的气质，我就知道今天得做好准备。进会议室以后，法官和他们在一个会议桌上谈话，我就随意地坐在了法官和厂方中间。坐下以后我突然发现不对：我是什么身份，我是记者，我怎么能坐在他们两个中间，处于中间的调停位置呢，现在这可是一个执法的过程。我赶紧离开了那个位置，坐到法官身后的沙发上去了。

厂长一看《焦点访谈》的记者来了，真的有点害怕了，就决定接受协议，准备签字。这时候，门口的工人就在用各种各样的口气说，别签，签了你就上当了。厂长一看，他说，你看工人不让

分别摄于 1996 年延安延河滩、1998 年湖北洪湖长江大堤、1995 年辽河特大水灾采访现场。

签，就故意打开门，把一大群工人放了进来。工人进来以后，就拿起暖水瓶、凳子、椅子，稀里哗啦朝着我们砸。当时襄樊市的宣传部长也已经赶到了，赶紧维持场面。有人直接一拳打倒了我的摄像张涛，摄像机掉地上也摔坏了。这个时候，画面扫到我，记录的是，我在拧杯子盖，把杯子装在包里，坐那儿看。这就是最后一个镜头。这也是我们讨论很多年的问题，记者在这种现场，应该干什么？是保护法官，还是跟工人对着干？都不行。我只是一个记者，只能客观地看。后来他们已经把局面控制住，把工人请出去了，我们希望能赶快转移到另外一个安全一点的地方去。

我出来以后，工人们就把我推到墙上，要我交出录像带。这个时候摄像已经把带子转移了，换了一盘新带子在机器里。我把拍好的带子塞进我包里，同时拿了盘没有内容的空白带，放在最上面。我左手拿着话筒，右手拿着一盘带子，站那儿，特别大声地喊出一句："交出带子可以，但是请你们记住，我是中央电视台《焦点访谈》的记者，交出带子的条件是你们把我打死在这儿，或者把我打昏在这儿，否则绝不可能。"这时候工人里有一个挺二的，把我顶在墙上，那帮人哗哗就往上挤，抢我怀里的带子。我说："你不用抢，从我手里抢走的概率是零，除非你打死我。"结果他们宣传部长一看这阵势就护在我前面，才把工人们劝开了。后来我给湖北省厅副厅长打了个电话报告情况，他马上命令襄樊市特警支队几十个警察来把我们给解救出来。我当时跟警察说的条件是，不光我们走，法官必须走我前头。

当时我被打的时候，感觉真是心如止水。现在回过头来看，当时怎么会那么镇定。我觉得可能跟我当过兵有关。我有身份，有组织给我保障，反正我已经掉进了这个窟窿，就必须得把这件事情弄清楚。因为法官也在我们身边，他们被撕扯的都已经不像样子了。后来我在节目里面，定格了一个画面。椅子飞过来，那个法官肩上的国徽只有一帧是清楚的。一个定格，我配了一句解说：这把椅子准确地砸在了法官的右肩上。

最痛的一次大哭

问：谈一谈你做过的节目中，最让你印象深刻的一些节目。

陈耀文：我在中央电视台这么多年，贴在身上最亮的符号可能是克拉玛依大火了。克拉玛依大火十二年之后，我把那期节目没有播出的主要画面截了屏，发了四大篇博客。现在中国有关克拉玛依火灾最完整的信息，可能是在我这儿。

在克拉玛依大火之前，1994年11月27日，已经发生过阜新的歌舞厅特大火灾，烧死了233人，烧伤20人。火灾当天的深夜我就和摄像刘文赶到了阜新，但是第二天早晨接到通知要我们马上撤回来。那是这么多年以来，我到过新闻现场，但却没有拍到任何画面的一次。离开的时候是宣传部的人押送我们走的，那个司机认识我，好像非常同情我们，走到那个胡同口他点了一脚刹车，说，陈记者，就在这里面。当时我还没有到过火灾现场，我一听，赶紧拉开门，车一边动着我就已经跳下去了，直奔火灾现场。我这一跑，我的摄像也从左边下去了。我在前面跑，摄像一边跑一边开机要拍，宣传部的人就抓着我们的摄像不让摘镜头盖，说求求你们了，你们要拍了，我要丢官的，你就把我给毁了。我们当时跟他说，发不发不由我们决定，最起码我到了现场，你让我拍几个镜头，但最终也没拍成。后来我就只能在现场外围看一下，那里拉着警戒线进不去，我们就特别痛苦地离开阜新到了沈阳。我们还不死心，就在沈阳附近找选题，不离开这儿。当时就跟制片人张海潮商量，一有松动我马上回去，所以就在抚顺找了一个不咸不淡的选题。等到这个选题做完了，还没消息，我们就回来了。

回来之后没多久，12月8日，新疆克拉玛依友谊馆的火灾发生了，制片人说马上联系，准备出发。请示之后领导不让我们去。我们就想，能不能跟新疆那边的人沟通一下。新疆台说不敢拍，我们又找到乌鲁木齐电视台当时新闻部的副主任朱疆，在这之前他给《东方之子》、《生活空间》送过稿。朱疆就带了他的一个手下去拍了两天，但是带子带不过来，机场严查各种录音、录像制品，后来他让军人帮着带都没带出来。整个火灾就是《中国青年报》报了一点，电视上报了国务院副秘书长去看的那个很短的画面，没有任何实质的东西。但是那个火大得很，一晚上死了288个孩子啊！后来我就把从公安部消防局拿到的一个阜新火灾和克拉玛依火灾的简单素材，合并着编了一期节目，请消防局的负责人专门谈这几起特大火灾，谈冬季防火的重要性。

经过努力申请，十天之后我到了新疆。就在当地让乌鲁木齐台的哥们租了一辆车。当时和我一起去的摄像是我们组里的一个老编导，吴乃华，岁数比我还大。我们租了一辆私人的车，我、吴乃华、朱疆，他还带了个摄像，我们四个人又杀到克拉玛依。当时采访过程中发现了一件非常诡异的事情，很多死了孩子的家庭都拒绝采访，只有个别人愿意接受采访。

后来我们了解到，克拉玛依是一个政企合一的城市，它是新疆石油管理局的所在地，克拉玛依市的书记、市长，就是石油管理局的书记和局长，整个城市基本上是一个单位的人，所以，为了将来的生活，我联系他们的时候，很多人都在躲避。

我在那儿采访了三天，把这场大火的基本情况还原的差不多了。每天吃不好睡不好，心理压力非常大。最后一站我才去采访看守所。到看守所以后，看门的那个警察一开门看到是我，眼泪就下来了，说："你们怎么才来呀，这都过了十几天了。"我那时候才知道，当地人普遍感觉那个城市是完蛋了，325个人在火灾中丧生，有288个是孩子，而且这些孩子都是克拉玛依市各个学校尖子班、示范班的好学生。也就是说，这场大火几乎牵扯到这个城市里的所有家庭。

采访那天，我把那些已经被刑拘的人一个一个带到大雪里面站着采访的时候，真是一直克制着内心的冲动。有几个关键的人，我真是想一拳把他们打死在那儿。特别是采访那个况丽，教委副主任，就是那个跑到女厕所里面，用身体挡住厕所的门不让孩子进来，自己活下来的那个人。我最后才采访到新调来的、当年从这儿调走的一个老书记。这个城市失控了，必须要有一个当年在这儿的老领导回来控制局面。他到了以后，听说《焦点访谈》记者在这儿，但有人安排了暗中跟踪，掌握我们的采访动态，就立即下令说："记者想见谁见谁，任何人都不能阻拦。"他当时就已经清醒地感觉到，这件事情的内幕应该让全社会知道。当时克拉玛依这些火灾受害者的家属最痛苦的一点就是，大多数人不知道这场火究竟是怎么回事，他们希望社会了解事情的真相。实际上，这也是这些年来遇难者家属一直耿耿于怀并无处释放的一个主要原因。

所以，当我最后采访到这个书记的时候，书记让我非常感动。他作为后任，承担了所有的领导责任。他说，现在这批被抓起来的干部，基本都是我以前提拔起来的。我真没有想到这是一群狼心狗肺的人，遇到大火自己先跑，不管孩子。所以你可以想象我是带着一种什么样的情绪回到北京的。我当时脑子里没有任何杂念，在车上就一直在熟悉素材，带着耳机听素材，编辑方案在路上就已经基本出来了。到了乌鲁木奇，吴乃华大哥为了不干扰我写稿子，一个人悄悄跑到酒店的走廊睡到3点，是我出去找才发现的。

1994年12月，陈耀文作为出镜记者，在遇难学生的新坟前报道新疆克拉玛依特大火灾。

回到北京是12月26日下午，我先回家洗了澡，然后直接就回了机房，编了一通宵把节目编完。眯了一会儿，27日一大早就等着领导审片。当时想的是，如果顺利，当天晚上就能在《焦点访谈》播出。

上午一上班副台长沈纪来审，这时候离他退休还有四天。沈纪看完，点了一根红塔山烟，抽完，又点了一根烟在那儿抽，皱着眉头不说话。当时我坐在对面看着他，心里多希望他像教师节那天一样，思考很久，然后说一句，拿笔来，签字通过。可是并没有，他没签字，也没说什么，走了。后来才知道，他在电梯里碰到杨伟光台长，说，我刚审了一个访谈的片子，我拿不准，你看一下吧。

孙玉胜说，这期节目我做得太狠了。我在编的时候已经克制了好多情绪，但其中有一段话，一个死了孩子的父亲说，作为成年人，你放弃孩子抬脚走，你就是杀人的开始，你走出去，大人跑出去，把孩子留在里面，就是杀人的结果。这句话太狠了，我们想赶快把这段话拿掉，在老杨那里能把这节目审过。结果没想到，老杨很快就下来要求看片子了。我一看，完了，连改的时间都没有了。这个时候，时间、陈虻、王坚平和几个《东方时空》的制片人正在开会，盖晨光就过去跟他们说，都别走，你们看的可能是绝版。他们几个人就分散在边上，让老杨坐中间，我就在那儿放带子。看完以后，屋里鸦雀无声。我转过头看着老杨，老杨也是压力非常大的样子。他说，照你这个说法，中央电视台演播室里正在演播，上面突然掉下来一个灯，砸到人，我也要负责任啊。我一听，怎么来这么一句？他没有说不播，但是他说这种报道还是要考虑影响，现在马上要过年了。

他接下来讲了半个小时的正面报道，我就坐在那里听着，带子在手里攥着。听着听着，我就听不下去了，内心委屈得不行，因为确信已经播不了了。我低下头，眼泪突然就掉下来了。老杨看不见我的脸，但是他从我的衣服上看到了眼泪。嗯？哭啦？好了，不讲了，不讲了。我这个时候情绪已经到了要破口大骂的那种程度，就忍着冲出去了。张海潮追上来拉了我一把没拉住，跟着我出来了。孙玉胜就说，赶快跟着，跟着。我这个时候一路跑着，眼泪就哗哗地流。冲进地下室的机房后，一下把那个带子砸在正面的墙上，然后放声嚎啕大哭。屋里的几个同事，有章伟秋、李媛媛等，都吓坏了，过来搂着我，陪着流泪。那是我这一生哭得最痛的一次，也是声音最大的一次。哭到说不出话来，哭到坐到地上，真是觉得这个日子没法过了。因为我憋屈了那么多天，知道了太多的真相。在那一瞬间我就崩溃了。

调查过程中，我一直想弄明白火灾究竟是不是人祸？后来很多年我通过一些专业知识慢慢懂了，按现在美国通行的逃生知识，真正的火灾现场，是没有领导和非领导之分，也没有大人小孩之分的。火灾现场的逃生原则应该是谁离出口近，谁就能跑出去，因为火灾现场有特殊性，无论哪个国家、哪个民族，也无论精神境界高与低，实际上根本无法实施有效的逃生组织方案，最好的办法就是科学设置逃生通道，减少障碍物。但是当时我是那种情绪，再加上当时社会流传的“让领导先走”那句话引发的愤怒，我心里真的无法承受。其实这句话究竟是谁说的，甚至有没有这句话，到现在都无法证实，我在采访过程里也没有调查到这句话究竟有没有。还有一个，当时痛的是这件事情没有说出去，没有让全社会知道，心里觉得对不起那些死难的孩子们，对不起克拉玛依的那些家属，所以很多年我都不敢跟接受过我采访的人联系。

节目没播出去，多年之后，杨伟光台长在接受《南方周末》采访时曾经说，我看了节目，节目做得很好，很精彩，但是为什么我没让过？他说，三天之后中宣部就下了令，这件事情不让再说。

这件事情成为我做焦点记者以后永远的痛，可以说改变了我内心的结构，精神的结构，我的人生观价值观也就是从那天开始，发生了巨大的改变。它对于我后来考量很多事情时候的情感站位，都有影响。当时我想的是：如果阜新大火报道出去了，按惯例一定会有国家级别的紧急通知，会全面整顿，克拉玛依那边怎么也会注意到这个问题，在公共场合举行集会的时候，是不是该做好预防措施，该把门打开。克拉玛依大火的时候，友谊馆通往外面的八九个门只开了一个，其他的门全是锁着的，连钥匙都找不到，而且拿钥匙的人根本不在场！所以可怜就可怜在只有这一扇门逃生，并且火灾发生后这扇门还因为断电自动降了下来。现在的克拉玛依什么样？一年四季不管冬天多么冷，开会时所有的门全是敞着的，消防车一定停在外面。这是克拉玛依从这件事情上长的教训。所以我当时就恨阜新大火为什么不让报？后来别人给我介绍私活，说是帮忙给阜新做个宣传片。当年宣传科押送我出去的那个人当了部长了。我说不干，这辈子我记住阜新这个地方了。这场大火就是他们用这种方法压了下来，没有让真相传出去，因此全国那时就没有重视火灾，阜新大火十多天之后克拉玛依大火又发生了。

这就要说到后来2000年圣诞节的洛阳大火，当时我已经在做《直通现场》的主编了。我直接给洛阳市长打电话，说希望尽快把真相告诉老百姓，别让人猜，同时也能让全国发动一次防火大检查，重视一下。洛阳市长同意了我的办法，我就派了一个记者过去，当天往回传素材，我亲自编辑，连续播了三天《直通现场》，解析火灾的内幕。这么多年了，所有火灾里面，洛阳大火是社会质疑最少的，就是因为早早把真相说了出来。当时知道什么就说什么，哪些事情还没有定论，还在鉴定，专家还在调查，都分别说出去。你会发现，现在很多灾害性报道，只要是捂着压着的，到最后一定都是炸药。压得越瓷实，压得越久，炸的威力越大。

当光荣感过去之后

问：你们当时审片有什么故事吗？

陈耀文：当时本来《焦点时刻》的部门主任孙玉胜就可以审，但是由于我闯了一次祸，台里就把《焦点时刻》的审片权给提升到中心一级了。1994年夏天，我连续做了三期节目，是关于洛阳那边有个小孩掉到热力井里面被烫伤的事。在最后一期节目里，我在结束时对着镜头说了这样一句话：有关这件事情的调查处理结果，我们将拭目以待。“拭目以待”这个词用狠了。后来被台长批评，台里开例会还专门把我拎到现场去听。很多年后，跟孙玉胜一起喝酒时他讲，陈耀文，我作为评论部主任审片的权力，就是被你那个“拭目以待”的节目给剥夺的。

《焦点时刻》上升到中心主任审了以后，我们的压力就更大了。因为部门主任审孙玉胜审的时候会考虑到我们的运作、各方面成本等综合因素，我们那时候追求的就是锋利、时效、快速切入。上升到中心主任审以后，权衡就会多一些。当这个节目审片的级别越高的时候，基本上这个节目的刺到最后就越少了。《焦点访谈》后来日子为什么那么艰难，就是它被高层关注的程度太高了。我们那时候内心希望被关注程度不要太高，可是这又是个矛盾，你的节目好、收视率高、社会反响大就一定会被关注。所以我们的目标是，审片的时候你让我怎么改都行，只要你让我播出，如果不让播的话，什么信息都说不出去了，费多少心血都是白搭。所以那时候我们慢慢懂了，不要追求一期节目巨大的爆炸效果，从栏目长期运作的角度来讲，一个大的炸弹很有可能不仅炸毁自己，还会炸毁一个平台。所以《焦点访谈》开播之后，曝光的节目最多播三天，在有人觉得不对劲的时候，节目性质马上转入中性或正面报道。

我到现在都坚决反对把枪口顶到脑门上的行为。让新闻推进社会进步，需要的是持之以恒的努力，以及合适的时机。在我们目前的体制下，你想像BBC、CNN那样完全自由是不可能的。《东方时空》之所以能吸引人，就是在中国封闭了这么长时间的情况下，在小平南巡之后，借助了再次改革的春风。我们不能错失这个机会。所以那几年我们为了改一期节目，会备受煎熬。房东都知道，我租的那个房子很少回去住，因为大量的时间都在办公室睡。那个时候除了出镜会在外形上稍微收拾一下，对于个人的生活品质，出差去哪玩，哪里有好景色，都不在意，连照个纪念相片的意识都没有。

那时候，理想的光彩感召着我们，让我们不计成本。现在我们生活中常常会先谈条件，这没什么错。可是对于做新闻的人，特别是做焦点的人来讲，内心里的那份关于理想的涌动如果没有被激发出来，再多的钱、再好的房子、再好的车，都跟你节目的品质无关。

所以，在共同的理想召唤下，那个时候的感觉就是，同事们之间有性格差异，有经历上的差异，有各方面的差异，但是只要说到节目，很快就没有差异了。只要是节目上需要帮助，多数人都会帮你。《东方时空》这么多年留给我的财富之一，就是让我懂得了什么叫包容，明白了什么样的体制才能包容人。当大家有了共同的努力方向的时候，只有节目好看我们这个集体才会光荣的时候，大家都会相互包容，相互补台。我们的制片人说，你们不用操心什么待遇，这个事情不归你管，该有的都会有，有了就会给你。如果上面没给我，我也没办法，该忍还得忍。

问：你们当时是处于中国媒体最前沿的人，心里面是不是有很强烈的自豪感？

陈耀文：这个问题我是有心得的。1994年我们评论部的《焦点访谈》、《东方时空》都火了，评论部就给我们每人都发了几件那种印有《东方时空》、背后是《焦点时刻》的T恤，我们就很爱穿。我们每个人都想浮出社会的水面，成为这个社会中一个有影响力的人，成为一个被关注的人。这就是为什么现在有那么多的明星，很多人也都努力去当明星。实际上，我们每个人进步的动力里面都有一个力量，就是虚荣心。我觉得这个不用回避，如果一个人连一点虚荣心都没有，连一点渴望尊严的念头都没有，就不可能那么努力。记者也愿意自己被认出来，被找着签名。1995年、1996年的时候，我上飞机就已经有乘务长会把我请到头等舱去坐，在飞机上甚至会有人过来让我签名，在天安门广场会有人找我合影合到节目都拍不成。

这种东西是会让人得意的，会让人肾上腺素升高的。被人认出来的这个过程真的是很好，特别是我们走到哪，我们《焦点访谈》、《焦点时刻》那个话筒掏出来往那一放，对方眼睛一亮，说，我认识你呀！去商场买东西，人家突然就会说，我给你打个折吧。我说还能打折呐？他说我认识你，替我们说话的记者，你挺棒的。这些事儿我们都经历过。但是光荣感到了一定程度，越过一个线之后就会膨胀。我们现在知道一个现实，很多大明星都开始皈依佛门，有了居士的称号，为什么？我的体会就是，膨胀过后无法承受那种荣誉。《甲方乙方》里面的唐丽君，牛的时候对谁都是带答不理的，但是真没人找她的时候，那是真的失落。我做记者的时候，也曾经在《东方时空》1000期观众见面会上，签字签到手都抬不起来，跟人合影合到了烦，但是还得赔着笑脸。当时想的就是，《东方时空》真的是深入人心啊。

那么反过来说，你有没有把受到的这种尊重控制在一个更符合广大观众的需求和社会进步的需求上去？1996年我接受《北京青年报》黎宛冰的采访时，我提了一个问题，可能我们的很多同行会很反感——我们现在的权力已经很大了，我们的一期节目有时已经是撤职命令，是逮捕令，甚至可能是死刑令，我们干了这么多可能让老百姓称快的事情，但是我们有没有发现，有时候我们的权力过大了？那么谁来管《焦点访谈》，谁来管《东方时空》？这是我当时提的一个问题。找焦点那种状态做到一定程度以后，就会意识到，这期节目真正对推进中国社会本质上的进步起到了什么作用？还是仅仅是因为这期节目播了，让那个人丢官了，而其余的一切照旧？

我心里面那时候有一个底线，就是用我的人生经验和常识来判断一下采访对象和这件事情，如果确认对方是一个骨子里的那种很故意的坏蛋，那我就毫不手软。但是也有一些事情，听完各方面的意见之后，你会觉得不是那么简单。很多事情发展到目前的这个结果，它中间经历了一个演变过程，很多时候会有一些假象。所以我慢慢懂得了一点，就是先学会听，别急着定方向，拿到选题之后，先去跟各个方面的人接触一下，多了解些信息再说。

让节目飞起来

问：你们的节目在外面做得风风火火，但是毕竟这个栏目里有很多人都不是正式职工，大家会不会因此受到一些不公平待遇？

陈耀文：我现在在中央电视台算是企聘了，拿到了中央电视台的出入证，但是你还能感觉到从编号上，以及从中央电视台的很多通知、规定上，有些事情是只针对正式职工的。这是用人体制的问题，是目前咱们国家人事制度根本上的问题。

当时的《东方时空》是一个特区，中央台给了它很多政策，人事政策、财务政策，包括节目运作流程。我这些年基本上爱说我是《东方时空》的，很少在前面挂中央电视台。这好像也是评论部很多老同志的一个习惯。那个时候中央电视台的一些正式职工拿斜眼瞧我们，跟别人说这是一帮临时工，不是我们电视台正式的人。这件事传播开来以后，引起了台领导的愤慨，在会上批评。通过这样一次一次的打压，这个风气好像收敛了一点。但是我觉得我们这批临时工真正赢得电视台正式职工的尊重，还不是靠领导们的打压，而是靠节目。

《东方时空》究竟要干什么？我们是要改变中国电视的新闻表达方式，所以这里必然也是大浪淘沙。有一些人来了以后，发现在这儿连三等公民都不如：去资料室借不了资料，好不容易拿着别人的代码去了，被人家骂得狗血喷头。我后来发现，要解决这个问题，硬磕没有用，体制就是这样，胳膊拧不过大腿的，那你就不干活了吗？你的理想就不去实现了吗？我觉得我在这方面心胸一直是挺大的。这么多年来，我从来没有为职称、北京户口这些事情纠结过，精神上也没有受到什么伤害。因为我要的东西不是这些，我觉得只有这个舞台在我的人生中才有真正的意义。其他东西在我心里面不能说没有波动过，但是我会以最快的速度让它过去，然后集中全力做好自己的节目。我们的一个编导，现在的新闻中心副主任盖晨光说过一句话，让我们自己的节目飞起来，到空中去，吐唾沫的人就只会把唾沫吐在自己脸上，可是我们的节目如果要是在井底，随便人家拿脚弄点土就把你埋了。我们唯一的追求就是焦点要清晰，节目要好看，观众要喜欢。你想要做到这个应该怎么办？你就只能非常勤奋地工作。

1994 年 8 月份的时候，我接受哈尔滨一个媒体的采访。我说，你看我们现在这儿特乱吧，我可以告诉你个规律，一个办公室特别乱的栏目组，节目一定好看。等到我们每个人都有一张办公桌的时候，这个栏目就完了。后来他把这个东西写进他的报道里了。现在看也的确验证了。我们现在每个人都有一张办公桌，不用来抢时间了，走到哪都可以拿出证件跟人家说我是中央电视台的了，人家反倒不尊敬你了。

那么当时同事们之间在比什么？根本不是比你的学历，你从哪来，你长得怎么样，你家里面有没有房子，有没有车，没人比这个东西，我们就是看每个季度评片子的时候谁能获奖。那时候好像收视率这个东西还没有太压人，但是观众的反映是快的，来的电话来的信，让领导们都能综合评比。是金子你就闪光，是沙子你就流走，不会轻易混淆。会翻跟头你就翻跟头，会匍匐前进你就匍匐前进，也没有固定的方式，只要你想尽一切办法把节目做好看就可以了。

问：现在回头看，《东方时空》对你个人意味着什么？

陈耀文：这么说吧，我可能在内心里一次次告诉自己，万幸万幸，我曾经在《东方时空》最辉煌的时候是它团队的一分子，可能不是最佳，但我曾经是最佳之中的分子，算是在人生那个阶段风风火火了几年。现在身边很多年轻人聊天的时候会说，你们这批人创造了一个《东方时空》时代，而我们没有赶上，好不容易进到了央视，进到了评论部，却没赶上好时候，弄得理想成了妄想。一般这时候我会说，那个时代已经过去，并且一去不复返。即使还是当年那群人，我们也还是那个年纪，今天也不会再有那样的辉煌，时代变了。我现在岁数大了，也懂了些常识性的道理，我觉得，一个国家的电视事业，曾经有过那个让许多人敬仰的巅峰状态，对这个国家来说，并不是一件太值得骄傲的事情，因为只有不正常的社会，才会因为过多的压抑，衬托出某个领域的革命式变化。就像曾经参加过抗日战争、解放战争的那些人，不少人到了古稀之年还在为自己的那段经历骄傲。一般来说，从人性，从人生体会角度来体味，我觉得这种情绪不太正常，因为活到一定岁数的人该懂得，没有杀戮，没有妻离子散，没有血流成河，才是正常的世事。所以，对于当年《东方时空》依靠特区一样的人事和财务政策才能汇聚人才，才能让那些才华闪光，才能让节目冲出诸多羁绊，才能创造里程碑式的风格，我觉得不应该成为决策者幻想的所谓“天时”，也不应该成为从业者内心期待的契机。既然电视节目天天要播出，常识也就该随时展现它的魅力。对于一个媒体来说，用什么样的完备制度保证核心价值观持续稳定，常识被普遍地尊重，才华被务实地褒奖，那些深入的思考得以有载体准确地呈现，而且有规章制度保证从业者的激情可复制可持续，我倒觉得是当下和今后应该认真面对的。

所以，我会说，《东方时空》仅仅是一段历史。我尊重这段历史，为参与创造过这段历史欣慰，但不会为这段历史而莫名地骄傲。因为我更期待，类似当年《东方时空》那样的风光不再出现在我的国家，老百姓关切的一个个真相都能及时、准确地被报道，被评论，而不是被屏蔽，被粉饰。

4 /

《生活空间》：讲述老百姓自己的故事

长到玻璃房顶的大树

李伦访谈

李伦，1993年加入中央电视台《东方时空·生活空间》栏目，担任编导；2002年任中央电视台《百姓故事》栏目主编、副制片人；2003年创办中央电视台《社会记录》栏目，任制片人；2008年拍摄《铭记——5·12汶川大地震口述历史》120集系列纪录片，任制片人；2008年任中央电视台《新闻会客厅》栏目制片人；2009年创办中央电视台《24小时》栏目，任制片人；2010年创办中央电视台《看见》栏目，任制片人；现任中央电视台《看见》栏目制片人。

为了学一门手艺，撞进了电视台

问：你是北京人？最早进入《东方时空》是因为认识谁吗？

李伦：我家在北京。认识陈虻之前没听说过《东方时空》，那时候没时间看电视，没注意过。刚刚毕业，还在为生活挣扎，哪有工夫关心电视呢。

1991年，从学校到分配的单位，然后去纺织部，参加筹备一个叫中国服装设计师协会的机构。1992年，负责组织“中国首届国际服装服饰博览会”中的设计师个展的部分。当时，《东方时空》去参访这个博览会，陈虻派了李晓旻，好像还有毕鉴锋、刘鸿彦，我记不清了，去拍时装表演，我领他们进去。

在此之前，我们组织了一个记者的联谊会，招待了好多记者，陈虻也来了，那是见他的第一面。因为是做服装这一行，所以对他的衣服印象特别深，他穿一个窄领的西服，那时候很窄的领子已经不流行了。留着个小平头，背着了个包，拿着个大哥大，小伙子很精神，我记得好像还来晚了。

后来，陈虻说要派人来采访，介绍他们在做的一个栏目，《东方时空·生活空间》的子栏目，《周末服装驿站》，说他们想拍设计师，想做人物，并不是展示服装设计的那种节目。于是，谈妥了以后我们协会来帮助联系。

好像是我们做博览会项目的前后，纺织部撤销了，整栋机关大楼里人心惶惶。不过，对于刚毕业的年轻人，变化带来的是一种对不确定的未来的兴奋，因为离开或者怎样，都会比一成不变强。

有一天就在办公室给陈虻打了个电话，现在想想，当时并不清楚甚至不期待会有什么样的结果，只是觉得陈虻他们这群人不错，干的活也挺有意思。记得清楚的是，电话一通，他说："我就知道你要给我打电话了。"我问为什么？他说："正要找你呢。你来我这一下，咱见一面。"然后我们见了第二面，在北医大的研究生公寓，《生活空间》的办公地。

当时陈虻找我，根本不是让我做电视，他是想做一个叫"中国吉尼斯"的板块——现在想想，那时候《东方时空》什么都想干，什么都能想。那时，我才知道《生活空间》还有一个子栏目，叫《奇绝大观》，专门拍那些罕见的功夫、奇怪的人，比如用针能把玻璃扎透，用肚皮能把卡车拉动之类的。陈虻觉得这种节目会非常有收视，他说国外这种吉尼斯的活动有些是由媒体组织的。他问我能不能来帮他组织，因为他留意到那次博览会上，我负责的部分有十几场演出，只带了三个同样年轻的人。那时候确实还挺自豪的，国内第一次这样大规模的个展嘛。陈虻觉得我们特别有效率，他说电视台没人组织活动，让我来帮他做这个事。

这是我去电视台最早的动因。就我的目的而言，其实当时跟新闻没关系，跟纪录片也没关系。当时我很着迷组织活动，崇拜的人是尤伯罗斯，1984年美国奥运会组委会主席。他把一个运动会变成那么多人愿意参与、还能赚钱的事，我觉得这个人很牛。

问：这是什么时候？你就因为他的一个提议就去了？

李伦：我记得是1993年夏天，具体时间记不住了。当时心里的想法是，反正单位也没有太大劲了，电视台总比我们这好——电视台嘛，年轻人，似乎还是有某种虚荣。还有就是想学一种具体的技术，想学一点手艺。因为我是学服装工程的，那时候成衣生产，流水线都是日本人设计的，每一道工序已经精确到秒，甚至几分之一秒。我们学的东西，人家都已经快淘汰了。所以特别急于学一门技术，这也是一个心态。当时到电视台心里想的是，要能当上摄像也挺好，哪怕能当电工呢。

还有，那个年代毕业的学生，很多人有一种心态，就是要自己单干，都想学一种自己能够操纵的事情。其实组织活动也是，总觉得自己干也可以，当时老有这种想法。学技术也是这个思路，如果学了一门技术，就可以自己干。那个时候不像现在的学生，考虑毕业之后要去哪个机构，要符合某个格局中的一个位置，我们那时候更多的是想，自己想干什么。可能那时候竞争压力还没现在这么大吧，机会可能更多。所以就这样，很自然而然就到了电视台。

最开始做的工作，还跟以前在服装协会很类似。其实那时候我还没有脱离那个协会，只是兼职帮他们干，帮他们联系服装设计师。后来陈虻说，你别那么兼职干了，你还是过来吧，这样咱能把吉尼斯那个事启动起来。我就过来了。

他创造一个扬善的环境，你自然会抑恶、自律

问：当时你怎么报选题？

李伦：找陈虻报题，有的选题陈虻连问都不问，因为可能熟了，他一听，行，去吧。有的他会没完没了地说，感觉他就是不放心你，要说清楚。做了一段时间，我们相对做得成熟一点了，有些选题就不一定非得要那么讨论了，而且很多选题是要到当地去才能发现价值，而且更多的会依赖编导个人的判断。我后来当了制片人，对这样的决策过程才有了更深的认识，其实，在栏目的选题基本标准确立了后，对某个选题是否开拍，陈虻判断的是编导，你这个人有没有接近、呈现、思考那个“故事”的能力。

问：报选题的同时也要报预算吗？

李伦：《生活空间》这点特别好，一直实报实销，没有说你一定要花多少钱，不一定花多少钱或者怎么样，我觉得我们当时得到了一种信任。《生活空间》建立了这样一种氛围，他尊重你，你自己掂量着办吧。你说这里头有没有报黑账的？也难免，有时候多报一点，人性一时的软弱。因为《生活空间》作品的精神气质是要追求对人的尊重，所以我觉得陈虻在整个管理中，在与员工打交道的方式上，都是一脉相承的。他尊重你，相信你，也容忍人性的不完美。但他倡导鼓励那些善良的品质和行为，也相信善的力量，他创造一个扬善的环境，你自然而然会抑恶、自律。当然，

这跟他最初选择什么人加入团队也很有关系，所以我们没有为这个事情为难。

问：我记得陈虻自己说过，他就一个原则，你敢填，我就敢签。

李伦：这挺好的，这个习惯一直保留到我现在，我管栏目都是这样。预算只是个基本标准，重要的是你要建立一个“工作即创作”的信条，而真正的创作，意味着交付灵魂。如果你都不相信导演的人品的话，那你还能相信他的作品吗？所以预算对于这样的创作型团队，不是个难题。

问：好，选题有了，钱有了，然后作为编导，就要找摄影了，你当时是怎么弄的？

李伦：《生活空间》有个特别的地方，就是摄影很强，编导年轻。所以我们找摄影，就得求人家，你给我拍一个吧。记得有次求老毕（毕鉴锋）给我拍一个《奇绝大观》——按理说是没有资格要求老毕去拍《奇绝大观》的，因为人家是要拍《讲述老百姓自己的故事》的。但那次，正好老毕休息轮空，他真的帮我拍了。不但他帮我拍了，后来中间没空，他又让晓旻也帮我拍。我就觉得那些天，得到了一种特别的，怎么说呢，优待。

其实《生活空间》很多的编导都是摄影教出来的，真是这样。我跟杨林合作挺多的——到现场之后，编导决定拍什么，拍哪场戏不拍哪场戏，但真正进入拍摄之后，摄影说了算，他决定拍什么，不拍什么。杨林总跟我说一句话：“你放心，拍出来的，你回去看，比你现场看的好。”后来我回去看素材才明白，画框框住的生活，是一种放大和选择，它提供了一种认识。没有经验的导演在现场看不出来，拍摄对象脸上有细节，但你没注意，可能在看旁边的灯，你脑袋想着别的事。而摄影，有经验的摄影，他非常知道，他时刻关注着到底发生了什么，哪些现象是接近本质的细节，而这些细节怎么去解释。这也是《生活空间》的影像比较强的一个原因。

问：有一种说法，就是摄影特别牛，但他们通常是跟女编导合作，男编导感觉很难请动他们。

李伦：也没有那么难吧，没觉得那么难。确实有几个固定的组合，但是从我后来管理栏目的经验看，拍纪录片固定组合真不是坏事，因为编导和摄影之间的默契非常非常重要，就是这么个规律。你说有没有性别上的障碍？那人性都有弱点吧（笑）。

问：摄影这么强，他会压迫导演吗？

李伦：会有很多争论，重要的可能不是说谁要强迫谁去接受什么，而是在这个创作团队中，彼此都愿意为这个片子负责，这才是特别重要的。如果一个摄影，你说什么我拍什么，我觉得那可能更要命。换句话说，如果一个编导跟摄影说，你想拍什么就拍什么吧，估计这个团队就完了。恰恰是那种摄影和编导有强烈冲突，而且是为业务冲突，说明了创作已经上了一个台阶。可能要解决的问题，不是平息他们的争论，而是辨析谁更有道理。碰撞之后的结果可能是更棒的，所以这不必担忧。

问：讲讲你审片的经历吧，你自己的经历和你看见的别人审片的情况。

李伦：《生活空间》审片是蛮残酷的一件事。我们经常会揣度，这个时候拿出来审是不是合适。比如说看陈虻进办公室之后什么脸色，如果他来的时候就不高兴，那今天不审了。或者看今天谁审，前面两片子审得特别好，陈虻很高兴，我再凑合一个。但是，前面的片子也不能太好，太好了，我这个这么烂，肯定会被骂得更狠。

《生活空间》审片最大的特点就是大家在那能够畅所欲言，会比较不留情面。就事论事，我觉得这种文化挺好的，但是现在想想也有好多不合适的地方，我只能说我自己的感觉。

有一次陆芸芸审片子，陈虻看完，就问我们怎么样，记得我当时就大放厥词说了一堆废话，后来陆芸芸都哭了。但是那时不会觉得怎样，自己都习惯了。后来想想，其实那时候可能只是为了表达自己，并没有真正去体会她的片子。我们都希望在陈虻面前表现，还是人性的弱点，可能无意间就伤害了别人。我之所以有这个反思，并不是对陆芸芸愧疚——后来我们俩很好，估计她早忘了这事儿，而是我后来去做制片人，自己审片子的时候才发现，原来是这样的。这样对业务也许有好的一面，但是可能也会有伤害。

审片时候也有好玩儿的事，我经常这么干——发现片子不行，就找几个关系不错的哥们儿，兄弟姐妹们今天待会儿看片了，多帮忙。我记得有一次，我忘了看谁的片子，看完了之后我们大家都说好，陈虻都愣了："怎么回事？我怎么没看出好呢？"

当时所有对事对人的评价，特别好的是什么呢？就是整个《东方时空》都是一个业务为上的团队，我们远离权力，或者说对权力几乎没有预期，因为《东方时空》的出身，我们总有一种体制外的边缘感。而当它的权力通道打开的时候——并且还是这个体制提供的，几乎是唯一的，个人生活境遇、事业成就、荣誉尊严上升的通道时——那时候，在考虑创作之外，我们也要考虑我们的人生了。是不是一辈子要拍片子？是不是一辈子做制片人？是不是一辈子在这样的一个位置？等等。这样的纠结，渗透到工作里，该说什么，不该说什么，该做什么，不该做什么，就增加了另外一个参照系。我们必须面对，这就是成长吧。

有那样的精神世界，一定会产生那样的精神产品

问：年会你自己表演过吗？

李伦：年会没有自己表演过节目。年会我的贡献可能跟《粮食》有点关系。《粮食》最早的创意好像是老毕，或是樊馨蔓出的主意，他们挑中了这部片子，然后开始篡改配音。特别好玩儿，没有剧本，故事就是老毕临时说，分配一下角色，大概说了个怎么回事。于是有了崔永元的儿子崔椭圆，李媛媛的儿子李三角，孙玉胜的儿子孙玉败…… 每一句台词都在机房里头现编，谁路过配音间，就临时拉来配某个角色。我技术好，就坐老毕旁边操机。记得我想出了那句，“你沈阳的敢打北京的，临时的敢打正式的”。那时候正好在讨论招聘，我又是家在北京，大家经常会无意说到“你们北京的体会不到我们外地来的生活”，我会想到这个。

问：那句很经典。

李伦：都是在那聊着聊着碰撞出来的。好像做了几个晚上，但是整个的过程很顺，觉得很好玩儿。当时在年会上面很轰动，放了两遍。那一届年会特别好，有《粮食》，还有一个特别棒的是“假”《焦点访谈》，《实话实说》组做的。他们在去年会会场九华山庄的路上，化装成警察，截住几个主任和主持人的车，假装检查。有一个细节，就是检查出陈虻车里的礼品玩具，后备箱打开后，陈虻特老实地说，这都是朋友送的。然后假扮成警察的海啸问他：这是不是都是人家送的礼，受的贿啊？陈虻都结巴了。

那个时候，可能是《东方时空》文化特别自由和开放的一个时期，大家不会顾忌玩笑，不用拿捏分寸。这背后其实就是信任，一种志同道合的踏实。在那个组织里，在那个团队里，成员之间就无需揣度。玩儿的时候就是为了高兴。有那样的精神世界，一定会产生那样的精神产品，就是这样。

问：1000 期的那次庆典你是不是

也参加了？讲讲你的经历。

李伦：我们就在底下跟着起哄，那次印象最深的是，陈耀文拿着他那个汉显的呼机，说这是有人发给他的威胁短信。那时候我们觉得，《焦点时刻》真牛，他们是舆论监督的英雄。我们顶多被称作是搞点小艺术，多少有心里落差。

但是我觉得陈虻很坚定，这点也对团队非常重要。就是我们没有被一种价值所笼罩，我不是说舆论监督或者说新闻不好，非常好。但是会有分工，那样也好，我们自己做得也有价值。那个时候《东方时空》整个氛围非常好，《东方之子》也有自己的价值观，大家都知道每个栏目自己的价值，彼此欣赏尊重，但也不会因为别人迷失自己。

插一句，1000期之后《东方时空》没有了《音乐电视》。从当时看，是《东方时空》的新闻企图开始更明确了，换一个角度讲，也是新闻理想长大了，挤掉了《音乐电视》的空间。如果是做早间节目、生活杂志的话，《音乐电视》很好，有它是一个丰富的组合，不过，当时《东方时空》选择了做新闻杂志。

从大的战略上来讲，90年代的中国，可能更需要的是新闻的力量，媒体人会更自觉地往这方面去做，那也是社会最缺失的东西。应该说是更需要勇气和眼光的取舍。放弃《音乐电视》，当年的决策者肯定也有断腕之痛。

《音乐电视》如果长大也会非常棒，整个中国的MTV，这种艺术类别是从它那时起被普及化的。所以，在十几年前，失去它的时候，偶尔也会想，我们可能变得更有力量了，但可能也变得不那么丰富了。这里没有对错，它就是一个选择吧，时代的选择。

问：有人说《生活空间》就像一个班集体，总有几个人比较耀眼，有几个人比较沉默。你眼中的同事是什么样的？

李伦：从性格上而言，鄢蔓肯定是一个快乐的中心。反正有鄢蔓在办公室的时候，我们就会觉得气氛轻松一点，陈虻也不会老绷着，很多都被她给消解了。鄢蔓非常聪明，对人的感知力极其敏感，也有她自己的影像风格，但是鄢蔓看上去确实不是用功的那种，就是林老师（林旭东）评价她的那句话：挥霍她的天赋。我记得林老师在办公室说过一句话，说我们有的人，前脚还在跟拍摄对象在哭，转脸她就到大街上去购物去了，我猜说的有鄢蔓，但在《生活空间》林老师其实最欣赏鄢蔓。

我觉得纪录片创作的一个很重要的高下之分，还是去发现为什么存在。纪录片关心人和人的存在，所谓“关心”，

“那时，整个《东方时空》都是一个业务为上的团队，我们远离权力，或者说对权力几乎没有预期，因为《东方时空》的出身，我们总有一种体制外的边缘感。”图为《生活空间》采访现场（摄于1995年。左起：耿直、李伦、吴帆）。

《生活空间》全家福（摄于1994年）。前排左起：郭佳、高伟、倪俊、鄢蔓、席韦、耿直、海天、李晓旻、杨林、樊馨蔓；二排左起：邓蕾、彭丽、程勇、孙华拉、陈坚、李平、刘鸿彦、鹿敏、高昕、陈骞、程文斌；后排左起：陈虻、林宏、叶庆华、唐晨光、牛向方、毕剑锋、王亚林、李伦。

一定包含解释，解释为什么会有这样的存在。对这个存在的解释程度，我觉得是纪录片所谓思想性或者深刻与否的一个重要指标。当然有的片子，可能它不是以严肃的形式去回答这个问题，但是它一定都有这样的努力，就是不光在纪录，不光在展示，暗含也好，直述也好，都在回答一个问题，就是存在的原因到底是什么。

至于呈现风格，可能这跟大家的性格和创作的思路有关系，樊馨蔓的表达是会让你陷进她的世界里，刘鸿彦写实中有种犀利，鄢蔓则举重若轻，加上诙谐，但都有一种因深刻而产生的力量感。郭佳比较有稳重感，因为她的性格就是这样，是一定要把一个事想明白的人。

问：倪俊呢？

李伦：倪俊特别有江南才子的气质，有自己的世界。印象比较深的是《马桶工》那个片子，还有后来他做的实验。在那个时候他就做真实再现了，《生死30秒》，我至今还认为他的思路非常好，他不是简单的具象再现。所谓不是具象的，就是为观众打开思维空间和想象空间的一种设计，而我们看到的“真实再现”往往是做“限定”，当你做限定的时候，理论上讲，你永远是简陋的，永远不如人的想象，因为你不可能满足所有人的想象。我们只是想图解一下，解决我们拍不到的遗憾，而不是创造一个想象的机会，打开可能的丰富性，所以我们只规定一个“僵尸”，我觉得那是背道而驰的事。

问：老毕呢？讲讲老毕。

李伦：老毕呀，老毕是一个恋物癖，我印象比较深的是他的打火机，永远爱收藏打火机。老毕有好多那种古老的小玩意，他突然有一天会戴一块表，说这块表是什么一九几几年的。创作上，老毕对人性刻画的兴趣，会大于对外化的一些器物性或者一些规矩性的事情。创作上更“原教旨主义”。开会时他会强调纪录片的种种，但片子总是有遗憾的。所以我们愿意在老先生不在的时候请陈虻审片子。

问：对鹿敏应该印象深吧？

李伦：对，对鹿敏印象特别深。她特别踏实，鹿敏是那种很沉静的，我觉得她是顶级的纪录片导演，因为她能沉浸进生活，而且她能够排除掉我们的很多世俗逻辑。她在认识人、认识事物，或接触选题的时候，有一种朴素感。这个可能对成熟的导演特别难得——我们常见到两种人，一种是有很强大的思考能力和知识储备，但是感知力不好，他几乎介入不了生活，基本上是按他自己固有的认识，去拼凑一次所谓证据；还有一种是他可以顺畅地进入被拍摄者的生活，但琐碎，陷于琐碎，然后跳不出来。鹿敏既有介入的亲和力，又有认识上的朴素感，进去还能跳出来，这个功力特别厉害。所以她会拍出《大凤小凤》，会拍出《正风剧社》，这都是《生活空间》特别棒的作品。

鹿敏很腼腆，甚至看上去可能不够自信，但她的气质其实挺影响我的，我后来在选编导的时候，特别注意这样的人，他们可能很多时间很闷，但创作时他们会把所有积压全释放出来。偏激一点说，由她我甚至怀疑那种特别自信的人，尤其不太相信特别自信的人能做好记者。因为当记者对这个世界有某种谦卑的时候，或者不自信的时候，他会不断地反省，反省自己的认识。编导对人性的认识能力，往往就是自我反省的能力。不断地反省就会创造一种机会，从一个看似完整的逻辑中脱离出去的机会，突然就逃跑了，跑出去时，往往就是他创作的最好的火花。鹿敏就是这种人。

那个玻璃房子就那么大了，它已经长到了房顶

问：二十年后现在回过头来，你怎么看？

李伦：《东方时空》对中国电视新闻的贡献是毋庸置疑的，甚至对中国社会的改变都注定会被历史记载，它自身也一步步因此而演进成为最强悍的电视新闻制作机构。

整体我不敢说，因为我没有真正研究过，也没有这个资格。现在暂时性的感觉是，《东方时空》的两大精神基因“新闻理想”和“人文精神”中，人文精神，或者说对“人”的尊重和理解能力，保持得不够清晰。这可能是个问题，因为这部分所谓的素养也好，成果也好，它既没有中国新闻奖的犒赏，也没有民间意见的鼓励，既不是庙堂上的歌功颂德者，也不是江湖中揭黑惩腐的英雄，它完成的只是对人性的解释，对人的精神世界的关照。而这部分东西，是近二十年，当下社会特别缺少的媒体内容。为什么今天中国社会会出现那么多撕裂，那么多扭曲，很大程度上，是那么多残缺的精神、简陋的心灵所致。《东方时空》曾经有过修复这个问题的企图，它依靠的不是温情的情感故事，也不是隆重的道德教化，它是体贴的心灵启蒙、真诚的精神审视，它为人们提供的是认识自我、理解彼此的机会。在1995年的时候，我记得《读书》的一位主编就讲过什么是媒体对社会的当下价

值，其中肯定的就是《东方时空》这一点。这可能是一个媒体的底色性质的东西，但因为它藏于无形，可能会因为我们没有足够的强调，很容易就会渐渐地远离了，我觉得这是可惜的。

说回“新闻理想”，当我们怀抱着这份“崇高”，凌厉地使用着“新闻专业主义”的技术时，如果我们丢失了对“人”的尊重，又会怎样呢？我个人的体会是，自己是属于经历了“精神整容”的一代。人文精神或者说对人的尊重和理解力，对于我来说，是因为某种需要“用”而学习来的“工具”，是加装的“配件”。那么，这些非原生的“工具”、“配件”，自己是否能够记得实时随身携带呢？新闻的本质是当事人的生活，你我即是不同新闻中的人物，疏忽了对人的尊重与理解的新闻理想，往往会成为无源之水。这就不由得让人更想念《东方时空》那句出发时的口号，那句蕴涵着最为朴素的、对人的尊重的标语——真诚面对观众。

问：为什么会在1990年代出现《东方时空》，在那个时间点上，从历史的角度看，你怎么理解这个？

李伦：这个问题我问过一位老领导，为什么会有《东方时空》？他说，《东方时空》为什么辉煌，为什么会在那个时刻迸发出来，从大的环境来讲，被封闭了那么多年，突然打开一个口子，积蓄的能量爆发了，这是舆论环境。从体制环境上来讲，独立生长出一个可以支撑运行这种思想的机制，有孙台（孙玉胜）那样有胆识的人，抓住了那样的一个机遇。从社会的人才储备来讲，《东方时空》就像挖了一个坑，储备了那么多年的人才，像水，自然而然地流过来。

而对于《东方时空》的成长性，有件事情我印象很深，它听上去特别异想天开，但确实发生过。十多年前，有一次开会，让《东方时空》的员工提建议，记得有白岩松参加。有人提议要建一个《东方时空》的幼儿园，当时第一拨招聘进来的人已经有孩子了。然后忘了谁在会上说，那我们以后还得有小学，还得有中学，还得有大学。那哪行啊，我们一个部门，怎么可能负担得起？

当时我正好看了一本书，讲现代企业管理。按书上讲，生活服务配套，进而终生职业规划是合乎逻辑的，要求他有什么样的工作态度，就要给他什么样的生活方式。你可能真的需要，尤其是当社会不能提供很好的公共服务的时候。我当时被这个观点迷住了，如果让这些人的作品和他们的生活方式贴合起来，可能你需要做的是为他们建构一个独立的世界。当然，这是不可完成的任务，或者，这也预示了《东方时空》的宿命，它要求一个更完整的体系才能让它继续生长。我不知道这个比喻是否恰当：也许《东方时空》就像一棵玻璃房里的大树，虽然那房子为它挡不了多少风雨，但那个玻璃房子就那么大了，它能长多大？可能《东方时空》已经长到了玻璃房子的顶了，就是这样。

问：帮我梳理一下《生活空间》的历程吧。

李伦：其实《生活空间》最早有个《老百姓》板块，蒋樾、老毕、樊馨蔓他们为此拍摄了几个片子，后来被认为是“讲述老百姓自己的故事”的雏形。陈虻准确地发现了这部分的价值，并确立了《生活空间》的定位：讲述老百姓自己的故事。在后来的过程中，林旭东老师起了非常大的作用。他让《生活空间》、让陈虻更自信地认识了自身的价值，就是这个东西不但好看，还真是个有价值的东西，并且全世界有很多人在做这样的东西，我们叫它观察式纪录片也好，还是叫它什么也好。

我曾经想过，我们拍这些家长里短，人性的丑陋与善良，它是什么？它既不关乎国计民生，也不是传统意义上的服务节目，它只是对人的一种行为的记录和所谓精神的解释，那它是个“东西”吗？甚至那时还有人把它归于感情类的故事，后来好多人也这么叫。

我觉得林老师让我们清晰了，这就是关心人与人的存在的一种影视作品，它叫纪录片。纪录片的艺术创作空间是巨大的，它对社会的价值和意义也是不可替代的。陈虻的不断明确和坚定也是有个过程的，在我们开“首届北京国际纪录片研讨会”的时候，陈虻还在问李道明（台湾一位纪录片专家），说我们这个到底是个什么东西，李道明说，你太不自信了，你们这已经独树一帜了，而且，全世界很少有人可以把这种类型的纪录片栏目化播出，你们做到了，很厉害。

开始的路，我觉得这是一个找到方向和逐步自信的过程。

后来《生活空间》转型，我觉得与《东方时空》整体的转型有关系，就是《东方时空》从生活类的杂志变成了新闻类电视杂志。《生活空间》也要往新闻性转型，恰恰这个时候陈虻也对那种现实题材，跟整个社会背景相关的现实题材特别的偏爱。关注转型期的中国，是那一时期媒体的知识分子的一个取向。其实这个趣味与陈虻整体的精神诉求也非常相关，一直到他指导《纪事》的时候，为什么叫做“行进中的影像中国”呢？其实还是陈虻的那种关注转型期的中国的取向，这也是他最早的新闻趣味决定的。

至于长篇短篇，我觉得是电视形式的变化。其实总结《生活空间》更多的是总结陈虻的思想，陈虻去世之后，经过梳理大家也更多地认识到，《生活空间》提供了一个观察和介入生活、读解社会的方式和态度。这个东西我们叫纪实影像也好，叫人文视角也好，这样的东西对纪录片，对新闻的操作都是有滋养的，当然，如果它的价值能被有效地、准确地放大。

一周七天，几个选题拼图般地拼构着一个社会的模样，《生活空间》就是一个拼图的过程，你选错了，你记录的可能就是另外一个历史，所以作为制片人，陈虻会更谨慎。后来，几个多集的片子做的，我觉得也是紧密扣着陈虻说的那个“努力观察在飞速变化下的转型期中国”的大命题。

问：你以前持续关注一种状态，后来陈虻认识到仅仅关注状态不够了，还要关注当下变迁中的中国社会？

李伦：对。这个是陈虻说那句话的一个反映，就是“不要因为走得太远而忘记为什么出发”。我和陈虻交流过，他在加入《东方时空》的时候，内心是要做新闻的。但是他又是一个丰富的人，他被纪录片吸引，不知道他中间会不会犹豫。他跟我讲，他原来报过一个方案就是要做调查，后来陈虻说办了《新闻调查》，没让他去，他似乎还有几分遗憾。当纪录片某种程度上达到了他的艺术追求之后，我觉得他又回到了新闻思路上。在题材的选择上，必然是现实题材和当下价值。

陈虻，想他是在安静下来以后

问：据我所知，你和陈虻关系特别好，而且也特别尊敬他，讲一讲和陈虻的故事。

李伦：跟陈虻认识，刚才说了其实也挺偶然的。在组里打了很长时间的杂，因为什么也不会，甚至以为录像带和录音带一样，两面都能用呢。陈虻对实习的人并不是很关心，至少不会表现出很关心，但我觉得他给了你一个特别坚强的生存逻辑。后来我总对实习生说，实习生就是墙角里的蘑菇，进来之后，可能把你扔到墙角，然后大家都会往上拨脏水，扔垃圾，你要干最苦最累的活儿。直到有一天，那堆垃圾上长出一个蘑菇，制片人路过，这个蘑菇好啊，就把你摘走了。所以对初来乍到的人、实习的人来讲，你要正视这个现实，没有人应该把你放到桌上来。我觉得陈虻没有对我们进行那种呵护式的关照，但是他给了你一个很强大的内心，你能正视这件事。我知道他有一双眼睛在看着我，陈虻是这样的制片人，虽然他会把你扫到墙角，但是他会每天看一眼那里长出什么了没有。

有段时间，因为手生片子做不好，陈虻老批评我。记得有一次我把他拉到小会客室，我说陈虻我得跟你谈谈，我真受不了了。我说我原来在单位也做得不错，我怎么到这儿就什么都不会了，你得给我时间，给我机会，你天天这样，我都没有自信了，我不能没有自信。陈虻很平静地说，好好，那以后我少批评你，走了。跟他说完以后，确实好了一些，不然的话，陈虻说话太损了，基本上每天都可以让你自杀一次的那种。

问：他会怎么批评人？

李伦：典故很多，比如，他会对编导说，什么时候你衣服穿对了，你的片子才能做好。当然，他们很熟了，不过我第一次在旁边听着，还是觉得很人格攻击。或者看完你的片子之后，他会突然甩出一句，你多长时间没看书了？这当着大家会让人很挂不住。他不像时间那个风格，时间直接骂你，陈虻是“你多长时间没看书了”，“能告诉我你最后看的一本书的书名吗？”更摧残人。

问：海天就说，他每挨一次骂就记一次，他记了一个本。后来去东北搞活动的时候，海天把那个本拿出来给陈虻念。

李伦：太厉害了。但是，我确信今天他会想念那些日子。

问：对陈虻骂你印象特别深的话是什么？

李伦：好像语言上还没有什么特别的，但是我会很深刻地记着一种心理感受，就是我有一阵片子做不好的时候，我不敢申请经费出差，出差回来不敢报账，我都让摄像去。我不知道为什么那么怕他，可能确实做得不好，形成一种心理压力，然后会觉得我的生活整个犯了错误，不然我也不会去找他谈话。

问：后来有所改变？

李伦：对，直到你自己做片子得到了肯定，恢复了自信，你才知道你会跟他正常地交流，这是很残酷的训练过程。但是，后来我自己做了制片人，觉得还是挺有用的，因为一个年轻人的成长，还是需要很多很凌厉的东西来刺激你。而且，其实陈虻给我们营造的是那样一个氛围，就是在业务上，在工作上，在能力上会非常苛刻你，但是你是有安全感的，你有一种心理上的安全感。这种安全感是你不怀疑你的职业，你不怀疑你跟随的这个方向，也不怀疑你的这个理想有一天会实现。

问：他给你形成了巨大的压力吗？

李伦：有，至少我有。没法评判这个东西是对还是错，更人性一点的方法应该有，尤其是到了今天，面对着80后、90后。但是你知道，我们面对的工作确实是一个你必须付出身心的工作，是你必须用你的生命经历，你的心灵，自己用刀片来割自己的思考，这样你才能完成的一个创作。所以这个训练就变得似乎有道理了，它不是在训练一个熟练工作，不是在训练一个做重复性的工作的一个人。

他要求的就是你要有足够的心理压力才有足够的自我反省力，这样，有一天你才会有认识世界和人性的能力。《生活空间》后来走过一些人，也走过特别有才华的人。当时我还跟陈虻讨论过，问他为什么？陈虻说决定人的是性格，他吃不了这个苦，他也走不到那一天，他干别的可能会很出色，但是他干不了这个活，印象当中他有这样的话。

问：《生活空间》走人的标准是什么？

李伦：《生活空间》其实好像没有开除过谁，没有说这人必须离开。很多是自己觉得干不下去了，就走了。你拿不出像样的作品，不光让陈虻不满意，老是达不到这个栏目大家公认的一个标准，自然就走了。

问：陈虻葬礼你去参加了吗？

李伦：我去了。那些天基本上忙于事务，一些程序上的事，还有他家人的情绪。葬礼上的那几个小时，那种关于生和死的时刻，对我来讲却充满着琐碎、紧凑的日常性，几乎没有细想这是一个什么样的时刻，也不去感觉。对陈虻，开始想他，是后来安静下来之后。从他病后到葬礼，自己工作也忙，而他的病变化得特别快，都是解决问题，可能我也不是那种性格的人，不愿让自己很沉溺在一个情绪里，比较不想那样。

鄢蔓访谈

一条挺好的接触社会的路

鄢蔓，1992 年毕业于中央戏剧学院戏剧文学系。1993—1998 年任《生活空间》栏目编导，1998 年参与《东方时空》改版，将《生活空间》改版为《百姓故事》。1999 年参加澳门回归特别报道，2000 年任《直播中国》栏目导演。2012 年，担任"神九"直播执行总导演和总策划，现任中央电视台地方记者部直播组策划。

为了爱情，义无反顾地来到了北京

问：你是什么时候听说《生活空间》的？

鄢蔓：我 1992 年从中央戏剧学院毕业，之后就分回了重庆电视台。我是 8 月回去的，10 月我就待不住了，因为我有个男朋友在北京，是我的大学同学，我就为了爱情，义无反顾地来到了北京。

来了以后天天和一堆同学在一块玩儿，那个时候大家都特别贪玩。当时带着我玩儿的人主要就是蒋樾，他带我去看电影，去参加牟森的戏剧排练。他特别喜欢纪录片，大概是 1993 年 5 月底，他拍纪录片没有钱的时候，就接好多零活来维持拍摄。这个时候，他接到了一单活，就是每个星期给《生活空间》拍一个纪录片——第二任制片人卢望平是他的好朋友，一个片子可以挣 600 块钱。然后他就说，你来帮我干点事吧。我就说那我会干什么呢？在这之前我对电视的接触是拍电视剧，因为我爸爸是电视剧导演。

像他那样拿着一个机器一拍就是很长时间，最后出来一个什么东西我一点概念都没有。当时就觉得反正待着也没事，跟他一块玩挺好玩的，就去了。去了之后我记得开了一个会，说《生活空间》定位的困局。蒋樾说他也不知道怎么弄，但是他知道每个星期要做一个纪录片，当时蒋樾就做了那个《东方三侠》。我知道《生活空间》应该就是1993年的5月中旬。后来蒋樾再拍片子的时候，就让我去给他找线索。

后来卢望平想多要点，蒋樾就问我想不想做，我说我不会，他说我带着你。我当时给《生活空间》做的第一个片子叫《红火的第五乐章》，这名字还是蒋樾起的。讲三个音乐发烧友，有一个人挺有钱，有一个人住在贫民窟里，但是他们都对音乐爱得特别执著。这个片子播完了以后卢望平跟我说，当时的台长，杨台长特别喜欢。这个时候《东方时空》要招人，卢望平就请蒋樾去，蒋樾说他不可能去，因为他心系纪录片，需要很多业余时间干自己的事。蒋樾就跟我说，你待着也没事，你干嘛不上班呢？我想想也是，干嘛不上班呢？当时说一个月可以给我们600块钱，在1993年还是很多的。然后我就说，那好那好，我就去上班了。当时其实对上班没有概念，只知道一个月完成多少片子，这个片子随便拍什么都可以，没有明确的界定。

问：上班第一天怎么样？

鄢蔓：上班第一天特别有意思。蒋樾带我去的，我问他我要做什么，他说你不用做什么，你跟着我去就行了。他带我去了那个北医大的大公寓，跟我想象的单位完全不是一个概念。有这么几间破房子，有两间房里面是铺着床的，另外有两间架着机器，用来编片子。在这之前给他们做片子都没有固定的机房，包括做《红火的第五乐章》都是在林业部的机房。当时我毕业在艺术院校，可能穿着打扮会夸张一点，我记得我戴了一个小脚铃铛，上班的时候那个小脚铃铛就当当一直响。

当时我自己没有感觉，后来我到《生活空间》的第一个搭档孙吉，他跟我说第一次见我的情景：老远就听见有一个叮叮当当像个小狗走过来的声音，他觉得很奇怪，出来一看，看见一个女孩；蒋樾在编片子，我趴在蒋樾的肩上，很随意的样子，他就想说，这女孩干嘛的，跟蒋樾是什么关系。所以可能上班的时候我给人留下的印象就是小脚铃铛走来走去。

问：去了以后，你遇到的第一个

挑战是什么？当时有没有感觉到工作的压力？

鄢蔓：第一次是去联系采访对象，这个特别有意思。当时我们《生活空间》的定位是做服务信息，什么新潮你就做什么。当时我看到周围很多同学都戴特别漂亮的时尚表。我就说可以做现在流行的时尚表，其实就是一条短新闻。我的搭档孙吉说，那你得联系，我们去采访谁。那会儿我老去隆福寺玩儿，隆福大厦旁边有一个挺奇怪的溜溜细细的小店，里面就卖时尚表，我说我们可以去那采访。孙吉说我们怎么去采访？我说拿着机器去就行了。孙吉说，那人家不让我们采访怎么办？你应该先去联系。

我怎么让对方相信我是中央电视台的呢？我就去问卢望平，卢望平说，我们什么都没有，没有任何东西证明你的身份。我想了半天，要是人家拒绝我怎么办？怎么也得证明一下我是中央电视台的啊。卢望平掏出自己的名片说，你就拿这个名片去。我记得特别清楚，我是坐面的去的隆福寺，好像12块钱。去了以后，我就跟老板说，你贵姓啊，他说我姓孙啊。我说，我觉得你这儿卖的手表和首饰都特别好看，我可不可以采访你？那个时候老百姓对采访这个事还是很陌生的。他说这个有什么好采访的，我说我采访你了，就相当于给你做广告了，大家都可以到你这来买。那个老头想了一下说，那我怎么能相信你是中央电视台的？我就赶紧掏出了卢望平的名片。那个老头就看着我说，这个人是你吗？我说不是我，是我的领导。他说又不是你，让你的领导来。我说我也不会骗你，我拿这个就是证明我的身份，到时候播出来了你就知道了。那个老头也挺好的，真的，我永远记得他。他说行，那你明天来吧。第二天我就跟孙吉去采访他了。播出来了，老头挺高兴的。我觉得要是现在再用这样的方式去采访，人家肯定认为你是骗子。

在那儿工作我很自豪，一部分是源于我的内心，一部分来自于观众

问：后来陈虻来了，怎么调整的《生活空间》的节目类型？

鄢蔓：卢望平做制片人的时候，节目是7分钟一个，周末的时候播老百姓的故事。陈虻来了，他首先就很明确，说前面一分钟，我要做一个子栏目叫《走天下》，比如说拍故宫，介绍故宫里这个玩儿的。接着我再拿两分钟三分钟，做一个板块叫《红地毯》，然后再拿一个四分半钟来做老百姓的故事，叫《老百姓》，当时是郭佳做这个。1993年

的 11 月份，全都改成做老百姓的故事。

我拍完这个手表的事以后，第二个片子是我在《北京晚报》上看到的一条消息，说有一个老头住在什刹海边，他特别孝敬自己的妈妈，每天骑着三轮车带着妈妈到处溜达。为了让妈妈坐得更舒服，他就把三轮车装饰得特别豪华，还有音响，两边又是雕龙画柱的。我觉得这事特别好玩儿，所以我也去联系，然后带着孙吉去拍了这个故事，起名叫《自得其乐京城人》，后来杨台长特别喜欢。后来我们陆陆续续地都无意识地拍了一些，尤其是蒋樾，拍了一些关于普通老百姓的日常生活。看似普通，但是又有情趣，又能反映当时的老百姓，尤其是北京的老百姓的生活。呈现北京老百姓那种特别乐观的状态的片子，大家都觉得挺好的。所以陈虻确定这三个子栏目的时候，专门确定了这块。

当时他让我去做所谓的《红地毯》。《红地毯》就是报道哪个电影开机了，哪个话剧在排，还包括体育信息。我就跟老毕（毕鉴锋）采访姜文，拍《阳光灿烂的日子》。当时到那以后还碰到了乔艳琳，他们《东方之子》也在采访姜文。人家的定位特别明确，而我们的定位是特别模糊的。我就问陈虻我们拍什么，陈虻说你就去拍吃开机饭。他让我做这个也是因为我是戏剧学院毕业的，我有好多文艺圈的朋友。到最后确定节目内容全都讲老百姓的故事。之前，我拍了各种简讯，包括今天有一个什么特别有名的画展，因为当时的北京这种东西挺多的。

问：陈虻来了以后，你们的生活发生了一些什么变化？

鄢蔓：渐渐地，我们从这种很松散的剧组的感觉，变得很像单位了。首先就是陈虻在电教中心那边弄了一层楼，弄了一个特别大的办公室。在办公室中间，拼起了一张大桌子，至少有开会的地方了，这是第一块。第二块，他为了这个栏目的建设，特别地用心，又焦虑，他很希望找到一个明确的定位。让我们觉得，原来的剧组有可能有，有可能没，现在变成了我们得让它有，而且得让它更好。所以当时大家的那个劲儿都是特别认真地做节目。之后他就盘算工作量，人员有多少，人员怎么分配。至少像我，那会儿做《红地毯》应该是一星期要出两个节目。

问：全部做老百姓的故事这个过程是怎么一下改过来的，具体过程你还有印象吗？

鄢蔓：我印象中陈虻特别焦虑，不停地去台里开会，不停地问，我们确定

鄢蔓：拍片子让我最高兴的是，总能认识许多可爱的老百姓（摄于 1996 年）。

了这几块，哪块更好，哪块可以放大。直到有一次，时间他们去重庆拍《东方之子》，拍了一个裁缝的故事。我爸爸在重庆电视台，跟时间他们吃饭时聊了聊都拍了什么。后来我爸爸跟我打电话的时候说到这事。我记得第二天跟陈虻聊的时候，我就说，你看《东方之子》的定位特别准确，他们就做人，不但做了所谓的高端人物，人家也开始拍老百姓，小裁缝的故事，只要他有这种值得记录的东西。后来我个人觉得这个话挺打动陈虻的，如果《东方之子》再把这块也占掉了，我们老百姓的这块子栏目也不可能存在了。

后来他决定要把老百姓这块放大，所以他当时就找我，还有郭佳，还有我们后来走了的一个编导叫葛永莉，让我们都回家去想，想一句我们的标准定位。第二天他就问我们想出来没有，我们都说想不出来。然后过了两天，他特别兴奋，跟我说，鄢蔓我想出来了，我就要叫“讲述老百姓自己的故事”，你们觉得怎么样？我觉得这句话特别打动我，问了好多人，大家都说挺好的。他是一个挺强的行动派，马上用自己私人的关系去找王刚，就把这句话做出来了。

问：当时《生活空间》又吸纳了很多人，他们是怎么来到这里的？

鄢蔓：当时陈虻要招人，说你们觉得好的人，都要给我吸纳过来。我当时跟老毕去出差，去了我大学里最好的一个同学那儿。我们俩就像姐弟一样，他叫倪俊，现在是十二套一个节目的制片人。当时他在苏州电视台，他就帮我找选题，找了五个。我就跟陈虻说，我有五个选题，值不值得去。陈虻说，值得去，值得去。然后我就跟老毕一起去了苏州，拍了好几个节目。拍的过程当中，倪俊在苏州电视台配合我，都挺开心的。

我就跟他讲，你应该跟我去北京，他说我去北京干什么？我觉得这挺好的，安逸。我就跟他讲，我都看到了你老了的时候，一个幸福的南方小老头，没见过什么世面的南方小老头的样子。你会在三年的时间，把你三十年的日子全部过完：稳定的工作，找一个老婆，结婚生孩子。这个事情其实可以用三十年的时间来做，没必要在三年内把它全部做完。你可以给自己三五年的时间，去看看，不说看世界，去看看全国其他地方是什么样子，去接触更多的人，其他的生活可以晚一些时候再来过，那个也是没有影响的。他说那我想想。然后我回到北京。好像过了两三个月，他就给我打了电话，说，我要去北京，我觉得你说得特别对，我已经过了一年了，还有两年，我的三十年就过完了。他说我不要过那样的生活。他电话里还跟我说，我没地方住怎么办？我说你住我的房子。因为那时候我已经又开始了一段感情生活，有地方住。1994年，他就来了，接管了陈虻在大公寓给我安排的宿舍。

我们就是用这样的方法招人的。陈虻给我们很多人都在大公寓租了房子。后来刘鸿彦、樊馨蔓等等很多人就来了。我们所有的人，不光是《生活空间》，我相信还包括《东方时空》其他栏目的人，都为能在这样的集体里工作而骄傲。我们也没想过未来会怎么样，因为每个人都是临时工，没有想过会在北京到底能过上一个什么样的生活，会不会有房子？会不会有车子？都没有想过，反正我没想。我想的就是我喜欢做这件事，我要把它做好。

我记得特别清楚，1994年底我回到重庆，当时我的关系还在重庆电视台，重庆电视台也准备让我回去弄一些节目。我就跟台领导，也是我的邻居聊天。他就问我，他特别不可理解，你们没有几个北京人，都是外地去的，为什么你们要在那儿，而且那么死心塌地工作？后来我就讲，我说在那儿工作我很自豪。这个自豪对我自己来说，一部分是源于我的内心，一部分来自于观众。

那个时候我们会接到很多观众的信和电话。我就接到过一个电话，特别逗，说我就是要找你，我说你找我干嘛，你知道我是谁吗？他说我不知道你是谁，但是我知道你的声音，那个沙哑的、普通话说不准的声音。我就是要问你，为什么最近电视上都听不到你的声音了，你干嘛去了，出什么事了？还会有人给你写信，说你哪个节目特别感人，他身边还有什么样的事情。

后来1000期的时候在北京展览馆有一个活动，特别特别轰动。当时没有想到自己的工作有那么多人认可，真是人山人海。在这之前，我说的那个自豪感来源于信，来源于陌生观众的电话。但是没有那么一大股力量集体呈现在你面前，那么沸腾。逮着一个人，观众都会说，你是不是那个谁，你给我签个名。我不知道是不是现在只有明星才有这样的待遇，可是那个时候我们享受到了。那个时候年轻，其实是很需要别人对你的肯定，而这种陌生人的肯定会让你特别骄傲，就会成为一个很好的良性循环。

我要拍大时代底下的人

问：在那个阶段，在你采访做片子的过程中，你有哪些比较经典的作品？

鄢蔓：其实到现在我都不觉得我有经典的片子，我自己在《生活空间》拍片子的创作经历了三个过程。第一过程是，我完全不知道如何用影像来完成一个故事，我可以写，我可以有电视剧分镜头的概念，但是我不知道为什么这些镜头要这样组接，组接在一起可以表现这样一句话。这个是我最开始建立的第一个东西，就是概念。蒋樾帮助我，孙吉也帮助我。为什么我一直说陈虻对我们很宽容？现在再把那会儿的片子弄出来看，肯定编得乱七八糟，但是他就觉得挺好——我记得特别清楚，1993 年的时候，我回了一趟重庆，跟孙吉拍了一个片子，其中拍了一个重庆的茶馆，茶馆里唱川剧，我让唱剧的那个人在那儿唱，川剧高腔的那个声音一直延续，转成了下一个场景。陈虻审这个片子的时候说，妹子你太棒了，你都懂声音蒙太奇。这个是第一阶段，只要你找的选题好，堆起来就完事。

到了第二阶段，就是要做老百姓的故事，这个就可能跟我的戏剧专业功底有很大的关系。因为学戏剧，我们做大戏之前的第一步是要做小品。那个小品就是在很短的时间里，要表现这个人物的极致情感。其实关于老百姓的东西，我觉得纯粹的纪录态是不好看的，你应该在 7 分钟里还有事，从事当中反映出他的七情六欲。我觉得我的压力可能在当时来说不是很大，因为我目标不那么远大。我找到一个很轻巧的，可以借鉴的东西，就是小品。所以在那段时间，我采访的人物很多都是在这种极致情感下的极致的人。

比如我记得有一个是老毕跟我一起去拍的，叫《沂蒙大嫂》，我挺喜欢的。当地的妇联给我们介绍了一位大嫂，照顾四个老人，四个老人加起来三百多岁，特别不容易。她每天有干不完的事，而且这几个老人当中三个是瘫痪了的。她的家境不叫不富裕，是很穷。这个其实就是一个极致的框子，在这个极致的框子下，这个女人是一种什么样的状态。这是我的第二阶段。当时真的做了很多节目，可是确实没有梳理。

到了我的第三个阶段——1995 年底我认识了林旭东，他特别喜欢纪录片，但是没有实际操作过纪录片。见面以后，林老师觉得我采访当中表现的这种外向的感觉，他挺喜欢的，所以他就更多地教我怎么做片子。在这个过程中，我就知道了，原来纪录片并不是只有这种极致情感的故事才可以拍摄出来。一种纪录态的东西，是通过记录对人的观察，再通过后期的编辑和组接形成一个故事，它可能有更丰富的内涵。我把我的第二阶段的东西叫做情绪，就是拍一个人，此时此刻在这种挤压下的情绪。到了第三个阶段的时候，我才真正知道，我要拍大时代底下的人。

第三阶段的时候，我跟林老师合作。当时陈虻去了一趟日本，去了十五天，回来以后，他审我的片子。林老师帮着做了一个片子，叫《上海一家人》。林老师当时很看重我现场的采访能力和把控能力，但是实际上我没有用影像解构故事的能力，这块是他给我的。后来我们在上海采访了这一家人，这家人的妈妈得了癌症，已经没有多少时间了。这个妈妈就在做一件事情，给孩子写信，要让孩子以后长大了还记得自己。那个孩子当时上小学二年级。我记得当时有一段——我现在做了母亲以后，更能理解，那真的是肝肠寸断的采访——就在医院的病榻上，那个妈妈跟我说话。现在我肯定采访不了这样的人，因为我自己是妈妈，但当时我好冷静，她就跟我说，我知道自己还剩几天的活头，但是我不知道未来我的儿子会怎么样。

后来这个片了做完以后，陈虻审片时突然发现这个片子跟我以前的片子完全不一样，怎么叙事的节奏这么舒服，采访的进入也非常舒服。而且这一家人呈现出来的普通人跟命运抗争的那种不堪，他觉得不是一个二十多岁的人能承担、能驾驭的一个东西。后来我就跟他说是林老师帮的忙。他就发现了林老师的这种特别优秀的、对我们组有用的特质，就请林老师做我们组的艺术指导。在这个过程中，林老师对我的帮助特别大。我才知道，原来可以这么做东西。如果你问到我，觉得自己满意的片子，我想应该包括《上海一家人》，也包括和林老师一起做的《保姆》、《老字号》。从那个时候我才知道，原来做这个节目应该是这样。

问：后来又怎么逐渐走向了连续剧的？

鄢蔓：每天都这么拍，大家就觉得，如果按照纪录的方式7分钟已经不能满足了，这种小品化的东西大家都拍烦了，更愿意去拍一些大时代背景下的人的故事。人的故事是阶段性的，是需要篇幅来构造的。包括当时也有人质疑我们的节目，一个个小品式的人物看不过瘾。后来陈虻就说，从成本核算和我们的志向考虑，他决定做连续剧，所以开始做打官司的那个老太太，就挺轰动的。

问：你觉得这种连续剧方式的改革效果怎么样？

鄢蔓：我觉得开始还是成功的，因为这个跟选题有特别大的关系。按陈虻的说法就是章回小说，章回小说之所以第二天人家还会看，首先是对你这个选题感兴趣，第二是对你这个选题里的那种起承转合感兴趣。所以这个事是挺难做的，到后来其实没有那么多这样的选题。而且你又必须要做六集，那肯定有的集数里面就要注水。所以到后面领导又叫停了。

结果正好我做了一个片子，叫《李亚荣和庄稼汉》，讲北京一个报社的女记者，她特别喜欢西北民歌。在1997年她自己拿10万块钱出来给一个西北歌王贺玉堂拍了一首MV，然后我就记录了这件事，当时做的就是六集。这个里面讲了她一个女人，丈夫忙于工作，她有一种孤寂，她要做点事。其中还有她把贺玉堂从山村弄到了北京，找人来给他作曲。然后那个贺玉堂根本就不会张嘴了，就是这样的一个故事。后来陈虻说他不敢拿去审，领导刚说了不能做六集，你自己去找孙玉胜审。然后我就自己拿着六集片子去找孙玉胜审，结果孙主任当时特别认真地看完了。看完了以后想了想说，挺好的，你把当中有一句有张思德的三个画外音抠掉，其他的一点都不用改。陈虻就觉得很担心，因为刚刚说了不让播。他说那只有损失一下播出，四五六播，中间隔一个星期天特别节目，然后一二三再播。这样播出去的节目，反响挺好的。

“我要管你们一堆这么有本事的人，我容易吗？还是你们自律吧。”

问：当时你们的工作方式是什么样的？

鄢蔓：找到一个题目以后，你觉得这事挺有意思的，就跟陈虻说，是北京的去拍就行了。外地的，他就说，不行得找三个，因为要成本核算，做出三个节目，才能把收入维持平衡。找到三个以后，你就跟你的摄像商量好，两个人一组就去了。我记得我们拍摄的时候，摄像拿着摄像机，编导背一个他专门给我们买的灰色的双肩帆布包——那个帆布包里会装上充电器，看你的运气，电池好，你就带四块电池，电池不好，你就得带六块；还有至少三盒磁带，一个C74话筒，还有话筒线。那么大的包，装得满满的，这个归女编导背。摄像好点的，就不让你拿三脚架了，如果懒点，你还得扛着三脚架。三脚架很重，我觉得特累。有时候摄像拍的时候，女编导还要背着双肩背，拿着接在摄像机后面的话筒录音，还要边走边采访，挺辛苦的。

除了干活，就是玩儿。那会儿我真

的是有好多时间玩儿，而且回来还能特别认真地工作。1996年，《生活空间》的人也多了，陈虻希望我们更多地通过纪录态呈现出更精彩的节目，所以就把我们的工作量减少了一点，我们最低工作量是一年12个节目。但是我在1996年的上半年就已经完成了21个，所以我下半年基本上没有干活，就在玩儿。有一次去查工作量，我一翻，1994年我甚至一个星期播三个节目，现在想，真不知当时是怎么做出来的。

问：当时工作上没感觉到有什么压力？

鄢蔓：有压力，挺大的压力。虽然我表面上轻松，但是我的内心是有压力的。我可能在表达上没有这么极致，但是我的同事有很多反应很极致。我就记得当时陈虻给我们慢慢定规矩了，比如说下周七天的片子，这周四他要来审片，留出后面几天让你再来修正。那么星期四审片就是一个很灾难的日子，星期三晚上会有很多人还在加班熬夜。因为只有这么几间机房，大家都年轻，又贪玩，有人早早会做完，有的人逼到最后一刻才做，我们那会儿经常这样。

有一天夜里，倪俊占了一个机房，中间就出去抽烟去了。抽烟我觉得是假的，他可能是在想，怎么能把这个片子做到更好。然后海天就来了，走了一圈，没有机房，这个又空着，他就占了这个机房，在这编节目。一会儿倪俊回来了，说这是我的机房。海天说，谁说是你的，我占着就是我的。我就在旁边看，倪俊就说，我跟你说这是我的机房。海天说你叫它它答应吗？你说它姓倪吗？倪俊嘴特别笨，海天伶牙俐齿，倪俊说这就是我的机房。海天说，我跟你说了，我占着了，就是我的了。我发现海天是在逗他了，但倪俊的脸越涨越红，突然哇就开始哭。二十多岁的一小伙，开始哭。一哭海天也傻了，就看着他。然后倪俊说，这是我的机房，我的机房。海天就说，行行行，你的机房，它姓倪，我走，我走。其实现在反过来想，那就是压力，是压力的一种释放。因为对于他们来说，当时海天、倪俊都住在大公寓，生活的东西都渗透在一起，释放压力没有途径。我还好一点，我有自己的家庭生活，工作只是我整体生活的一部分，所以我会有释放的渠道。

问：陈虻对你们怎么管理的？

鄢蔓：我记得陈虻对我说过一句话，你看大家能聚到这儿，都是抛弃了自己的正式工作，而且不知道前路会怎么样，每个人都是有自己的本事的。他说妹子，你知道吗，我要管你们一堆这么有本事的人，我容易吗？还是你们自律吧。他会确定工作量，比如两个星期要交一个节目，至于你是怎么生产的，你要拍什么，你找到了选题就跟他报题，他不会管太多。他更多的是特别信任你，放手让你去干。我现在在台里工作，底下也有好多像我们当时那样的年轻人，我反过来想当时陈虻对我的那种信任，我特别感激。

陈虻的管理特别逗，看似是无为而治，实际上他让这个组里的人都互相竞争。我们组女性挺多的，都是年轻女孩，都挺争强好胜的。我可能是这个里面不太在乎这种竞争的。陈虻会时不时地跟我说，你看郭佳做了一个片子，多好看！完了以后说，你看刘鸿彦也做了一个什么挺好的。那就挺好呗，我说做得是挺好看的，我做不出来。那你为什么做不出来呢？我当时没有这么敏感，我比较迟钝的，现在来想，这就是一种刺激。我们奖金的分配，来源于你的片子多少，以及每个片子的好坏。所以为什么徐欢说我跟《生活空间》是有距离的，可能来源于这样的一种感觉。

问：审片的时候不同意他的意见你们会反驳？

鄢蔓：我不知道别人怎么样，我会。我跟陈虻就说过这样的话：你可以毙我的片子，你可以觉得我的片子不好，但是你要告诉我理由，而且这个理由要说服我，你要允许我跟你争论。陈虻说我允许。然后我记得他经常看我这样的片子——其实那个片子很烂，但是我会把电视技巧做得比较好，比如说节奏很流畅什么的，这对陈虻来说是最难审的片子。他很开心就看完了，看完了以后他什么都没有记住。我就经常做一些这样的片子，然后他说，还行吧，哎呀，你觉得这个是你的水平吗？好吧，你自己认定了自己那就行。

他审片子其实挺严格的。海天特别逗，海天说，每次陈虻审片子前，我就先跟他讲孩子，先聊他儿子，聊高兴了再审片，然后就过得容易。还有你不能先说自己的片子好，你得说挺一般的，真的挺一般。然后他的期望值特别低，一看，还行啊，不像你说得那么差。如果你说，片子特好，真的，你看看，他就会说，什么玩意儿啊，这就是你认为的好，你有没有标准。

问：那时候你们的干群关系特别好？

鄢蔓：对，特别好。我可以跟陈虻聊天说，你这个观点不对，你应该看点书了，你应该看点什么什么书，我们可以这样跟制片人说话，至于制片人怎么跟孙玉胜对话，怎么跟主任对话我们不知道。但是因为陈虻不太让我们去台里，他领导我们的时候，我们可以畅所欲言。互相开玩笑，讽刺，挖苦都可以。

问：在这个期间，你什么时候正式进入了《东方时空》节目组？

鄢蔓：时间我记不清楚了。因为我们的户口在外地，杨台长就给了《东方时空》一些名额，陈虻就挺为大家着想的，我们《生活空间》分到的名额是最多的，好像是六个还是八个。按照贡献大小排下来以后，我、李晓旻、郭佳，都有，就没有倪俊，倪俊特别伤心。我觉得倪俊是我介绍来的，我有义务帮他。陈虻说只有这么几个名额，再等等。我跟陈虻说，把我的让给他，陈虻就说为什么，我说因为他是我找来的，他干得也不坏，他不能因为比我们晚来一点他就没有这个名额，而且他很需要。我就把我的名额给他了。过了几天陈虻又突然让我填表，说又为我去要了一个名额，费了特别大的劲。

我当时觉得有没有无所谓，聘了有什么好处？陈虻说，没有什么好处。因为当时是这样的，你聘了以后比没聘的钱要少，为了找一个平衡。我顾眼前利益，我就说，那我钱又少了，到底有什么实惠。后来陈虻跟我说，聘了你就可以出国去采访，台里可以出人事证明，是这个吸引了我。当时我也没感谢人家陈虻，我理所应当地填了这个表。二十年过去了，现在我还是在台里，我特别特别感谢陈虻当时帮我做的这个事情。现在台里聘的和没有招聘的完全是天上地下。我记得陈虻当时跟我说，妹子你现在年轻你可以不要你的未来，但是我要替你想到你的未来，你干不动了怎么办。当时我哪里听得进去他的话，我就说，干不动我就走。随你走哪里，没人能管你。

年会上快乐的“恶搞”

问：下一个话题很有趣，谈谈你参加年会的经历。

鄢蔓：年会！太好玩儿了！开始的时候，我们《东方时空》第一次外出集体活动，是在云湖度假村。其实那个时候我个人觉得已经有年会的基础了，比如说有一些游戏，制片人背着你跑，解压的各种方法都有。

后来我在年会还演了节目，哪一年我不记得了。当时敬一丹大姐跟我说，他们《焦点访谈》要出一个节目，需要一个特别刁钻的女售货员，这个人要现场观众来配合。他们弄了一个盒子，里面装了好多纸条，让领导来抽，抽到谁就是谁，结果抽出的是鄢蔓。我就上去。后来敬大姐说，我们那一个盒子里全是你的名字，我们就是要让你来演。然后我就即兴演了一个特别刁钻的售货员，以至于他们本身的戏都进行不下去了。他们来买东西，我态度特不好，他们就说要给我曝光，我记得当时我有一句特别经典的台词，脱口而出："你曝光我有什么用，你往大了点曝，你现在连村长都不敢曝了，你还能曝谁？"

问：据说你们年会指的是折腾领导？

鄢蔓：是的，折腾领导。我要讲一个关于年会的《生活空间》的事。之前，我们《生活空间》特别背，每一次年会上都显得没有创意，表演的节目毫无凝聚力。陈虻就很沮丧，觉得我们怎么能以这样的精神呈现出来。别的组的节目都搞得有声有色，有反讽的，有歌颂的，都有主题。后来陈虻就受刺激了，到了第二年开年会之前，早早地就开始策划这个事，把这个工作交给了毕鉴锋，于是有了第一个恶搞片，就是《粮食》。这个片子的核心就是互相之间的竞争。

我记得特别清楚，他们做这个片子一直处于秘密状态。而且陈虻明确地说了，他们可以不完成正常的工作量，由没有参与的人帮他们承担。老毕你挑谁就是谁，成立一个创作小组。老毕就挑了李伦、唐晨光、高伟、杨云苏一堆人。每天晚上他们都鬼鬼祟祟的，在北医大的一个小录音间练录音。

终于有一天，陈虻说，鄢蔓我让你看一个东西，我特别紧张。他把这个一放，我就笑得不行了。他说，你觉得拿到过几天的年会上放，会有人看吗？会有人说好吗？我说当然，他说我怎么那么不自信啊。陈虻很多时候会在我们面前表现出他不自信、不知所措的那一面，我觉得这也是他特别可爱的一面。后来我说真的特别好，领导你连最基本的判断都没有了。老毕说还有一些环境声音要修饰一下，然后晚上大家都拥着去看怎么修饰。在那个小配音间里配音，老毕说，风声，这里还有一段风声，然后就听到唐晨光吹气。老毕说，不行这个风声情绪不饱满。又说，这里要打雷，不知道谁拿了一块铁板在那。

后来在九华山放这个节目的时候，全场都轰动了。所有的节目都必须停下来，要求再把它放一遍。最后的镜头就是，时间把所有人都打赢了，我们郑永志配的音，特别逗。推上去的老电影的镜头，就听见时间内心独白，画外音说："跟我斗，我是谁啊，我的名字叫时间。"

等看到第二遍，时间就反应过来了，说你看，其他的都是后代——因为说的是孙玉胜的儿子孙玉败，崔永元的儿子崔椭圆，都是下一代的故事——只有我还是时间，他们说我没后。那个片子特别有意思，老毕那有，一个半月以前海天组织我们聚会，我们还重温了这个片子。

陈虻给了我足够的自由，让我足够肯定自己

问：有人说《东方时空》的成功是管理的成功，对这个问题你怎么看？

鄢蔓：管理肯定是一个部分，从孙玉胜对陈虻的管理，到陈虻对我们的管理。但是我觉得这跟那个时代特别有关系，我们这一批人，正好就赶上了那个时代。如果仅仅说是管理，也可以套用很多管理的模式，你能复制那样的成功吗？我自己觉得很难，但是当时是，有了这个模式，有了这个管理，有了各种思潮，很自由的那个时代。还有一个跟现在不一样，现在有互联网，你什么东西都知道，你都见过，那个时候只有在北京才有。所以你要到北京来，那个时候中央电视台在全国的电视行业里是领头的，你现在能说它是领头的吗？可能在新闻上是，在很多上面都不是。它是高高在上的，在这杆旗帜下面有这样一群人，做成这样一个事，我觉得时代特别重要。

问：《东方时空》改版后对你有什么影响，之后你又去了哪里？

鄢蔓：从1998年《东方时空》就开始做改版节目，然后陈虻被派到了改版组，跟时间改成《百姓故事》。有一年多的时间一直改版，这个改版其实对我的影响特别小，我很快就做了两个《百姓故事》。当时赵台长每次审都用这个故事，这个已经很好了，不用改了所以我就没怎么工作，到1999年我参加了澳门回归特别报道。《东方时空》重新跟评论部分开以后，我去了《直播中国》，开始做直播节目，当时觉得不是特别有方向，直播至少对我自己来说挺挑战的。这种系统的架设，现场的随机应变，我觉得都挺刺激的。去了那里后，开始一直做直播，后来逐渐做三峡，再回归直播。最近就是“神九”这种大项日的直播。我走出《生活空间》以后参加了很多大项目的制作，到现在可以成为大项目的策划。后来我就一直在特别节目组，真的就没什么可干的了。去年有孩子了，觉得为了孩子我还是应该做点什么事，当时地方记者部动员我调过去，

2011 年 4 月我就调了过去。其实，说离开了，有很多时候做的事儿没有离开，做“走基层”那样的故事，我仿佛就回到了那个时候。

问：二十年后反思，你觉得那个时候有什么问题，你离开之后有没有什么遗憾？

鄢蔓：我觉得是长久性。我到了1998 年的时候就不太爱做节目了，觉得没意思。我记得有一年的年会上面让我去发言，我是先进个人，我在这方面不太会说话，我只说了一句话：我只要我自己好好干。再过几年，再开年会我上去说的就是：我觉得每个人的成长空间太小。在你的青春岁月、你的激情结束了以后，你更需要一个更适合自己成长的空间。1998 年的《生活空间》还是那样一种表达方式，但其实一大批人已经成熟了。我觉得一开始的原动力可以是理想，到后面“人治”就要走向“法治”。你要给他们挪坑儿，而且这个坑儿得让这潭水活起来。2011 年我从评论部调到地方记者部了，就算是正式离开评论部。十八年，为什么离开？就是在评论部呆着很无聊，进入的新鲜血液也少，一大帮人都是同时代的人。你身体不好，别人身体也不好，互相的惰性，那你还能做什么？所以后来就调到了地方记者部。

问：我感受到，是那个阶段的青春和热血一直支持你们。

鄢蔓：是的，对世界的好奇。我们大学毕业前都是在校园里面，没有接触过这个社会。而陈虻给了我们一个挺好的路径，让我们用这种方式接触这个社会，而摄像机又像好奇的眼睛，可以让你比普通人接触更多的人和事。

问：现在二十年后反观《东方时空》，对你而言意味着什么？

鄢蔓：我觉得对我太重要了，真的。用语言比较难表达，但是它会出现在我现在的岁月中，经常碰到的事儿当中。有一次我跟白岩松聊天，小白说前几年，就是《东方时空》播出的时候，会有导演在凌晨给小白打电话，说辞职了，不做了，早晨就要播出了他居然就可以逃走。然后小白打电话找人，来编这个片子填这个窗口。我想我们当时知道的第一件事就是，这一天我的节目要播出，就是死我也得让这个节目播出。这种责任心，是在《东方时空》培养起来的。

还有一个是情怀，这个词有点空洞，但是体现在具体的事情当中。在我的生活里，我更多的会去换位思考别人的不容易，这一定是那个时候教会我的。我看到人，我会觉得哎呀大家都不容易，不要这么纠结，不要那么挑剔，这是一种对百姓的情怀。这真的是我在那三年里学到的。

我毕业在艺术院校，艺术院校的人很浮躁，也很功利。其实新闻是一样的，也许现在，你做了一条新闻被肯定了，你的一切都会被肯定。但是在《东方时空》，至少那三年不是这样的。这个可能是被哪个领导肯定了，但首先，你自己肯定了没有，现在的我面对我的那些同事，尤其年轻的同事，我每次看他们节目的时候，我就问他，你自己满意吗，他自己特别满意，我就替他满意。我觉得最大的成就，应该源于自己的肯定，而在我成长的那段空间里，陈虻给了我足够的自由，让我足够肯定自己，这种东西可能是其他地方都不可能有的吧。

《生活空间》的历史使命

李晓旻访谈

李晓旻，昆明人，当过工人当过兵，1993 年 7 月进入《东方时空》，任《生活空间》摄影师，2000 年任《纪事》栏目编导，2006 年任中央电视台“我的长征”大型电视活动策划、总编导。现任中央电视台新闻评论部特别节目组编导。

我也要去北京，因为心很自由

问：咱们从头说起吧，你是怎么漂到北京来的？

李晓旻：我是昆明人，小时候喜欢画画。父亲的单位是部队文工团，有美工，有画室，我跑到画室里，跟着美工学，画素描，刚学了没多久，中学就分配工作到工厂去了。后来当兵，也在文工团舞美队，学搞舞台灯光、音响，这个时候我完全没有精力画画，但觉得拍照片跟画画差不多一个意思，因为也是平面形象，于是我就拍照片。

从部队转业以后，想了半天，我喜欢光影、录音音响、镜头画面，要想这些都能合在一起，最好的出路就是拍电视。后来终于有一个机会到云南省文化厅艺术研究所，那儿有一个声像室，专门负责收集云南各民族的原始民间舞蹈、音乐，舞台演出、村寨里的现场表演都会去拍，包括各种民族风俗节日。这份工作练就了我学会纪实——到山里头拍少数民族歌舞，不只是叫人家站在那唱一唱跳一跳就完事了，你得介绍族群的习俗，把人家的生活状态，整个村寨的状态都拍出来。为这个，我还找了一些关于田野考察的资料来看。比如说这个寨子有多少人，平均年收入是多少，平均一家人养多少头猪，种多少地，种的是什么，收入多少。这些东西全都要了解，然后拍的时候你才能理解人家为什么这么生存，也试图把这种感觉拍进去。就是这些东西，使我慢慢地积累了很多和拍纪录片有关的东西，但当时自己完全没有意识到。

问：那具体是什么机会进入《东方时空》的？

李晓昱：一个特别偶然的机会，遇到一个朋友，就是吴文光，大家都认为他是中国纪录片先行者之一，也是昆明人。当时他从北京回云南做一个节目，需要一个摄影，朋友之间一串一说，我就去帮他拍，拍下来很满意，以后这种事我们就接触多些。有一次，他拿着一大堆磁带在昆明剪片子，就是《流浪北京》，几个主人公里有昆明人，看到那些人的状态，我突然觉得，在北京当盲流多牛啊，当时我就说，我也要去北京当盲流，因为心很自由。

然后就问吴文光，我要是去北京行不行？他说应该行，北京有大把的机会。后来我就把唯一的一台录像机卖了两千多块钱，加上杂七杂八的，兜里大概揣了三千块钱，坐了三天三夜的火车从昆明到了北京，走的那天好像是1993年的5月20日。

到北京我就住弟弟家，天天晃，去拜访朋友。一天，吴文光问我，记不记得他们到昆明时的摄像卢望平，我说记得，我们都挺熟的，他说卢望平现在有个节目组，挺缺人的，叫《东方时空》。我说巧了，我正好在昆明看过两期，印象挺深，当时对节目的形态、内容没有什么更多的了解，我只觉得说话不拿腔拿调，很亲切，很随意，那种接地气的感觉，我在原来的单位里编过片子，自认为是个编导，他们需要一个摄影好，又有编导意识的摄影，可以去。

然后文光就给了我卢望平的电话，好像是用公共电话给卢望平打的，他说你下午就来吧。我打电话时是11点。我说哪有这么快的事？因为我还想着按昆明的生活节奏。我在电话里就说，我一个月以后再来行不行，我还没玩儿够，还没适应。他说，你先来一下吧，打车过来，记得跟司机要出租车票，我给你报账。我觉得很新鲜，一个是节奏，怎么这一分钟刚打完电话，下一分钟就叫我过去；另一个，还说可以打车，我在昆明五毛钱的电影都看不起，打个车十块钱，可以报账，有意思。所以下午我就按他说的时间打车过去了。

那个时候的《生活空间》在北医三院西南角租了一个地方，那栋楼应该是留学生公寓，进去以后楼道窄窄的，居然还有电梯。过道感觉挺长，过道里门对门的两个房间被《生活空间》租下来，每个房间大约搁两个单人床，床铺全都没有了，只剩床板，放机器，或者可以趴上面写字。一个办公桌，然后有个小小的卫生间，折叠椅子什么的。

就在那么挤的地方见到了卢望平，卢望平人很好，非常善良朴实，他一如既往地笑眯眯地说："来了。"现在我们到一个栏目去，人家都跟你说，节目是怎么回事，什么样的定位当时完全没有，我记不清卢望平交待了我什么，反正就知道，在那儿是拍片子，自己找事儿拍，或者帮组里别人拍。

问：这算进入《生活空间》了，进去之后你怎么开始工作的？

李晓昊：刚开始我还不能确定，拍什么和怎么拍才符合这个节目组，或者说是中央电视台的标准，不太自信，所以主要帮别的编导拍，也学学别人是怎么工作的。拍的比较杂，像烹饪、种花什么的。不久，注意到蒋樾他们在拍《东方三侠》，就是一帮在后海游泳的老北京人，大概是五个人吧，他们喜欢用各种不同的姿势跳到水里，跳下去以后显摆各种不同的游法，光着膀子在水里拽，自得其乐。其中有三个很有名，各种各样的姿势全会，所以叫《东方三侠》。蒋樾他们喜欢的就是这种状态，一种享受当下生活的态度，拍摄者能捕捉到生活里特别阳光、特别畅快的那种瞬间。这种民间的东西，会让你觉得眼前一亮，而且自己身体里会有一种激情在动，我理解他们就是用这样一种状态去拍的。我在云南拍少数民族原始舞蹈的时候，碰到过那种感动你、激情的、很民间的那种，记忆里那种瞬间也挺多的。所以他们的片子很感染我。这种朦朦胧胧的感觉，我是后来总结创作的时候，慢慢明晰起来的，也逐渐影响了我以后的片子。

问：你见到陈虻是什么时候？对他的印象怎样？

李晓昊：大概是1993年7月中，我到《生活空间》两个星期，陈虻就出现在北医三院大公寓的楼道里。我一出电梯拐进楼道，就见人比平时多，挺热闹，说今天来新的制片人，《生活空间》屋子小，正在倒腾地方让人能进去。门口的过道里有几个人顺墙站着，光线有点暗，中间一个，有点瘦，长得有点白，小寸头，客客气气笑眯眯的就是陈

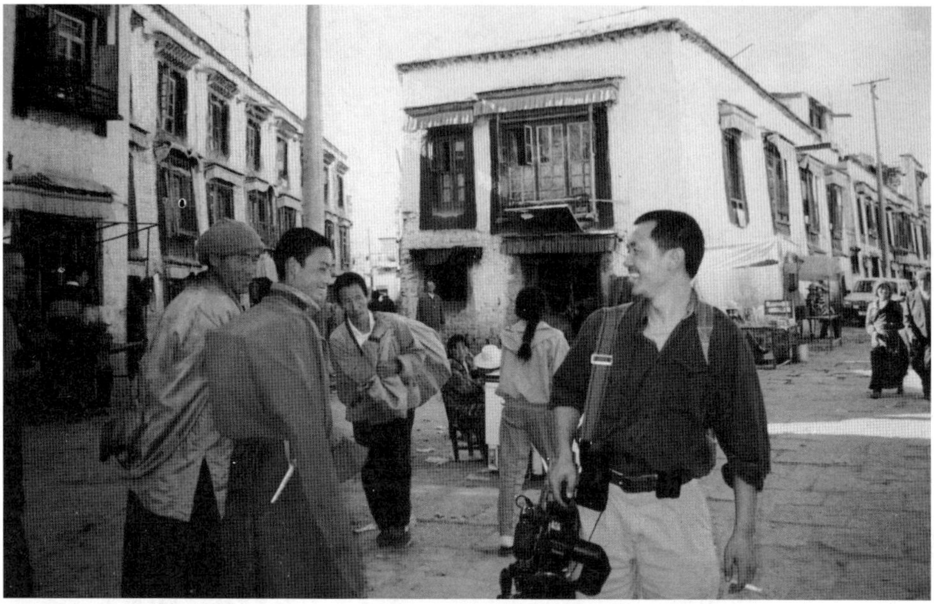

“《生活空间》虽然是小型的纪录片，但是它的难度确实挺大的，你要在抓拍完了以后，把它变成戏剧性的故事，很熬人心血的，好多编导受不了这个压力，完成不了任务，一个片子改多少遍都没改出来的那个人，自己就知道在这个组待不下去了。所以也是比较残酷的工作淘汰，它没有人事方面的名额限制，只有你适不适应。”

虻。他见来人都客气地点下头，我赶忙也点下头。

然后就是开节目组全体人员会。当年《生活空间》开会，总有那么七八个人要站在楼道里，或者把椅子排在楼道里坐下，“听”会。那天我在里面，就挤在一进门右侧的床板上坐着，我们面前几把折叠椅挤在一起，卢望平、陈虻、孙玉胜他们就坐那儿。我当时不知道孙玉胜是多么重要的角色，也不知道陈虻是从哪儿来的哥们儿，就知道来了一个新的制片人，顶替了我在昆明认识的卢望平。

问：陈虻第一次到《生活空间》，还记得他都说了些什么？

李晓旻：现在想起来他说话还是挺有个性，客气，但简洁明了。简单有个自我介绍，然后说他也研究过《生活空间》的片子，现在他想把整个栏目划成四块，星期一到星期五是三块节目，星期六、日是一块节目。当时是叫李伦他们负责弄星期六、日的节目，后来叫《奇绝大观》。然后有《走天下》，有《老百姓》，还有一个服务类节目。那个时候就有《老百姓》，是因为陈虻来之前，蒋樾他们已经做过《东方三侠》、《老两口走天下》这样的节目，觉得那个东西很有意思。

开完会以后，第二天在楼道里头，陈虻就拽着我，在楼道里跟我聊了几句，他说《走天下》这个节目叫我来负责拍，没别人，就我一个，拍一个两分钟的节目。后来我们就觉得最有效的选择是去旅游公司，找导游，让导游讲景点的故事。很明确，要讲故事，单介绍景点没意思。对于这种故事，当时也划定了一个有趣的范围，不是单讲正史，野史也讲，现在叫“八卦”。说起来《东方时空》那会儿就敢在央视这样的平台上八卦，但也要有铺垫：“这是一个传说。”

问：《走天下》后来做得怎么样，持续了多久？

李晓旻：我们是就景点讲历史，讲故事，选择的第一个景点是故宫，大概是二十天之内，我一共做了十五个，都成功播出了。当时就是跟故宫博物院说好，然后找一家旅游公司，我就挑长得漂亮的、故事又讲得好的导游来讲。故事长了我就现场“改编”，凭感受告诉她哪段去掉，哪个地方节奏调整。然后我们到故事相关的景点，把调整过的故事复述一遍，现场琢磨着分段拍摄，完全即兴创作。

《故宫》题材刚做完没多久，《走天下》就给毙掉了，听说是上面领导说，你们整天播帝王将相、才子佳人。陈虻特别伤心，特别内疚，非常认真地再三对我说对不起。现在想的确是，一个很有发展前景的节目形态就这么夭折了，损失的是一个有生长感的平台和机会。当时没这么想，我对陈虻说，没什么，不让干就算了，我就干别的。

普通人凭什么不可以上电视

问：《走天下》被毙了以后你去干吗了？《生活空间》的节目有哪些变化？

李晓昊：我开始跟别人拍《老百姓》这一部分节目。我喜欢拍这些东西，当时《老百姓》这一块应该是5分钟，后来做这个节目的编导慢慢多了，出的节目量也多了，就发生了变化。

大概是1994年上半年，忽然有一次开全组会，说让我们做选择。那时《老百姓》是每星期播三次，好像是星期一、三、五。大约是对栏目里不时出现老百姓常态生活情景有点没把握？所以让我们选择，好像陈虻的想法是，要不然就争取一下，全做《老百姓》，要不然就得放弃，不让做了。记得当时陈虻说，这个事怎么办，大家表个态，我把大家表态的意见汇报给领导。我当时就表态说，如果不让做《老百姓》，我就不想在这里干了。

因为我当时听了很愤怒，你说凭什么？这么好的节目，能看到老百姓的生活状态，心里头会有一种感动，他们自娱自乐的满足让你觉得有一种生命的坚强和信心。这种苦中作乐，或者是一种生存欲望所促成的细小的生活情景，真的是人类能够维持到今天的一种信念。所以当我所喜欢的东西，跟我的生活融为一体的时候，突然有人说，你别这样生活了，我就很愤怒。那个时候有一种认识，我就是拍纪录片的人，不拍纪录片对我来说一点意义都没有，生活一点味道都没有。不让拍《老百姓》就不干了，找自己想干的事去。

问：当时其他人的反应是怎么样的，尤其是陈虻？

李晓昊：大家都说老百姓多好啊，我们都想选择一个星期做五天老百姓，别的不做了。但是我当时确实有一种感觉，我们这种选择其实是在下赌注，万一你这个选择跟上面的意图不吻合怎么办？因为《走天下》是被领导的领导的领导直接毙的，这一次《老百姓》如果也碰到领导的领导的领导直接毙你，那就完蛋了。但是一定程度上我们想赌，我们在用我们的激情赌博。结果他汇报的第二个星期就决定了，我们就一个星期搞五天的《老百姓》。

于是《生活空间》开始分小组，哪几个专门拍《老百姓》，哪几个拍《奇绝大观》，我就拍《老百姓》这一块儿，我没有给自己一个明确的定位，比如说定位成摄影，还是编导，反正我就是撞到什么干什么，别的编导有选题想叫我跟着一起去拍，那我就去摄影，我有选题就自己拍，或者告诉别的编导去拍。

有一次我回昆明，到处打听有什么有意思的东西可以拍。我们家一个邻居和我聊天，她说你可以去拍一条街上的菜市场，每天早上那里都有农民卖鲜花。昆明附近有个村子，叫斗南村，斗南村种植鲜花的农民最多，现在是全世界有名的鲜花交易地。第二天一大早7点钟，我就骑着自行车跑到菜市场去看，农民挑着箩筐，鲜花五颜六色，二十来岁的女孩比较多，我去跟她们简单聊天，一聊天我觉得真的很有意思，这些“卖花姑娘”啊，人家对生活有各种期待。还有以前在昆明合作过的老师，跟我说大理有一个“洋人街”，全是西餐馆、咖啡馆，就是大理人开的，老外消费，可以拍那儿。还有在丽江，有一个七八十岁的老太太办了一个幼儿园，幼儿园那些小孩叫她阿姨奶奶，很有意思。我就给北京那边打电话告诉鄢蔓，鄢蔓很高兴，没几天就带着设备来了，我们俩合作一块儿在云南拍了那三个片子。那个时候只要是老百姓的生活你就觉得有意思，只要有一种感觉，能够打动你的就行，没想从什么意义打动我们。

问：当时有没有明确的要求，比如说拍《老百姓》想达到什么样的诉求？

李晓昊：我印象里没有太多的要求，就是让普通人走上中央电视台。其实现在回想起来，我也是有积累的，我没上过大学，少年时代经历过文化大革命，80年代末从部队转到地方，经历很多。我们看到电视、广播里头都是字正腔圆地讲某个人的壮举、某个典型事迹。我后来自己读电视大学，曾经对电大的老师说过，将来一定要把我们这些人拍到电影里去，我想拍电影，而且就想拍我们这一代人，拍普通人，把它拍到电影里头去，我一直非常希望能有这样的机会。

现在，记忆里，那时就是一种热情。普通人凭什么不可以上电视？为什么不能把他们本来的状态展示在电视里面？那个时候我们的采访，经常包括这样一种意思——你活得真不容易。当你一跟采访对象说，你活得不容易，他就会把自己心里头的所有的东西，全部倾倒给你。这种对你的信任，以及他们对自己生活的理解和坚持，特别打动你，这种打动你的东西凭什么不可以上中央电视台？就是那种感觉，凭什么不行？

问：现在回过头来看，是一种什么样的文化诉求或电视梦想促成了《生活空间》，并造就了这么一个创作团队？

李晓旻：这不是事先的谋划，我觉得这是摸石头过河摸出来的。包括陈虻本人在纪录片方面的造诣，其实是从那个时候一点一点积累的。陈虻最初审片子，尤其是审《老百姓》这样的片子的时候，他都没有像后来那样，跟你梳理，有条有理，要点抓得特别准，给你说得很精到。

最初他没有那个状态，他多数时候都会问旁边的我们说，你觉得怎么样——我们那个时候，只要审片子，就会坐满一屋子的人，审片子有相当大的成分是大家一块探讨。我觉得陈虻在那个时候其实是不自信的，我甚至觉得他对纪录片的理解不够专业透彻，没有我们现场经验多，所以评点的时候他基本上也是在摸索。

我到这个团队，就是喜欢一种状态，喜欢拍一种东西

问：后来“讲述老百姓自己的故事”这个口号是怎么出来的？

李晓旻：那时候，我正跟鄢蔓一块儿在大理拍片，鄢蔓天天给组里打电话，互通情况。那时候真是把节目组看成一个家，即使人在外面出差，也会牵挂。甚至我出差会去买几个大的装饰品，带回去挂到组里墙上。

有一天在大理，鄢蔓放下电话跟我说，陈虻终于想出来了，“讲述老百姓自己的故事”，用这句话作为《生活空间》的副标题。我说好啊，这个标题感觉太好了。其实是《东方之子》最早给自己加了一个副标题，叫作“浓缩人生精华”，这两个组也在竞争，因为都在拍人。《东方之子》本来也想拍普通人的，一开始范围很广泛。那两个栏目怎么区别？陈虻就一直在想，后来就想到一个招，要在某种标识上有所不同，所以才有了这句话，这实际上就是一种包装。当然《东方之子》后来就慢慢变成做成功的人士，成功的量化表达就是有级别的，有职位的，或者说著书立说的。此后就慢慢地就互相划分开了。

当时陈虻用语法来总结《东方时空》三个节目的特征：《生活空间》是拍“现在进行时”，《东方之子》拍“过去完成时”，拍已经成功的人。我们拍现在的状态，生活当中正在进行的。当时《焦点时刻》被叫作“过去进行时”，一个事情怎么发生的，它的过程导致一个什么样的结果，我们把那个过程复述

出来给你看。

在这句口号中，“讲述”是说，我们一定不是那种拔高，他跟我们多次交流过，我们不想去拍高大全的人物，这也是我们的精神追求；“自己的”，就是看待事物的角度都要能归属于老百姓的立场；“故事”，就是我们不是给你讲道理，而是要呈现一定的情节、意味，人是有情感的，有血有肉的。

问：《生活空间》有了明确定位以后，有没有形成一个相对固定的工作流程？

李晓昊：当时报选题完全没有纸面上的，就是直接跟陈虻说，说我知道有个事，我觉得这个有意思，我想去拍，陈虻说行还是不行。都不用你说一下准备怎么拍，就好比我找到了一个可以炒的菜，我把这个菜买回来，买去吧，做成什么菜式不管。

也没有讨论，不像后来，会讨论这种片子应该怎么做，哪方面的题材我们应该怎么关怀。题材的规划都没有，持续了大概一两年。那时能选择的题材故事因为之前很少有呈现，所以很丰富，我们也激情饱满，乐此不疲。

现在想，我们之所以坚定地走向“讲述老百姓自己的故事”，跟我们这个团队的形成确实是有关系的，像我到这个团队，就是喜欢一种状态，喜欢拍一种东西，不是说我慕名而来的。在那个组里头，大多数人都是在形成“讲述老百姓自己的故事”之前来的，完全没有想到我们会形成一个著名的栏目。我们是喜欢那种生活状态，然后这样形成的团队，互相之间的信任、热情成为了我们之间的沟通基础，很多交流是不需要说的。在我们最开始的时候，我们就靠热情工作，管理上很松散。那个时候，我们那个节目组特别自由，你只要说自己有这个激情，只要说自己想干，说自己可以干什么，你就可以来，没有任何障碍，不需要任何手续和流程，省略了那种交往成本。

问：“讲述老百姓自己的故事”这个口号打出来以后，《生活空间》有哪些变化？

李晓昊：变化就是原来是每周一、三、五播《老百姓》变成了天天播“老百姓”，而且这个节目反响好，人也充实——做了东西以后大家都认可。此后出去一说，我们是《生活空间》的，人家都知道，再后来就说我们是“讲述老百姓自己的故事”的，大家全都知道你是怎么回事儿。什么都开绿灯，很方便，你得到承认的时候，干这个东西的热情就更高了。

然后有很多新人也来了，但是对他们挑战很大。当时陈虻让我跟若干个新编导分别配合，那时候我还没有单挑当编导，就在合作的过程当中帮助他们分析，回来编的时候，一遍不成两遍，两遍不成三遍。然后看哪个片子效果好，为什么好为什么不好。后来慢慢形成审片子的时候，大家都围在一起，一些是想听陈虻怎么审，一些是想看人家片子是怎么做的，吸取成功的人的经验。对于不成功的，大家聚在一起想为什么不行，什么样是不好的，通过这个过程，大家一起去探讨、磨合。

问：可以说“讲述老百姓自己的故事”这个方向确定了，还是有一个摸索的过程，这个时间持续了多长时间？

李晓旻：应该不到一年，大家就全适应过来了。一个是，几乎每天都在做这个片子，大家谈论的、想的都是这些事。再一方面，陈虻也比较精，他回家没事干的时候，天天看好莱坞的电影，能找到的他都看，看完以后他就分析人家的故事结构。从那里得到一些启发后，再看我们大家自己做的片子，他就更有判断力了，更容易判断出你讲故事讲得好还是坏。

陈虻也在慢慢训练自己审片的技巧，或者说审片的艺术，后来慢慢地他讲得就越来越头头是道了。基本上审片子的时候，你只要看见他哆嗦腿，东张西望，基本上你的片子就完了，片子一放完他就会开始说——甚至不光说片子，还会说到你的片子不好，就是因为你人也不行，现在叫“人品有问题”，基本上是这样。

陈虻这个人比较敏感，容易动感情，所以拍老百姓的题材里，我们往往会捕捉到老百姓的真情实感，确实是挺感人的，陈虻总是很欣赏。在以前的服务节目里头找不到有价值的东西，但是在这种题材里发现了有价值的东西了，大家都愿意往这方面转。

问：那就是说在选题上，定的是普通老百姓，在镜头语言上，大量地模仿国外电影，当时做得特别好的片子是哪些？

李晓旻：有标杆作用的片子，郭佳拍过一个，片名记不太清楚了，就是有一家人，有人因为救人死掉了，当时是一个很重要的新闻事件。当时陈虻跟郭佳商量，不要去扑那个集中的热点，到他家里面去观察真实的情况，家里失去一个亲人的感受是什么样的。那个片子拍回来以后，那些细节看得所有人都掉眼泪，那是很重要的一个标杆，陈虻以后经常提到这个案例。

问：你当时自己拍的印象最深刻的片子是什么？

李晓旻：我记得是昆明的老师推荐给我的一个选题，一个16岁的学舞蹈女孩的片子。她是云南省文艺学校的，毕业了，结果发现得了骨癌，不得不截肢，一条腿高位截肢。你想，学跳舞的，很漂亮很年轻的女孩。后来这个女孩上了《综艺大观》，她为上这个节目到北京来的时候，昆明的老师告诉我有这么一个线索。然后我就自己扛着机器去了，那个女孩当时有同学在北京舞蹈学院进修，她去看她的同学，哭成一团，我一直拍，一直在流泪，虽然我当时有一个念头，千万不要流泪流得我看不清，但是就是忍不住，眼泪一直在流。拍完回来自己编，还是掉眼泪。

我原来认为自己会编片子，但其实那时候我还不太会叙事，不会讲故事。当时我很投入地在编这个东西，但就像编流水账一样，陈虻在旁边看着有点急了，说应该这么编。陈虻编片子还是有经验的，他就说你应该先展示一个跳舞的场景，就是告诉人们跳舞有多美好，然后再告诉大家一个年轻的女孩，正要实现这个梦想的时候，被截肢了，先拉开这个落差，再展示这个人的故事，就感人了。最后终于把这个片子编出来了，叫《十六岁》。伤心的是，那位女孩最后还是因为癌扩散离开了，但是她走前成为了一名广播电台的专栏记者，做了很多善良的事，这其中她和记者的熟悉应该是起了作用。

还有一个片子，《久远的音符》，我和孙华拉拍的。讲的是河北固县一个村里一拨弄音乐的老头，喜欢在一起演奏据说是祖上传下来的类似宫廷音乐的乐曲，每到一起演奏，连吃饭都在同一口大锅里。但是快失传了，他们很着急，写信给了杨伟光，这线索最后到了《生活空间》，于是我和孙华拉就去了。拍的时候，我用了在云南拍摄民间音乐舞蹈的经验，特意设计这个乐队在冬季空旷的地里演奏，拍了当时的太阳、土地、人们走过地头留下的很深的脚印，那土特别松软，脚印特别清晰。还有夕阳，村道上清晨雾里走过的羊群，老人们聚在一起同吃一锅饭的气氛，用镜头去理解他们的生活状态和心情。《久远的音符》正好碰上《东方时空》第一次内部评奖，据说当时所有制片人都表示自己组的片子放弃金奖评选，因为这个片子拍得很有表现力。于是这个片子本身得金奖，摄影也得金奖，我跟孙华拉也忽然就变成公认的腕儿了，好多人都打听，拍这片子的是谁。

问：你觉得《东方时空》和《生

活空间》讲述老百姓自己的故事，这个理念真正做得非常成熟，大约是什么时候？

李晓旻：没有一个确切的时间，大约就是1993年底开始做老百姓的故事，到1994年底的时候，大家都已经很熟练了。而且全国其他地方的电视台也开始模仿了，甚至到“讲述老百姓自己的故事”做到两年左右的时候，陈虻有点动摇，一次从台里回北医三院的路上，在面的上跟我们聊天，他说，按照从业者都知道的规律，一个节目一般坚持两年就不行了，就不会再有收视了，该消亡了。

我就有点不愿意转向，那时候是我们最火的时候，我说陈虻你好不容易竖起了一面大旗，干吗不一直举下去，为什么要放弃？我觉得不该放弃。后来他并没有付诸行动改路子。但是也出现了一个变化，当时的《生活空间》就是七八分钟左右的短片，几分钟太单薄了，没法去表达我们所感受到的那些东西。一个片子被我们剪成八分钟常常会觉得好可惜，一件事最该渲染或者最该表达的厚度表现不出来。于是就觉得应该延长节目时间，那个时候就想做长纪录片。然后就想观众天天都来看多好，像电视连续剧不是很好吗？那时我们已经有了几个连续两三集讲一个故事的实践，最后就把两三集大胆伸长成六集，一个礼拜就讲一个故事，干脆做“长篇”。这也是想把《生活空间》做大，打得更响。

问：开始做“连续剧”后，你拍摄、制作的好片子是什么？

李晓旻：我没有优秀作品，因为那时候陈虻总是叫我去配合新编导——其实陈虻是用我来考察这个人行不行，拍一个片子回来以后，陈虻就问我，这个人怎么样，我要说不行，这个人就别进组了。因为我是一个能编片子的摄影，我能够看出来这个人在现场的状态怎么样，他拍纪录片合不合适，是不是这种性格的人。陈虻也很信任我这方面的感受和判断。

所以做“连续剧”的时候，那些组里的老编导相对都有自己固定的摄影搭档了，我是没有固定的编导搭档的，结果就跟了一个手艺上不太好的，一个题拍了两个月也没拍出来，最后没做成。再后来，“连续剧”就不让做了，所以我根本没掺和上连续剧。

做纪录片和人品相关

问：那这个时候，《生活空间》进新人有什么标准吗？要面对的压力大不大？

李晓旻：就我自己的感受，我只是会看这个人来了以后合不合群，是不是咱们这一路的，除此之外，我没有任何的想法。当时的组里边，好像是来的人多，走的人少，但是这个人走不是因为编导之间互相有矛盾，只有哪个干得确实不行的，自己走掉。

《生活空间》虽然是小型的纪录片，但是它的难度确实挺大的，你要在抓拍完了以后，把它变成戏剧性的故事，很熬人心血的，好多编导受不了这个压力，完成不了任务，一个片子改多少遍都没改出来的那个人，自己就知道在这个组待不去了。所以也是比较残酷的工作淘汰，它没有人事方面的名额限制，只有你适不适应。

另外，新来的编导在没有做出一个让大家刮目相看的片子之前，在组里头永远是放不开的，不会像个主人一样在组里说话、做事、喝茶什么的。因为他没有拿得出手的片子，没有一个在组里头立得住的作品，这个人永远会去求教别人，很少发言，大家在一块儿讨论片子的时候，多数情况下是在那儿听。

要说起来，纪录片这个东西不是说谁会就会的。你要学习这个行当，从书本上去学，那只是一方面，真正的是在现场怎么跟人打交道，怎么去适应这个打交道的过程，这种东西得像师傅带徒弟一样，言传身教，你才能看得到，才能学得到，所以这个过程很长。所以很多编导来了以后，半年以上才上手的挺多的，有的人三个月左右不行就走人了。

问：听说陈虻审片子的时候，经常批评人，对你们压力非常大，有这事吗？

李晓旻：陈虻对片子的见解，很重要的一条是“片如其人”，你片子做成什么样，跟你这个人品是有关的，你如果不真正关注老百姓，关注人，没有真知灼见，你是做不出好片子来的。所以他在批评片子不好的时候，往往就会批评到人。

有一次一个片子因为被主创者控着压着，陈虻大为不满，说你把人家压得连一点真实的表达都没有了，片如其人，你根本没有平等，你跟拍摄对象之间没有形成一种平等的关系，你的人品就是不尊重人，你根本不懂尊重人是怎么回事，还做什么纪录片。就类似这样，陈虻从各种角度、各种机会，都会找到你人品不够格的依据，骂得很厉害，陈虻说话虽然没有一个脏字，但是基本上说得你好像整个人品就废掉了。

樊馨蔓也是被陈虻狂骂过的，进《生活空间》的人，进来很容易，但是进来以后，必定有一个人格重塑的过程。人格重塑是什么？有的是脆弱的，有的是自得的，樊馨蔓是能写诗的，觉得自己是有文采的，她在做片子的时候，这种小张扬、这种秀，一定是会表现出来的。她拍的东西多就会往浪漫上走，往抒情上走，往小感觉上走，但是真正内心里头的那种人文的力量是不够的。这种表现在陈虻的眼里，他容不下，因为当时樊馨蔓做的片子里，有些表达是比较做作的，所以陈虻会去修正，就像拿斧子去砍她这些不必要的枝。

问：像陈虻说的那样，做纪录片和人品有关，我想也和你们自己的生活状态有关，要讲老百姓的故事，你们自己要对老百姓的生活感同身受，当时你们的生活状态怎么样？

李晓旻：生活就是简单，当时人也平和，你在工作上得到极大的满足之后，生活上的要求就特别少。我成天干这个多开心啊，因为你工作的机会，挣钱的机会就是拍片子，等于你有幸选择到了一种特别喜欢，甚至梦想的生活方式，你就觉得没有什么需要的了，名和利那些东西，当时考虑的都很少。

但是收入、积累，是一种回避不掉的现实，后来慢慢觉得给我们的稿费太低了，或者经费太少了，陈虻好像还在组里会上为这个问题专门解释过，这个事闹得大家有点不开心。后来陈虻有一次问过我，是不是我也觉得钱少，我说是，家在北京的没钱可以回家吃饭，但是我们外地来的，在北京什么根儿也没有，没钱找谁？陈虻当时一下就有点傻了，就有点伤心，说真对不起，我一直以为你们根本无所谓收入多少，只要干得开心就行，我完全没有去想，你们还需要面对生存。所以后来陈虻就对像我这种外地来的，又在组里是骨干的，就一个月额外多一千块钱的补贴。

陈虻对我们还是很好的，我记得陈虻对我好到有一年入冬时，他自己的一件毛衣送我穿了，那毛衣在我们组合影时我穿着，白色、深蓝色和绿色格子的。

问：《东方时空》最早有一个评奖制度，你们看重吗？

李晓旻：当时整个《东方时空》会评出最佳编导、最佳节目、最佳摄影这几个顶尖的，最开始是我们组占得比较多，最佳摄影奖连着两三期被我全占了。后来慢慢地感觉到，好像有点搞平衡，就是这个组得一次金奖，那个组也得一次金奖，有点轮着来，这时候我就觉得没劲了。

我们对这个评奖几乎没太多人议

论，反而是在组里头，大家公认哪个片子好，大家对这个很在意，就是我们自己的价值评价系统，我们认为片子本身质量的评价对我们来说是最在意的。所以只要是评片子，只要是陈虻看片子、审片子，在场的人全都会集中在一起去看，怎么审这个片子，这个片子好不好。像我不出差的时候，争取每个星期抽一点时间，把这个星期播出的片子录下来，我自己全都过一遍，所以我慢慢攒了一大堆录像带，好多当年《生活空间》播的片子。可以说，我们那个时候片子好不好，是跟你的这个价值呈现挂钩的，现在是跟你的收入挂钩，不一样的。

《生活空间》完成了自己的历史使命

问：听说在《生活空间》内部发生了不少爱情故事，是这样吗？

李晓旻：《生活空间》搭档爱情多，这在《东方时空》是有口碑的，其中最重要的原因，就是纪录片的拍摄，编导跟摄像一定要有默契，合作的次数相对比较多，这样才能够把这个题材拍好。默契意味着什么，就是互相了解，这俩人就容易弄到一块。摄影通常是男的，编导通常是女的多，所以容易凑对，《生活空间》凑对的事挺多的，好像是有五六对，但后来又都分开了。不过这种凑对，不是起腻那种，完全没有，都是讨论工作比较多。

问：那几对后来都不太成功的原因是什么？

李晓旻：我觉得还是工作原因，当工作和生活混在一块儿的时候，工作里的争执就会影响到生活状态。那时组里头有一个女编导，后来出国去英国，再也没有消息了，当时我们俩就是一对。她知道我拍得好，就找我帮她拍，一块儿拍的时候，我们俩交流的很好，然后我们俩就成了朋友了。

但是回来做片子的时候，因为我觉得我是很有经验的编导，兼很有经验的摄影，我就会跟她说，这个片子这个地方应该这么做，那个地方应该这么理解，应该这么去表达。说的时候，她听，听完以后又不照我这么做，审的时候又得修改，我们俩就会争吵。最后有一次在机房里头，她哭得一把鼻涕一把眼泪的，她说要不我们分手吧，不然我们以后连朋友都别做了。别人的情况我不知道，我的分手就是因为这样，就是因为工作谈不到一起去，完全不能静下心来去把工作和生活分开，这其实也是跟我们这种完全投入进去，把做片子当成生活方式很有关系。

问：也有人说，那几对后来都分开了，恐怕是因为那一段的生活是处于一种激情燃烧的状态，但是后来回到了现实，就有很大的差距，你觉得有没有这方面的原因？

李晓旻：对我来说没有，只是说当时在北医三院那段时间吧，几乎可以说在《东方时空》1000期之前，那确实是一个激情的时代，我们可以全身心地扑到工作当中，去感受我们所做的事情，完全把拍这种纪录片当作自己的全部生活。我们可以那样做，也是陈虻给我们创造了条件，就是把跟台里的那些琐事，那些人的习气，所有那些东西绝缘，这样的话我们就可以投入到这边，甚至陈虻都自以为把我们隔绝得够彻底了。

我们跟这里所说的常态现实确实接触少，但不会影响到我的感情生活，因为我觉得这不是高低的落差，而只是一种不相同的差异。

问：现在二十年后再来反思《生活空间》的成败得失，你怎么看？

李晓旻：《东方时空》分家以后，陈虻离开了，《生活空间》也在走下坡路，后来变成了《纪事》。有一次我翻出我保留的那些磁带看，看了半天就发现有问题了，我们不是有情节的、有故事的纪录片，按现在的说法应该叫"情景纪录片"，就是深入的不够多。在题材上，我们倒是真诚地在关注一个人的状态，但是我们过多地局限于只关注这单个人的状态，没有跟社会生活联系起来。真正触动我反思的是这个。

后来我的总结是，《生活空间》拍老百姓的时候，包括我自己，最重要的一个想法，就是我们每个人都应该得到尊重，凭什么老百姓就上不了国家级的媒体平台？这才叫真正的人文关怀，这才叫平等。我们在《生活空间》最终完成了这个历史使命。我们最初拍老百姓的时候，他们经常问一句话，说我有什么可拍的，你拍我干什么，我不值得拍。我们都会说不对，你这么辛苦，挣得钱又这么少，但是你这么兢兢业业的，你就应该得到尊重。我们就想让每个人意识到，作为一个人，应该得到尊重。

但是我们过多地强调了这点——我们完成了这个历史使命，让每个人都意识到自己应该得到尊重。但是另外一个方面，我们也促成了一种历史悲剧：每个人都认为自己应该被好好尊重，自己的利益一点儿都不能被侵犯；所有的人都应该尊重我，却不想我也应该要去尊重别人，最后社会就变成了每个人的封闭和自私，自我过度地膨胀，过度地尊重自己。两个人共享一个空间的时候，必须要有某种契约才能达成，当你不尊重契约的时候，你就会侵占别人的空间，侵占别人的利益。对于这点我们意识的不够。所以我认为我们《生活空间》完成了一个历史使命，但是我们也催生了另一种历史悲剧，没有去跟人好好谈谈，别人也是应该尊重的，没有去深化这个东西。

所以《生活空间》的历史使命是必然会结束的，当它只片面地强调一点的时候，它的辉煌一定是短暂的。说纪录片是关于人文的事业、文化的事业也好，精神的事业也好，它是应该持续推进的。这就需要你要有比较全面的社会学方面的知识，你要知道这个社会是怎么构成的，你才能够把握纪录片最核心的人文价值。这点我们没有做完，我们虽然完成了一个历史使命，但是我们该做的事情没做完。

问：现在回想，对你个人而言，《东方时空》意味着什么？

李晓昊：对我个人而言，《东方时空》是一个希望永远能够追求的梦想，它是个梦想，虽然我们经历过，但它现在还是个梦想。

李玉访谈

对真实的追求：从纪录片到电影

李玉，山东邹平人，1993年在济南电视台任主持人。1996年加入《东方时空》，任《生活空间》栏目导演，期间拍摄的纪录片《姐姐》、《光荣与梦想》等均受到广泛好评，2000年开始拍摄自己第一部纪实风格故事长片《今年夏天》，后离开《东方时空》。2005年至今，执导拍摄了电影《红颜》、《苹果》、《观音山》、《二次曝光》。2005年电影《红颜》获威尼斯国际电影节"欧洲艺术奖"，2010年电影《观音山》获东京国际电影节"最佳女演员"、"最佳艺术贡献"奖项。

不要在生活中去寻找你要的东西，要看生活给了你什么

问：你以前是济南电视台的，后来是怎么来到《东方时空》的？

李玉：我出生在邹平，后来去的济南，在济南电视台当主持人。最初的愿望是当老师，后来看到电视台招聘，因为我喜欢表达，就去考，结果就考上了。但是待在济南台很快我就发现，我没有那么喜欢主持人这个职业了。我不喜欢每天化妆，而且中国其实没有真正的新闻，所以就很苦闷。我那个时候22岁，我觉得我能从那时看到老，坐在那儿，觉得每天生命是停止的。1993年，有一天看到《生活空间》的一个节目，讲述了一个刷马桶的女工的一天，很平淡的一天，还有她对生活的一些感受。当时我就很震惊，因为我们那个时候的概念是，你得有贡献，你得是个优秀的人，你才能上电视。我突然觉得我喜欢那样的东西，然后拼命想要去做这样的节目，拼命想要去跟随这样的队伍。

辞职的时候大家都劝我，说你在

济南台多舒服，所有的东西都是保险的。《东方时空》基本没有正式人员，有三个月的试用期。我向往自由，但是所有的人都觉得我是一个傻子，这是一个特别二的行为。包括我们的台长，包括父母，都不能理解你。但是自己就不管不顾，简单地收拾了一下，跳上火车就走了。

当时《生活空间》的大本营在北医三院，到了以后给我的感受是，真的有一种阵痛，然后就觉得你的背后开始长骨头茬，生出翅膀，充满了渴望，渴望做这个东西，渴望去吸收去学习。当时去的时候战战兢兢，觉得所有人的眼光都是有点怀疑的。

问：第一天到《生活空间》的时候，接触到哪些人，都做了什么呢？

李玉：我去《生活空间》之前，其实已经和当时的编导吕建卫拍了一个东西，叫《小丑》——当时是孔繁森多少年纪念日，京剧团要拍一个戏叫《孔繁森》，所有的人都想争这个主角，连丑角都想争，所以大家就开始送礼，团里的气氛开始变得很诡异。我觉得这个很有意思，就拍了这么一个东西，并且给陈虻看了。陈虻觉得想法很好，跟我聊了一下，之后我才又回到济南，开始张罗辞职的事情。我再回来的时候，其实跟陈虻已经见过两面，所以第一天去的时候陈虻并不在。

第一次进到办公室的时候，门上有很多人的名字，画的印章那样的感觉，突然觉得这是一家人，而我是一个外人进去。刚开始去的时候，我不知道该怎么工作，机器该找谁领，找谁拿带子，这些细节的东西。我那时特别茫然无助，第一天基本上是傻站着，傻坐着，看大家忙碌。我记得还有一个女孩叫杜渐，我们俩那个时候特别好，因为她也刚来，我也刚来，然后我们就互相打听着互相搀扶着一点点往前走。但是这些困难都不算什么，融入集体需要一个过程。我最快乐的是，前面最苦闷的那段生命时期，一下过渡到可以自由表达自由创作了。

问：最开始的时候有人带你吗？陈虻给了你哪些帮助？

李玉：没有老编导带你，大家都在忙。但是我很喜欢这样的状态，我也不希望别人太关注我。我觉得，刚来的时候你应该经受这种摔打，呵护不是一个做纪录片的人应该做的事情，你就要在这样的环境里头去磨。开始特别茫然，甚至张惶地观察，很快你就知道你应该做什么。包括你拍回片子来审片，陈虻给你的都是一些很直接的话，就像一拳打在你身上。到现在为止我都很感谢他曾经对我说的每一句话，包括说你不要在生活中去寻找你要的那些东西，你要看生活给了你什么，然后再去感受。这些创作方法，现在我也用进了电影里面，这就是我为什么不喊停，然后给演员一个真实的环境，让他慢慢从心里感受到他自己这个人物，而不是在演。

问：据说陈虻审片时经常会把人的自信也否定了，把人粉碎得很厉害。你有这样的印象吗？

李玉：每次到审片的时候，大家都很紧张，但是陈虻讲话很有意思，他能够讲到很本质的东西上，让你真正去感受到，每次都是收获。我觉得修行在个人，每个人听到的感受都不一样，陈虻分给大家的东西都是一样的，但有些人的感受会更深一点。我可能是一个还算倔强的人，他说得再难听，我都会忍住。但是恰好有时候他认同你，你会特别辛酸，因为打击太多了。这种方式，今天想起来非常棒。他粉碎你的时候，是希望你重建。他刺激你思考，不是用比较婉转的方式说，你能不能那样，他的方式真的是刺激你思考。如果你足够坚强，去接收和消化这种东西的时候，你会发现你成长得非常快。我觉得今天能做导演，所有性格上的坚强，以及坚强里头同时又柔韧的方面，都是那个时候摔打出来的。那是我一生当中成长最快的几年。

当时很多编导都被骂哭了，被陈虻骂完好几天都特别瘪，但是瘪过之后，刺激出来的是更大的心气，想去做更好的东西去征服陈虻的一个感受。他不太像领导，而是像一个和你对撞的人。你撞得过他，就能真正对上话，你撞不过他，就只有被他的东西灭掉。

但是我比别人受的打击少一些，可能是因为我去的时候姿态比较低，因为第一我没学过新闻（我是学中文的），第二我对影像一直抱着一个学习的态度。那时其他人都是中戏的，电影学院的，广院的，我觉得自己是一个外行，所以把自己放得非常低。他们骂什么我都能承受。别人的质问也好，否定也好，对我来说都是一种学习，我内心有这样一个准备。

问：你刚去的时候接受的任务是什么？

李玉：刚开始陈虻说你没事儿把前面编导的纪录片看看，我觉得这是第一个任务。别人不用机器的时候，我就在那看，比如获金奖的片子，还问其他的编导，那些觉得比较好的我就都找出来看。就这样，看了可能有一个月左右，不间断的。我经常看到早上七点。因为我要看剪辑，有些片子可能看上十遍二十多遍，然后看一些剪辑点。

其实纪录片是选择的艺术，这么多的素材里头，为什么会剪成这样的东西，我很想知道。所以我特别想看他们的素材，就是他们这场戏是怎么拍的，最后怎么形成这么个东西。或者这个场景他们是怎么选择的，跟人物是怎么对话的，原来的采访是什么样子的，然后他剪成这样，是不是有他的倾向性。反正脑子里乱七八糟的全是在想这些，自己再整理归纳。

那时不知道是水土不服还是压力，满嘴水泡，好几天都想不起来洗脸，跟以前当主持人的状态是天壤之别。但是我觉得内心非常幸福。虽然不如在济南活得舒服，但是这个我觉得才叫幸福，就是你在吸收东西，你觉得内心是自由的。比如大家都走光了，我一个人在看片，就是特别自由的一个状态，你在不断地吸收，在不断地思考，然后下楼的时候经过北医三院大本营旁边的解剖楼，想他们都死了我还活着，这样的生活挺好的。

第二个任务就是看审片，比如一个编导拍完片子回来审，陈虻就让我谈谈自己的想法。这就是训练你的一些思维方式。

问：后来怎样获得拍片机会的？你当时拍过一个片子叫《姐姐》，获得很多奖项，当时制作的过程是怎样的？

李玉：第一次拍片应该是陈虻派给我的，关于内蒙的一个片子。内蒙沙化很厉害，生态环境受到破坏，很多所谓游牧的民族都在慢慢减少，他们赶着牲口，不断迁移，找水草比较肥美的地方。就拍了这么一家人，他们的生活，他们对待自然，对待草地，对待人本身的态度，人和自然的态度。

片子拍下来，陈虻觉得比《小丑》有进步。那个时候他跟我讲你不要去选择，你去的时候先要观察，看看生活给了你什么，不要去生活里头找你要的东西。因此我紧接着就拍了《姐姐》。当时是要我拍一个济南的刑警，说他事迹怎么样突出。

我这个人天生有点排斥主流人物，当时陈虻就说，你先不要排斥，你先去看一看。于是我跟席韦就去了济南，见到这个人，聊了一会儿。他当时是刑警大队的大队长，要忙着破案子，宣传科的一个人就说要不然你先去他家看看吧，他做出这么多成绩，他们家可寒酸了。这种话我本身很排斥，因为他在引导你一个英雄人物的牺牲什么的，这样的东西我觉得大家都在拍，我为什么还拍呢？当时就带着这个疑问，不情愿地去了。

结果去到他家，一个小女孩突然冲上来说："我应该叫你阿姨还是姐姐？"就开始跟我聊，她妈妈就过来说，你不要介意，这孩子特别不懂事。那个小孩立刻就拉下脸来，跑到一边去了，很委屈。我突然觉得，这家子其实有点意思。她为什么跑上来？因为她在陪弟弟下象棋，一个女孩怎么可能会那么喜欢下象棋？她肯定是陪她弟弟。跟她妈妈聊天，她妈妈嘴里头全是埋怨这个女孩。当时就快速地想这些，于是就说，那我们不如就在这个家待几天，把这个刑警忘掉，就拍他们一家人。

一开始他们很不适应，比如说妈妈吃饭，刚吃两口就说，哎呀你别拍了，没法吃饭了都，我们吃饭有什么可拍的。孩子尤其难拍，她老够你那个镜头，必须把这个好奇心全部磨掉。终于等来了一个晚上，她爸爸回来了，这件事情大于她对摄影机的注意力了。在这之前我们拍了很多零碎的东西，就是这个女孩受尽了她认为这个家给她带来的压迫。

有一天这个女孩突然跟我说，我和弟弟其实一样大（龙凤胎），但是我为什么是姐姐？你能告诉我吗阿姨，我为什么要当姐姐？我说你当姐姐不是挺好的吗？她说我也想学舞蹈，我学不了，我必须得陪弟弟下棋。她那个时候觉得自己的人生全被弟弟占满了，所以她越来越压抑，越来越喜欢在生活里找茬儿，跟她妈作对得非常厉害。终于这一天她爸爸回来了，她知道机会来了，然后她就从不吃饭开始反抗。

她爸爸作为一个刑警，这方面比较粗线条一点，就说你看我这么累，好不容易回家吃顿饭，你弄得特别别扭，这是为什么？她就嚎啕大哭，说妈妈不爱我。听到那儿的时候，我心里非常辛酸，我也希望这孩子借这个机会，跟她爸爸，跟她家里人都说一说，结果就成了这个纪录片，就在讲她所有的委屈，在讲她自己为什么会这样，像一个大人一样在苦闷，她觉得生活没有乐趣，没有爱的生活很恐惧……她就一直在说，一直在发泄她的这种东西。我一共剪了两个10分钟，要分上下集播出，其实20分钟就是集中在这一段上。

拍完以后，她妈妈曾经给我打过一次电话，我又去过一次。因为她妈妈说，有一天他们家搬到一个十几层的新房子，那个女孩就每天站在窗户那儿，说活着没有意思。她就是这样一种状态。后来我一直和这家人保持联系，现在这个孩子上大学了。节目刚刚播出的时候，他们去坐火车，邻座的人说"这不是《姐姐》里头的小女孩吗？"然后跟她妈妈说，你可不能这样对你孩子了。她妈妈一开始还是对我稍微有点埋怨的，我意识到，我其实干涉了人家隐私，虽然促进了这家人去沟通。

这个节目陈虻看完之后就说，你通透了，一下子知道了很多东西。你说没有选择，其实还是有大的选择，但是我不在里面找那些我认为对的东西，我只是看他发生了什么。就刚才我说我听到小女孩那样说，我心里会难过，我去感受她，但我不去选择，我也不主动挑起一些我认为对的事情，只是让它自然发生，然后看到里面他们的可能性。为什么我说我是快速地在成长，你看了大量的片子，然后也跟陈虻沟通了很长时间，再去创作的时候，其实你是处在一个有感悟、有准备的状态里头。

问：你提到一个很重要的话题，就是做纪录片的人跟拍摄对象的关系，你这方面的体会与经验是怎样的？

李玉：最主要的一个就是平等。我们出去联系的时候，一说是中央台的，往往就不平等了。这和独立的纪录片导演还不一样。所以必须在真正见到拍摄对象的时候，用态度让他们感知到我们是平等的，我们是人和人之间的交流。

《生活空间》很多编导拍的东西里，带着一种感动，带着一种温暖。哪怕有批判的时候，你也觉得是“人”对这个世界的观察，而不是“记者”对这个世界的观察。我要让被拍摄对象感受到我跟他是一样的，也有对这个世界的不安全感，也有害怕背叛的时候，也有内心的困惑，并且我愿意拿出来跟你一起分享。

我采访的时候，有时会坐到地上，以聊天的形式开始。我从来不跟他说，哪天你要有时间，我们就做采访，就说咱们聊聊天吧，哪怕人家处在官司里。我拍过很多官司，其中有一个叫《姬别霸王》，第一要让他们感受到，你对他的东西是感同身受的，第二你是尊重他的，包括他的所有东西。播出以后，我跟拍摄对象基本还能保持朋友关系，昨天还有一个我拍的官司的女主人公从青岛赶过来看我，我们都是很好的朋友。

可能有各种各样的矛盾，但是不妨碍大家是一家人

问：当时《东方时空》进进出出的人很多，大家之间的关系是怎样的？

李玉：这个集体有各种各样的人，思路都是不一样的，很有意思。有30岁、40岁的人进来，也有像我们一样20多岁、属于小萝卜头的一代。很多人进来之后也带给我们很多东西，很多营养。那个时候我可以说是营养过剩，吸

“就是这样一个集体，特别好玩儿，特别亲切，像一家人。可能里头有各种各样的矛盾，但是不妨碍大家是一家人。就是这样的一种状态。”左为李玉，右为刘鸿彦（摄于1996年）。

收各种各样的东西，有的当时能消化，有的可能消化不了，但是你觉得那些东西对你来说是有意思的。我记得陈虻带着我们一块儿去大连玩儿，睡在一起，吃在一起，玩儿在一起，然后大家就开始聊，你的生活经历跟我的生活经历不一样，你对这个世界的看法，和我对这个世界的看法也不一样，你对纪录片的看法，你的感受都不一样。

同事之间也会有竞争，嫉妒心谁没有？但是陈虻塑造了一个气场，大家都是以正能量在比拼。还有抢机器，我还抢过呢，你一上厕所，我就给你占了。因为你太想剪了，站着你就憋得慌。比如说在另外一个城市待了一个月了，拍了一堆东西出来，然后你可能休息了一天或者连一天都不想休息，你就憋着想开始创作。高峰期的时候，机器全都是满的，所以你就憋得慌，开始在那儿溜达，看到哪一个空下来，你就开始占位子，为了这个还有吵架的，不过现在想起来就全是挺亲切的回忆。

陈虻那时也跟我们一起吃盒饭，审片的时候扒拉着就吃了，然后跟我们一块儿玩儿，你看我们好多照片都是扔他的。我那天还在翻去大连的照片，都是在乐，都是在笑，都是在闹、打水枪。陈虻跟群体的关系是像大哥哥和兄弟的关系。就是这样一个集体，特别好玩儿，特别亲切，像一家人。可能里头有各种各样的矛盾，但是不妨碍大家是一家人。就是这样的一种状态。

问：那时主要的压力来自于哪些方面？

李玉：主要是觉得自己起点太低，不自信。我没有经过任何训练，就这么愣头愣脑地来了，然后突然发现大家要么是专门学导演的，要么专门做纪录片做了很长时间的，还有法国回来的，只有我是一个特别草根特别外来的状态，就凭着“喜欢”俩字就来了，当然压力最大，因为怕得不到认同，得不到承认，怕别人的眼光。其实大家的眼光都是很善意的，因为你知道做纪录片的人，他的态度就是这样的。

1996年刚好是《东方时空》最火的时候吧，所以去到那儿之后，很多人都已经是很成熟的编导了。那时组里有很多大腕，比如樊馨蔓、陈骞、李伦，我觉得所有人都比我强，当他们唧唧喳喳地在跟陈虻谈那些他们已经形成的风格，甚至跟他在争论的时候，我都很羡慕，因为我那个时候就只有听的份儿，也不太敢发言。那个时候也没觉得谁挤对我，或者也可能觉得他们挤对我是应该的。我就带着这么一股倔劲，又带着一种尊敬和敬畏就来了。

问：当时你们应该是临时工，生活上有没有压力？

李玉：我生活上是个很简单的人，记得那个时候跟刘鸿彦、杜渐，好像一个月能逛一次街，都是去三里屯，那时候都是摆摊的，几十块钱一百多块钱买件衣服。我们后来一直住大公寓，海天、倪俊、杜渐都在那儿住过，那儿就像个宿舍，没什么私人空间。这个集体真的像一家人一样，有吵架，可能甚至有嫉妒，还有吵得很厉害的，决裂的，过两天又好了，这种情况很常见。一家人就是这样的，兄弟姐妹之间，甚至看上去都有仇了，然后可能过一段时间又好了。挤对是常态，而且挤对得有水平，这是需要能力的。我这方面能力比较差一点。那时因为我最小，大家也基本上把我当成小妹妹对待，包括一些工作上面的难处，他们都会来帮忙。

我最初剪片子的时候，觉得怎么都是别扭，怎么剪都剪不好，倪俊什么的就会过来帮你，少一帧、多一帧地给你调，然后我们再一起看，一起讨论。当时我们剪辑室前面是机器，后面是沙发，我坐在椅子上剪，倪俊能够陪我到半夜两三点钟、三四点钟。有时他说想回家，我说不行，这个东西我剪完这一段，下一段是一个难点，可能需要你来跟我讨论。然后他就只好坐在那儿。你说其实人家可以走对吧？但是他觉得你刚来，如果他要走了，会觉得你特别无助。不光是他，我们整个群体都很善良。李伦也帮过我，我们还一起剪过一个片子。他对事情的看法有时候会让你豁然开朗，比如说一堆素材在这儿，他也没有在现场，但是他很快就能判断出来我的思路对不对。所以我说陈虻留下这些人都是有道理的，他们每个人都有自己的特点，每个人都有自己的过人之处。

我记得我有一次哭过鼻子，好像是因为报销的事儿。那段时间我是一个特别不好意思报销的人，我就觉得我是来学东西的，恨不得自己交钱才踏实，所以每次报销本身就已经很谨慎，然后又被陈虻说了两句，反正是个误会。陈虻走的时候，我就在那儿哭鼻子。刘鸿彦就过来，说你要心里不痛快，我陪你去逛逛街吧，她看我没理她，就拿了一个睫毛膏，说你看我刚买的，送给你。我觉得这有点像小孩儿之间的友谊，但是小孩儿之间的友谊是最纯真的，不掺杂任何东西。我记得有一次我在剪片子，樊馨蔓过来帮我把窗帘打开，然后说，休息一下吧，要不要帮你带饭。因为拉着窗帘，你就不知道白天黑夜了，一直在工作。她过来把窗帘一拉，就是很不显山不露水，不是那种特别腻的方式，用让你舒服的方式表达关心。就是这些点点滴滴，没有什么大事儿发生。但是这种点点滴滴，形成你自己做人的一种态度。

问：听说《生活空间》里的爱情故事很丰富，是不是也和你们当时的生活状态有关？

李玉：我们工作有个特点，就是大家一出去就很长时间，出去久了之后，就日久生情了呗。今天他跟她好了，大家就看在眼里，开始各种试探，然后过两天之后，他又跟她好了，这是常有的。我觉得这样的爱情跟普通的办公室爱情不一样，就是一个战壕的战友，理念又相同，又谈得来，就是这样建立起来的一种情感。

你知道为什么大家都是在窝里头解决吗？其实纪录片导演有点儿像挖井的，就是下到一个很深的层次里面去挖掘一些东西，然后再上来，在那个状态他也接触不到别的人。我们就是拍片子，出差拍片子，然后剪片子，剪完片子的下一个任务又是拍片子，再回来剪片子。顶多几个人一个星期去逛一次街，然后吃饭都是你去我家吃，我去你家吃，生活圈子就这么大。那时成了很多对，但是后来又都掰了，大概是因为我们追求自由，自由的另外一个特性就是不稳定。你像我这个工作是一样的，一年有半年多在外面，剩下那半年是零零散散地在外面，这意味着让别人付出更多。

我们还有足球队，我是拉拉队的，那时我在和其中的一个谈恋爱，基本上场场都不落，他们去济南我也跟着去。那会儿就经常捣乱，好玩儿，包括白岩松什么的，都是那个时候认识的，大家经常看他踢球。还有张骁，我常笑话他说，你基本上是满场不动。感觉这是一个挺有活力的球队，经常去跟人家宣战，屡战屡败，屡败屡战。

问：说说你们那时候开会的事，还有评论部的季度评奖听说你们都很看重？

李玉：陈虻不是一个特别愿意开会的人，他总是很尖锐，有什么事儿说什么事儿，如果事情比较严重，他就开长一点，如果没什么事儿大家就简单讲讲。有时候实在没事儿，他也可以把选题会挪到这儿，然后大家报报选题。如果再没有事儿了，就放放片子大家看。这个会就结束了。

我倒是记得那时每周二例会后，林旭东老师会带几部老电影和老纪录片来，放给大家看。是陈虻邀请他来做这件事情的，我觉得那段时期也是我吸收最多的一个时期。一开始觉得很枯燥，坚持看下去，慢慢就有乐趣了。

可能开会时比较重要的内容就是评奖——对我来说，那个时候做到最好，唯一的凭证可能就是你得奖了。那是一个内部的奖，也不能怎么着，但是它就是让你觉得特别有奔头。那时金奖奖金大概有一万五，当时算很高的，如果你经常得奖的话，你可以变成一个活得很好的人，然后还可以经常请客。

年会是我最快乐的时候，其实年会就一个宗旨：讽刺调侃，拿领导来说事儿。领导还不能生气，所以觉得氛围挺好的。我刚进去的时候，他们在做那个剪辑片《粮食》，我突然发现，年底还可以这么闹一下呢。看到他们在做这么一件事情，你会发现这是一个很主动的团体，做这件事情的时候也当作一个创作，所以做出来你发现质量特别高。包括对口型的那个方式，你就会发现他们对影像是很感兴趣的。他们用电影的方式来说评论部的那些事儿，我觉得是很有创意的事情。放出来的时候很轰动，连着看，大家都看不够，里头有一些词特别逗，因为都是在调侃熟悉的主任。第二年做了一个片子叫《分家在十月》，那时正好评论部处在分家的状态——你看它还有记者的敏感，加上又有电影影像化的处理，以及配音的再创作。

问：你觉得这些人包括你在内，当时的追求是什么？

李玉：一个是追求做好的、有价值的东西给大家看。陈虻自己也总结过，将来这样一个一个的十分钟的小纪录片，能够形成一个由小人物构成的历史，我们要做真正有价值的能留下来的东西，当然有些东西由于播出压力可能会有偏差，没有做到自己，但是我们内心里头都有这样的追求，每一个都把它当成是最后一个去做。

第二个就是在这个过程当中，对世界有态度，对人有态度，将这种平等的态度贯穿到我们做的片子里去。这个东西也慢慢形成我这样一个人，无论外部世界怎么样变化，我都是这样看待。

问：你在《东方时空》待了几年？这段时间对你来说意味着什么？

李玉：从1996年到2000年，一共五年。从主持人到一个电影导演，可以说是质的飞跃。一辈子不可磨灭的记忆都在这里面。《生活空间》是让我的青春充分燃烧的地方，也是让我逐渐有勇气面对这个世界的地方。虽然当时也是有一些吵吵闹闹的事情，但是它留不到我的记忆里，我记住的都是大家那些特别美好的东西。后来当我听说陈虻去世的时候，那时我在济南，就坐在电脑那呆着，不愿相信。同事问我回不回去，我就说了一句我回不来。然后我就打开电脑，把陈虻的照片做成屏保，然后就待在那看。我不敢回来，不敢参加他的追悼会，我就不相信他会离去。这五年里所有的东西，每一个人，尤其是陈虻，他们所有给我的那些东西，是我一辈子都报答不完的。

我说我回不来，就是难受到我没办法面对这个事情。你不光是难过，而且觉得精神上也空了一块。到现在为止，我觉得，什么是对他最好的怀念，就是刚才我们讲的做人的态度，做片子的态度。铭记那样的东西，是对他最好的怀念。

只要内心的力量不垮，就会走得很远

问：你后来是怎样离开《东方时空》的？

李玉：我到《东方时空》的时候，最开始是住在一个像地下室的地方——后来我拍第一部电影的时候，有拍地下室的窗户，直接看到很多脚在走，就是那时留下的印象。那时没觉得苦，其实"漂"的感觉是很美的，"漂"的感觉才是一个自由的感觉，精神上的自由才是一个人本能追求的东西。后来《东方时空》有一些变化，我感觉没有那么自由了，就又出来了。

2000年我拍第一部电影，跟陈虻说好就离开几个月。我差不多用了两个月的时间在拍电影，当时是夏天，没有钱，都是借的钱，还有我卖房子的钱。我记得当时台里头发了好多饮料，给《东方时空》这边分过来，他们就全都给我拿到剧组来了，特别感动。还有很多同事比如李伦，都在里面演了角色，因为我没有钱请演员，所以我就说你们就来玩儿吧，求你们了，然后他们就过来帮忙。

问：离开《东方时空》之后是怎么过渡到现在的状态的？

李玉：离开《东方时空》之后，我过了一段很难的日子，没有钱了嘛，电影拍完之后我还得还债。然后我就借住在朋友家里，直到朋友很客气地说不能在他们家住了，因为他们家的亲戚要来，然后我又过了一段租房的日子。但即便那个时候也能够面对。《东方时空》带给我一种勇气，我相信即便最难的时候，只要内心的力量不垮，我就会走得很远。

所以就一直坚持写，写剧本，然后坚持去做，那个时候我也接了一些活

儿，因为要还债，挣钱，然后慢慢就开始有了第二部电影。当然这个过程也很漫长，剧本又被毙，然后又重新去做。

后来就碰到我现在的制片人，是我生命中的第二个贵人——第一个贵人是陈虻，第二个贵人是方励。然后他就告诉我，怎么样去面对这个体制，当你面对体制的时候，你应该用更高的智慧去包容它，而不是跟它对抗。

然后我就在这个状态下继续往前走，但是所有支撑我能走到今天的还是陈虻那个时期，我在《东方时空》待的那段时期所形成的东西。走到现在，我觉得也没什么了不起的，我就是一个拍电影的。这跟我以前承认我就是一个拍纪录片的一样，我现在就是个拍电影的，只不过幸运的是我还做着自己喜欢的事情。

问：陈虻有哪些东西是对你影响最大的，一直延伸到现在？

李玉：最关键的就是他说的态度，还有他说不要因为走得太远而忘了为什么出发。我现在每做一个电影，包括在做剧本的时候，都会跟编剧、策划讲，我们已经做完了，我们为什么要做这个故事，是我们的初衷吗？我们当时的冲动在哪？我为什么觉得我做完之后，可能有些东西反倒丢失了？我们离市场更近了，那我们要想想这个是我们愿意的吗？离市场更近其实也是想要离观众更近，这个没有错，但是为什么我们的初衷会走偏了。

我会一直这样做，这个东西它已经生根了，已经融入到我的血液里面去了。还有就是陈虻说你不要在生活当中去选择，而要看生活给了你什么，这个也已经变成我骨子里面铭刻的东西。

真实是电影的生命；用虚构来揭示真相，就是电影

问：做纪录片的经历对你现在拍电影还有哪些影响？

李玉：比如说对光的运用，我现在喜欢纯自然的光线，会用灯光去营造纯自然的光线。在做纪录片的后期，我会观察，在没有打灯的状态下，有一些光线特别好，有一些很细微的灰尘进来，打完之后就没了，这个屋子变得陌生了。很多东西都是从那个时候慢慢积累起来的一些感受，包括画面和构图。什么样的构图才是我们需要的？跟人有关系？还是跟漂亮有关系？还是跟你要表达的东西有关系？你离什么更近一点？所有的东西其实就是在那个时候慢慢形成的。

作为一个电影导演我不喜欢叫停，

比如说我剧本写到演员把门一关就可以了，我以前顶多再等一会儿就喊停了，可能等的是那个剪辑点。但现在不是这样的。他把门一关，演员可能还在演戏里面，虽然剧本完成了，也挺好了，但是他是演出来的，而不是真正感受那个人物。我需要他门一关的时候，那个人物还在他身上。我不喊停的时候，我看他怎么办。这个对演员的要求会更高，他在这一刻，比如跟爱人吵架会摔门，可是你再等一等，他可能会蹲下来。蹲下来我还不喊停，不喊停他自己得感受，他跟自己最爱的人吵架会是什么样子，慢慢他就进去了。

真正的好演员进去之后，到最后喊停他已经停不下来了，他会一直演，他可能蹲下可能又站起来，站起来他可能重新敲门；他进去，可能对手的演员以为演完了，你重新敲门，他立刻也要反映。这些东西在剪辑的时候，你才发现，比你的剧本还要好，因为这是生活。他们虽然在扮演，但实际上是拿自己的生活经历来带动演出了，没有自己这些经历经验的话，演不出来这些东西，这些真实的感受。

我也不走戏，喜欢背靠背的方式。我在跟演员讲戏的时候，摄影师不要听，我在跟摄影师讲镜头的时候，演员不要听，我要让他们分开，隔离他们。有时候导演太紧张，老是说你必须从这走到那，然后机位要跟着你，其实不是这样的。你把所有的灯都打好之后，他会随着那个感觉，你要相信演员；有的时候他走出光区的时候也很好，暗暗的，然后可能一半在光区，一半在外面。这种东西就是纪录片教给我的。意外是最好的，你全都规划好之后，乐趣也没了，就是完成了一个东西而已——就是螺丝钉，这拧紧那拧紧，最后出来一个东西。这种东西对我来说没有魅力，真正有魅力的是，你撒了一个种子，大家一块去浇水施肥，最后长出来那棵树才是我们要的。

经常演完之后我们就停下来，再讨论，讨论完了又出来新的东西，然后我们就再来。演员需要调配真实和控制之间的度。这种对真实的追求都是来自于《生活空间》的基础。

我从第一部电影开始，就已经在实践所有我在纪录片里学到的东西，最宝贵的一点就是真实。真实其实也是电影的生命，纪录片也是电影，它叫真实电影。用虚构来揭示真相，这就是电影。

问：拍纪录片的经历是不是也让你更接地气了？

李玉：对，在陈虻那儿的时候，认

识的人比现在都多，三教九流都认识一些。我最讨厌圈子生活，圈子文化。现在拍完电影去酒吧，或者说大家聚会，我基本上擦着边走，能不去的活动我一律不去。我去电影节的时候，他们也说中国导演缺少一个纪录片的训练，虚假的东西多。我觉得现在导演都是圈子文化，没有真正去感受生活、感受这个世界。不像拍纪录片的人一样，真的是接地气的，会真正去感受这个社会，感受人，感受这个世界带给他的所有的影响和变化。很多电影它不说人话，不符合逻辑，它没有在做人应该做的事情。

以前有一个副导演特别好，比如说他拍《孔雀》的时候，开始降雪，他突然发现，你们这个地方不对，你凳子底下怎么会有雪呢？这就是观察生活和感受生活的能力，做过纪录片导演的能力可能就比较强。现在大家都说电影调度是一个特别难的事情，其实不是，生活里头我们也是这样走来走去的。什么样的方式在电影里是最有效的，实际上你还是在生活里总结的。

问：作为纪录片的导演，开始拍故事片的时候，通常会遇到创造力或者想象力不足的问题，你有吗？

李玉：从纪录片导演到电影导演，最重要的就是要生出另外一个翅膀，就是想象力。我曾经把《姐姐》变成一个剧本，拿给很多导演看，大家统一的意见是，你这个已经拍成纪录片了，而且拍得非常好，为什么还要拍成电影呢？这对我是一个刺激，我已经拍了这么一个东西，怎么把它转化成另外一种电影化的表达。

纪录片为什么你觉得可以，因为它发生过了，但是我们创作剧本的时候，它没有发生过，它还要靠我们的想象力，真正把自己放进去，让它发生。有些电影它拍完了，你就觉得它还是没有发生过，因为它假。但是真正好的剧本，呈现在电影当中后，大家相信它发生过了。所以在创作的时候，依然是这个思路这个逻辑。你要让自己也相信，你剧本所有的东西实际上是发生过的，真实世界里头，它是可以发生的，而且它发生之后打动你了，影响你了。不要光想动作，你若去设计动作，永远设计不出来，你要看人的心里，从他的精神世界出发，动作自然就出来了。

这样一个过程，我其实也是慢慢悟到的。开始创作的时候，只能写一些很实在的事情，比如我父亲的一些行为，奶奶的一些行为，可能把他移植到电影的剧本里，还有比如那个姐姐的故事。但是我想，我为什么只能写这些呢？我为什么不能虚构呢？虚构的东西里，我还要让它被觉得是发生过的，你要借助想象和你真正对生活、对这个世界的理解。

问：从纪录片转向电影，这个过程中遇到过的困难是什么？

李玉：刚开始转型的时候遇到很大的挑战。比如说，纪录片是在等待，在现场要等，等事情发生，错过了就错过了。其实电影也在等，等灯光好，等演员好，等所有人好，也是一个等待的过程，但这两个等太不同了。我在第一次拍电影的时候特别不适应。可是当我拍过一部电影之后，我发现可以用自己的方式拍电影，这种不适应不是别人造成的，而是我自己内心的障碍。所以我回到自己认为对的方式拍电影。拍电影，所谓教科书上那些也是前人的经验积累下来，总结成这样的，那你为什么不可以重新去总结？所以我不断在积累自己的这种感受。

我现在形成了自己的团队，对每一个新进来的人，我就像祥林嫂一样，不停地跟他讲，我拍电影是跟别人不一样的，所有我的方式，我的感受，我跟别人的对比，我都要讲一遍。不但这样，我还要给他们看一些类似的电影，将来拍出来的是这样的。最后在现场就是，我觉得基本上好了，然后演员的状态我看着要到了，那就马上拍。后来他们也都接受了，因为说实话，后期全都可以调得过来，灯光稍微暗一点，亮一点，都可以调得过来，但是演员这个东西是转瞬即逝的，他第一条和第二条可能都损失很多，这个东西都捕捉不了。

我为什么特别反对走戏？我把第一条当走戏，你走戏的过程当中会有一些特别好的东西，但是不能拍，大家都在吆喝，所以拍不下来。演员有时候也糊涂，说走一遍还是怎么着，我说你来演就完了，你管我们干吗呢。包括问我近景还是全景，我说这是我们的事情，不是你们的事情。

分镜头的事情是我跟摄影师商量好的，我们用一种什么样的方式，这就依靠我做纪录片的训练。我知道在一个比较复杂的状态里头哪些点是可以剪的，所以我不怕，有些可能就是浪费掉的，但是没关系，你就放，放是一种更大的控制。这个需要团队跟你有默契，没有默契全玩儿完，包括副导演，他不知道你在拍，他还在吆喝。那个谁把那个道具往后放一点，那就完蛋了，那个时候你恨不得一脚踹死他。所以一开始就要跟祥林嫂一样，跟大家全部说好。我们拍东西有时候跟间谍似的，眼神一递过去，这边就开拍了。

我会只写大概的分镜头，因为如果

写详细的话，就把自己箍住了。在现场我经常要变，这就是我拍纪录片养成的一个习惯，在现场我会根据比如说光的感觉等等变一下。再比如现场我的感受突然变了，那我所有的方式都得变，包括镜头，那你写的就没用，所以我只写一个大概。但是这个“大概”我要跟摄影师从头到尾、从第一场戏开始谈完。谈并不是谈镜头，而是让他知道我要什么。我觉得拍电影一定要自由，就是你心里有数的情况下一定要放开拍。这场戏你要什么你得提炼出来，这样你的镜头再怎么变这个东西也不会丢；这个东西不丢，电影就丢不了。

问：作为故事片导演，你现在很成功了，你觉得自己当初去《东方时空》的初衷变了吗？

李玉：现在说我进入亿元俱乐部了什么的，我并没有特别开心。这种心态其实跟在《生活空间》的那段时期很有关系，自己特别知道自己的位置在哪里。一个导演在做完他的电影之后，任务就已经完成了，观众的喜爱程度跟整个后期的宣发程度是有关系的，我并不认为是我自己的功劳。我自己并不是想来做导演而做导演的，我只不过就是有冲动，表达我自己想要表达的东西，我做纪录片也是一样的，我喜欢讲故事，我喜欢人，喜欢观察。

有人问我好电影的标准是什么，我说就是好看，打动人心，对世界有态度。这些东西其实就是纪录片带给我的，我认为纪录片也必须要好看。好看，是有很多标准的，不是说你热闹就是好看，真正打动我的东西，让我慢慢看进去之后，好几天都忘不掉的纪录片就是好纪录片。然后对世界有态度。我觉得这就是我的标准，也是我的创作态度，我做什么样的创作，写小说也好，剧本也好，拍电影也好，拍纪录片也好，可能都是这样的。

回归到一种平民的时代

林旭东访谈

林旭东，画家，纪录电影研究者、评论家。1988 年毕业于中央美术学院，后在北京广播学院任教，讲授世界电影史及纪录片创作课程。1995 年担任《东方时空·生活空间》栏目学术顾问，1997 年策划并主持了首届“北京国际纪录片研讨会”。1999 年，应日本“山形国际纪录电影节”之邀，出任“亚洲新浪潮”单元评委。2003 年，应“香港国际电影节”之邀，任“纪录片人道奖”评委。2004 年再次策划并主持了“北京国际纪录片电影展”。2005 年曾应邀出任第二届“云之南纪录影像展”竞赛单元评委。

坚持：能走多远走多远

问：你是怎样认识陈虻的，又是怎样进入《东方时空》的？

林旭东：当时是《生活空间》搞了一次节目研讨会，那是蒋樾来找我去的，这也是跟陈虻的第一次见面，大概是在 1994 年左右，地点是在中日青年交流中心，到的人有电影导演黄健中，还有编剧刘树刚，以及当时正在筹备凤凰卫视的王纪言。第一次见面的时候，陈虻给我的印象非常干练，寸头，不是后来的长头发，意气风发，精明强干，好像要大干一场的样子。

那个时候，《生活空间》刚刚开始做这种短纪录片，上了一点轨道，出了一些不错的影片，之后反响也不错，干劲十足。后来一系列的困难当时还没有出来。初次跟陈虻见面，我们俩单独交谈不多，会上看了五个片子，讲了一些我个人的看法。但是，我还没有意向亲自下水，直接参与他们的创作。

过了很长时间，有一次我在上海国际电影节正好碰到鄢蔓去拍片子，她是我在研讨活动中认识的，她的摄像正好是我的学生程勇，碰到以后就聊了起来。鄢蔓有好几个选题，该拍哪个她拿不定主意，我帮她稍微筛选了一下。其中有一个选题很有意思，上海人民广场有一个老头，天天晚上义务地在那儿教大家跳交谊舞，他自己带着音响、唱片去。这个老人实际上个人生活不太幸福，所以他就以现在这种方式来排解他婚姻上的不幸。但是鄢蔓在后期编辑的时候，处理得简单了，弄成了一帮老人在那儿自娱自乐。看完以后，我说那么有意思的题材被你剪坏了。

后来她另外一个片子剪的时候，非让我去帮忙，当时我正好有空，就去了，之后又连续帮她剪了两个，陈虻就主动来找我，说他发现鄢蔓最近业务上突飞猛进，问是不是因为跟我合作的关系。我说，她本来基础就不错，有些方面可能经验不足。后来他就说想让我加盟，说得很诚恳。因为当时我在北京广播学院还有课，我就跟陈虻说，要我完全像他们编导这样，有那么多的播出量压力，我可能完成不了。后来商量来商量去，他说，你就来当我栏目的学术顾问吧。这样我就去了，大概那已经到了1995年了。

问：你刚去的时候，《生活空间》是一个什么样的情况？

林旭东：当时，陈虻正好也碰到了一个瓶颈，他的长片改版计划被否定了，就是像电视连续剧一样，一个礼拜连续播同一个片子，每天一集。当时做了几个，播出以后，社会上反响很强烈，收视率也很高，但是上面不知道为什么不让这样做下去了。当时《生活空间》的节目是不是纪录片，在专业圈是存疑的，台里的领导也觉得纪录片应该就是像《刘少奇》、《毛泽东》这样的大型专题片。从专业分工上来讲，这类纪录片的创作，是划归社教中心的。你在《东方时空》这个新闻栏目里面做短纪录片，是不是合适？就是他们不知道怎么定位这样一个节目，他们总觉得这个东西，放在这样一个综合性栏目里头行不行？虽然当时的中国社会已经开放了很多，整体上是越来越松，但是肯定还是有很多东西，你要突破的话，跟各方面的习惯思维是有冲突的。

当时还听说《生活空间》这个栏目要给停掉，陈虻有几次开会回来都很沮丧，跟我商量，我说这个节目是绝对没问题的。我是要鼓励他，因为我觉得当时的方向是没有问题的，我不停给陈虻打气。我是很怕好不容易刚做出个眉目来，就此转向，做别的去了。

问：那你当时对于《生活空间》做这种纪录片是怎么想的？

林旭东：陈虻不是学这个专业出身的，他原来是哈军工学光学物理的，毕业后在航天部团委工作，后来才转过来的，他这方面的专业知识没有经过系统的学习。说老实话，当时中国的纪录片教育本来就很够呛，我接触到的很多所谓专家，都讲不清楚纪录片到底是怎么回事，看过的东西非常有限。即便像中国电影资料馆这样的单位，也几乎没有什么纪录片的资料收藏。就是我们中国自己的纪录片，保存得也非常糟糕。讲个例子，在共产党直接领导下拍的第一部纪录片，《延安与八路军》，后来我因为要搞活动去找这个片子，在资料馆的目录上，看到有。后来在片库里找到一个箱子，上头写着《延安与八路军》，但打开一看，只是一些没有剪过的原始素材。后来，听新影厂的徐肖冰老师说，当时片子拍完以后，就送到苏联去做后期，不久卫国战争爆发了，影片也就下落不明了。1949年以后，苏联专家来帮我们搞一个大型专题片，才突然想起来他在苏联曾经见到过有这样一些素材，现在可以用，就从苏联调来。用完以后，这些素材就这样放在电影资料馆保存着。实际上，谁也没有看到过完成的影片。

所以，就搞了第一次国际纪录片的研讨会，目的就是想趁这个机会，让大家看一看这些所谓大师的作品到底是什么样的，都是道听途说，怀斯曼怎么牛，他的片子到底拍成什么样，小川的片子又是什么样的，让大家亲眼看一看。

我跟陈虻聊，我说你现在在做一个开拓性的事情，你自己认定了，就大胆想办法去做，不要动摇。实际上，我心里也知道，这个能走多远，不好说，走着看吧。我觉得，拍小人物的纪录片，起码在这个阶段，中国纪录片是需要有这样一种实践的。只有做到一定的量以后，才能由不成熟变成熟，一点点形成一种美学。

问：你说的《生活空间》遇到的这种艰难大概持续了多久？

林旭东：很长一段时间，我觉得《生活空间》经常不是很顺利，有很多原因。一个就是，你这样一个天天播出的日播栏目，要做成纪录片，这个工作量很大，每个编导的付出实际上要比《东方之子》累得多，另外就是这种运作形式，有一定的冒险性，有的题材你拍得成，有的可能拍不成，拍着拍着就觉得这个拍不下去了，就是这个成功率的问题。大家也觉得很累，心累，你老是一个片子完了，马上再去投入另外一个，创作密度很大，大家心理上，开始可能还有创作的快乐，老这样，大家就会觉得有点疲劳。最重要的，上面也是一直有批评的意见，经常一个礼拜送去五六个片子总有两三个给毙掉，确实有点艰难。

问：节目被枪毙掉的原因是什么？

林旭东：各种各样的原因。一个是太灰暗，这是经常听到的一个批评，就是一个好好的题材怎么给你拍得这么灰暗？比如说像当时蒋樾做的《矿工》，做的是六期，本来想连续播一个礼拜，但是后来大概好像就通过了三个。有的也说不出什么具体的理由，就是觉得，看上去不快活。但实际上拍摄现场我去了，真正的煤矿要比它黑暗得多。但是就是这样，有各种各样的原因，弄得陈虻也经常有一种危机感。

一直到后来有一次，我具体记不清哪一年了，中央电视台在圣诞节还是元旦搞了一次跟当时各国驻北京的电视传媒的联欢。平时，他们都是利用中央台的设备传输节目，一般也没有什么其他更深的日常交往，当时觉得需要跟他们加强一些沟通，就搞了一次联欢，就跟他们聊，问他们看我们的节目吗？他们说，也看。就问他们觉得哪个节目好，他们说有一个叫《生活空间》，讲述老百姓自己的故事，这个有意思，这种节目我们想做，但是做不出来，我们不可能到中国老百姓家里去这样拍。

那件事以后，《生活空间》开始待遇不一样了，大家觉得是个事。甚至后来《东方时空》几度改版，都没人敢提出来把这个栏目拿下来，就是这样。后来有了收视率调查，《生活空间》的收视率很高，我们自己也感到意外。在整个《东方时空》的栏目里头，甚至有一度是最高的，真是没有想到。

开拓：做着做着意义就出来了

问：你当时到了《生活空间》，除了给陈虻打气以外，还帮他做什么？

林旭东：有时候有一些节目不是完全拿得准，他来跟我探讨，就这种方式，怎么样，或者这个片子到底怎么样？还有一些，比方有些人想进来，跟他聊，他有时候会来让我跟他一起聊一聊这个人是不是合适。当时好像也没有统一的标准，制片人这方面自由度很大，只要他觉得合适，他就用。每个人的背景都不一样，是从各方面来的，从电影学院毕业的来过几个，但是干了一段自己就不想干了，在我印象中，干长了留下的，一个也没有。干长的，中戏毕业的倒是有一些，多数都是学新闻的。

问：你去的时候，《生活空间》的创作队伍是什么样的状况？

林旭东：那时候进进出出，大概有三十多人。当时最能干的是三个女编导，说是陈虻的“三把刀”，郭佳、樊馨蔓、刘鸿彦。鹿敏那个时候刚从广电部过来时间不长，鄢蔓当时还不算最拔尖的，她是后来居上。当时我去的时候，海天快要走了，去了《新闻调查》。海天当时也算能力比较强的，还有孙华拉，也算强的。

那个时候整体气氛基本上属于蒸蒸日上，大家还在业务上暗暗较劲。这些编导各有所长，郭佳思路比较缜密，一般来说是不会太失手到什么程度的，做得比较稳定，但是可能激情方面稍微弱一点。樊馨蔓属于那种情绪型的，她有时候情绪上来了，做得挺不错，有时候情绪低落，那就稍微差一点。

鄢蔓是个特别感性的人，她的长处是跟拍摄对象的沟通，她去做采访，一下会把对方弄得很松弛，最后变成好朋友。片子拍完以后，一起逛街、买衣服，私人关系很不错，对方很愿意在她的镜头前面聊。但她就是情绪容易波动，弄弄没意思了，就这样算了吧，情绪起伏比较大，所以她拍回来的东西很有意思，但总是还差一点，我就让她去补拍。有很多片子我帮她收拾，跟她合作大概有一两年。有一段时间她补拍去借机器，管设备的人说，你又来啦，就叫她补拍大王。

鹿敏总体上比较成熟，特别是在找选题上，我觉得在《生活空间》里她是最有办法的。她是研究生毕业，原来在广电部内部的一个刊物工作。她来采访陈虻，采访采访自己就过来了。每个人，你问他是怎样过来的，都很有意思。

说到当时的编导，就不得不提一提李伦。我刚去《生活空间》的时候，他好像还不是很受重视，他原来是学时装设计的，最早过来是做时装节目。我记得当时大家要做特技，经常会找李伦，因为他操纵这个特技台子特别熟练。我记得有一次，他报了一个选题，拍南街村，他和一个年轻的摄像搭档，报题的时候陈虻还不放心，说你们俩在一起不会拍水了吧？结果拍得不错，从此以后，陈虻就对李伦开始有点刮目相看了。他是个很聪明的人，这点跟陈虻属于一种类型，就是你点拨两三分，他就会明白七八分。我跟他接触比较密集是搞第一次国际纪录片研讨会，当时他也参与了大会的筹备工作，很能干。从后来的发展看起来，应该前途无量吧。

后来，“《生活空间》对社会现实的关注度比以前更强烈了，不再仅仅是一家一户的油盐酱醋了，而是一家一户的油盐酱醋跟一个大的宏观的社会背景联系起来了，是把人物的日常生活放到一个更宏观的背景里去”。图为与李晓旻（右）重走长征路时的合影（摄于1996年）。

问：那你到栏目以后，你觉得他们这帮人整体的专业水准怎么样？

林旭东：整体水准在当时的中国来说还是不错的。起点肯定都是从零开始了，可能也就是因为他们没有受过这种所谓的纪录片系统的训练，不是学院出来的，反而概念少。所以有时候，你给他一些东西，他反而接受比较快，不像有些人，他已经有固定的那些套路，你要把他前面的东西洗掉很难。

我去了先给他们看好片子，有的人用心了，他就会去琢磨。确实有的编导有的摄像会去琢磨这个机器运动好在哪，怎么个运动法，下次再拍的时候他会试着去做。因为艺术这个东西，只能给他一个氛围，不能说死了，说死了以后就完蛋了，你只能给他一个大的思考范围。给他们放东西的时候，我是精挑细选的，我尽量让他们看各种各样的可能性。有这样一种做法，也可能还有另外一种做法，这并不是唯一的。好片子，就是不同的方法他都可以做成，从表达上来说，他表达得贴切就是好东西。我以前学画时，跟过一个老先生，他跟我说过一句话，尽管听上去有点糙，说的是美术，但道理是一样的。他说，什么东西叫脏？一摊屎在床单上叫脏，这摊屎放在茅坑里头就不叫脏。实际上一样的道理，要恰当，表达得恰当。而怎么恰当，就要你去拿捏了。这个东西我不能给你一个固定的模式，我只能说有这样一种可能性，我不喜欢强迫别人去接受一个什么东西。

问：那你觉得他们的优点和弱点是什么？

林旭东：总的来说，还是因为中国当时的特殊背景原因吧，就是一个电影素养的问题，就是说走着走着，原来的积累就用得差不多了。这种电影方面的积累，包括生活方面的一些积累，毕竟年轻，有些东西他只能看到这一些。就是说，你同样在一个现场看，同样面对这一个素材，能发掘出多少东西，跟你背后的东西有关，你的电影能力，你对生活的认识。

当时从整个中国的情况看起来，他们已经不错了，我为什么知道这个情况？因为我帮陈虻做过几次这种一年一度的全国短片评比，知道了一些全国各地的情况。

当时陈虻也想通过这个评奖来发掘新人，有的编导在地方台很长时间出一个片子，拿来看看还不错，于是就来了。来了以后，真的做，天天日播，这样高密度地做，最后他自己要回去了，受不了，吃不消了，压力太大，不如在地方台舒服。

问：那陈虻当时给团队加的压力大吗？

林旭东：怎么说呢，陈虻对我没有压力，可能有些人会感到压力很大，片子老是做不出来。比如说，邓蕾有一个阶段做的片子老是不符合要求，她就是那种原来在地方台做得很熟练，形成一个套路，老是这个套路，很难突破，有个瓶颈堵在那儿了。我看她有几次跟陈虻长时间地聊，还哭鼻子。当然，现在她已经是一个有经验的老编导了。

甚至还有人就失踪了，有一个上海复旦大学中文系毕业的硕士，编着编着片子突然人不知去向了，家里也不知道他到哪里去了。可能对他们来说，压力太大。说老实话，做这类片子，你没有现成的模式可以参照，考验很大。在他们之前，不像做一些专题片，现成的东西可以拿来看看，变变解说词，当时没有。实际上完全要你全神贯注到日常生活中去发掘，去发现，发现里头有趣的事情。

有的人，他就是看不出有意思的故事，拍几个选题回来还是做不下去，这个东西，有一种状态，就是说你和生活之间的这种磨合，有时突然感觉来了，会觉得左右逢源，这个有意思，那个也有意思。有时候就觉得没什么可拍的，就两种情况。还有一种状态，鄢蔓有时候就会有这样的状态，就是这样也有意思，那样也有意思，意思太多了，最后把自己弄糊涂了。实际上同样一件事情，我们可以从不同的角度去看，但是你要达到一定的深度，你就必须要舍弃一些东西，尽管这些东西表面看上去很生动，但它会妨碍你对主题的发掘。

问：当时他们一拨人在北京漂着，自己生活过得也很清贫，当时他们能出好片子是不是也跟他们自己本身的生活状态有关系？

林旭东：确实和他们拍摄对象的生活比较接近，也有关系，这个我在以前的一篇文章里也谈过。那个时候，大家是很清苦，一个月收入也不多，基本上大公寓里头一起住，开始连这个条件都没有。后来陈虻觉得大家实在太辛苦了，就包了一个大公寓，让大家晚上有个固定的地方休息。所以早期的时候，他们实际上也就是这样一种生活状态，差不多和采访对象是在同样一个层次里头。

问：听说当时你每周为编导们还专门搞了一个学术观摩？

林旭东：每个礼拜二下午，我们会放一个片子，作为学术观摩。放完片子以后，大家会聊聊，可能不一定是纪录片，也可能是一部经典电影。因为当时我一直是从电影文化的角度去看纪录片，认为它是一个国家电影文化的标志，我开始对纪录片感兴趣，也就是从这个角度。

我在研究过程中发现，所有的所谓电影强国，像美国、苏联，或者其他一些欧洲国家，它在电影史上可以分为三个部分：一个是纪录电影；一个是所谓的主流电影，就是故事片；还有就是实验电影。这三类电影的实践，在整个电影史的发展过程中形成一种互补。当代纪录片的一个重要的转折，是发生在上个世纪50年代末60年代初。由于技术的重大突破，解决了创作中的瓶颈，形成的一些观念，一直影响到今天。

问：那当时世界纪录片的发展完全没有影响到中国吗？

林旭东：那个时候我们正好跟苏联闹翻了，对外交流完全中断。我曾经听新影厂一个老编导讲过，当时到"文革"中期的时候，伊文思来拍《愚公移山》，他们看到伊文思当时的一些拍法，已经完全不理解了。甚至改革开放很长时间了，一些老编导去国际上参加一些学术活动，感到完全没法跟人家交流。人家觉得这个片子是大师级的，好得不得了，他们说看来没有什么嘛，镜头摇摇晃晃，画面也不漂亮，这有什么意思？等于理念上有这么一个中断。

还有一个要考虑的因素，是工业条件，也就是物质基础。我觉得这个是较少被人讲起的。有一次，我跟陈汉元聊，他讲起来那个时候胶片都是要用外汇进口的，碰到三年自然灾害，国家外汇紧张，拍片时甚至要求素材与成片的比例达到1:1，每报废一尺胶片，那就是对人民犯罪。就是工业条件也不允许你耗费大量胶片去拍那种长期跟踪的东西。他说一般拍采访，就是前面竖两块牌子，写着你要回答的话，几句写在这边，几句写在那边，让拍摄对象看着这个牌子念，念几句，眼珠子往那边转一转，再接着念，好让镜头看上去有点变化。

问：那就是说，那时候我们国家的纪录片是需要补课的，《生活空间》也面临这个问题？

林旭东：我一直认为你要拍好《生活空间》，你不仅是要热爱它，而且在电影方面要有高度的素养，要有一定的电影实践积累，有一定的造诣，在形式上有一定的追求。有的东西，并不是你扛起机器来拍，你记录下来东西就会有意思。实际上，是你采取的角度使得生活变得有意思。巴赞说，艺术中的现实主义，只有用一种方法表现，那就是用主观的方法来表现。

当时给大家观摩的片子，多数都是我从法国文化处借来的，请一些朋友来做同声传译，比如电影资料馆的研究员单万里。现在很多编导回想起来说，那时候看到很多片子，对他们还是影响很大的，锻炼的是一种电影的修养。

我在第一次国际纪录片研讨会上放过一个德国片子，叫《剧本：年代》，导演开始是去一个边远农村拍一个小片子，是关于一群小学生的，拍他们的开学第一天。没想到，那一天，正好柏林墙竖起来了。后来他就一直拍这些孩子的成长，渐渐地变成了有意识的跟踪，一直拍到了柏林墙倒塌，两德统一，这些孩子也已经成了中年人。拍摄的材料，从35毫米的黑白胶片，最后变成了16毫米的彩色胶片，一部编年史就在我们的面前完成了。这不仅是一代人的历史，也是一个国家的历史，同时，也是电影的历史。

其实《生活空间》开始也不是那么自觉的，做着做着就发现有这种意义。开始还是一种比较直接的，觉得这种有趣，包括最早蒋樾拍的那些老头，他自己喜欢这些人，自己熟悉的人，拍起来觉得更有把握。做着做着你就觉得会有一种意义突显出来，别人会从这里头看到这种东西。一个影片实际上是开放的，可能你作者当时也不一定完全能意识到，但是你出来以后，大家可以从这个里头读解出来这种信息，尤其是纪录片。

大历史当中的小人物

问：《生活空间》的口号是“讲述老百姓自己的故事”，做小人物的纪录片，这在当时是一个非常不简单的突破，当时怎么会把镜头对准小人物、老百姓的？

林旭东：其实《生活空间》早期的定位是一个像《为您服务》这样的节目，但做做，播出了以后很别扭，早上7点多让大家看什么水果怎么吃有营养，穿什么衣服合适，人家都要上班了，谁要看？领导看了也很别扭，当时的制片人是卢望平，卢望平又是《流浪北京》的摄影，他跟当时所谓的独立制片人很熟，在栏目没招儿的情况下，找蒋樾他们来帮忙。蒋樾就用他的设备和经费拍了一些短纪录片。审查的时候，卢望平没底，还让蒋樾一起跟去，万一孙玉胜说什么，让他帮着说说。

结果孙玉胜没说什么，可以，就播出试试看。当时孙玉胜那一层可能也没想清楚这个栏目到底怎么定位，也想试试看。播出以后居然反响不错，反响不错就再做几个吧，就这样。

经过一段摸索以后，就确定了，就是每天讲一段老百姓的日常生活故事，当然这个节目类型是什么，是不是纪录片？大家当时实际上是不明确的，当时就是想做出不一样的电视节目来，着重关注普通百姓的生活，这些小人物在社会上都是不被大家注意的，他们可能是沉默的大多数，他们的日子是怎么过的，他们的喜怒哀乐是什么样的。拍小人物，初衷是想给他们一种人文关怀，给他们一种温暖，老百姓活得不容易。

问：我听说当时《东方之子》也曾经有过想法要关注小人物，和你们争过地盘？

林旭东：我听说过，时间曾经也想过在《东方之子》做一些关于普通老百姓的片子。因为做名人做着做着，觉得选题有时候会很受局限，弄到后来好像变成了一种官方荣誉。有一次我去上海拍片子，有一个名人开始听说《东方时空》要拍他，他很高兴。一去，说是《生活空间》讲述老百姓自己的故事，他听了很生气，他原以为是《东方之子》要拍他，他说我不是老百姓，我是市政府的参事。这个片子后来就没拍成。

整体来看，这个栏目当时是起到了一个非常好的作用，就是让观众通过这样一个栏目，感受到自己的尊严。观众是需要一定的培养的，比如刚开始下去拍摄，大家不理解，一到底下就会有人问，你们为什么要拍他？他又不是什么，就是很平常的一个人，我们的党委书记是不是应该给个镜头？他们觉得电视报道就是一种官方的荣耀。到后来，一看是来拍《生活空间》的，拍摄对象都知道，我该干吗干吗。

问：选题有多远，思想就有多远，报选题是我们这一行里面太大的一个事了，当时就是说“讲述老百姓自己的故事”，这里面还很宽泛，比如说可以找那种残疾人是一类，猎奇的也是一类，然后平平常常的也是一类，当时大家有没有一种比较具体的标准？

林旭东：开始就是你有一个想法，你去跟陈虻谈，陈虻觉得可以去操作，就去拍了，就是这样，好像没有什么绝对不能拍的。有一些东西，不能碰的就只好回避了。实际上没有什么硬性规定大家去拍什么，或者不能拍什么。这个当中也有过摸索，有一段时间残疾人拍太多，有人说你们《生活空间》要拿残疾人基金会的奖。太多了就看看别的，这也是跟生活有一个对话的过程，一个互动的过程。有时候你报的选题是这样，后来实际成片可能是另外一个样，当然，一模一样的也有。

大家基本上就是从老百姓的日常生活当中去发现故事，一定要讲故事。因为我们不是做《焦点访谈》，我们是从日常状态里发现。我觉得在中国拍纪录片，运气不错，你拍着拍着这个故事就会出来。开始报选题的时候，想想还不是这样的，可能听上去这个选题没什么意思，但是你拍着拍着，就会觉得很有意思。就像李玉当时拍《姐姐》，原来是报道济南交警去了，好像是配合宣传，当时不是全国交警学济南吗？就这个口号，就去看看有什么可拍的，后来在采访中听说有一个交警有一对龙凤胎姐弟，很有故事，后来就拍成了现在这部片子。

问：那当时除了人文关怀，有没有有意识地去追求故事背后的社会或时代意义，有没有清晰的纪录片概念？

林旭东：开始都不是那么自觉的，做着做着你就会觉得有一个大背景会凸显出来。别人会从这里头看到这种东西，包括所谓的知识阶层，他们会读解出那种东西来。一个影片实际上是开放的，可能你作者也不一定完全意识到，但是出来以后，大家可以从这个里头读解出来这种信息，尤其是纪录片。

其实我们在无意当中拍这些小人物的日常生活的时候，已经触及到时代了，像郭佳《考试》这样的片子，已经涉及到一个很大的背景，只是没有明确地提出来。

到后来，就开始有意识地去考虑这方面的内容了，就是说去关注大历史当中的小人物，把这些小人物的命运放到一个更宏观的背景里去看。整个中国社会是在一个转型期当中，这些老百姓他们具体是怎么渡过的，这种转型给他们的生活带来了什么深刻的影响？当初，出来过一些有意思的片子，像《徐姐的夏天》、《泰福祥日记》，都跟这样的一个大背景有关。当年李伦带着三部片子去参加香港电影节，境外的同行看了很惊讶，他们没想到中央电视台还有这样的节目。

从那时候开始，《生活空间》对社会现实的关注度比以前更强烈了，有意识地放一些社会内容进去，不再仅仅是一家一户的油盐酱醋了，而是一家一户的油盐酱醋跟一个大的宏观的社会背景联系起来了，是把人物的日常生活放到一个更宏观的背景里去。

问：对于这种转变，当时中央电视台的审片人是怎样的态度？

林旭东：我觉得孙玉胜是我接触过的领导里头，在审片子上很有眼光的一个领导，有时候他的思想甚至比陈虻还要开放。有的片子，陈虻好像还有点犹豫，到孙玉胜那儿，一点儿问题没有。有一些也挺敏感的，比方说下岗、改制，像《泰福祥日记》有些东西很敏感，怎么一个国家的商店改制，变成一个私人的商店。他审片的时候，大的方向能抓得住。但中央电视台毕竟是一个国家媒体，有时候代表一种政府立场，所以就说，在《东方时空》这样一个栏目里存在着《生活空间》，它能够那样，已经走得很远了。

平民时代的到来

问：当时可以说《生活空间》获得了巨大的成功，对当时的中国电视有什么影响？

林旭东：实际上，《生活空间》的影响已经远远超出了专业范围，"老百姓自己的……"成了一种品牌，比如出现了"老百姓自己的餐馆"，诸如此类。现在就是说，有些东西你需要有一个量，才能够有一个提升，这个是很重要的。有一个日播的量，有这么多片子出来，甚至有一些地方台的人认为纪录片就是这个样子。这有好有不好，可能会形成一个框框，人家以为要拍纪录片就是这个样子，那也不好。纪录片还是有各种各样的，可以完成不同的任务。但在那个特定的时期，它的普及对中国的纪录片文化来说，还是起了一定的作用。

问：现在回头分析《生活空间》成功的原因，为什么能产生那么大的社会反响？

林旭东：其实是各种各样关系的一种互动，这种东西出现了以后，它为什么能够生长，肯定是有土壤和气候。从发生看起来，好像是偶然的，实际上跟当时大的时代背景有关。整个《东方时空》的出现，是在南巡之后，整个社会是一个更加开放、更加宽松的氛围。其实八九以后，大家都开始反思，中国的现实到底是怎么回事？

当时很多知识分子也在考虑这个问题，就是说，是不是不应该一味地只盯着上层的政策，包括我自己本人，也有一个反省，就是我是不是脱离了中国社会的基础。我当时选择做纪录片的原因，就是我很想知道中国社会的底层结构到底是怎么回事。对于我这样一个生活在学院里的人，接触到的都是那些高谈阔论的人，他们与中国社会的基础到底是一种什么关系？就是一个英雄时代过去以后，大家又开始重新回归到一种平民的时代。

我们的日常生活中，普通人到底是

怎么生活，怎么思考？当然，那时候做这个节目时可能还没想那么远，但是为什么后来会有一点影响，实际上暗中契合了这种内在的文化需求。

我最早对《生活空间》感兴趣也是这样，当时我记得我是看了蒋樾的一个片子，《上班》，当时还不认识蒋樾，是跟牟森聊起，他说蒋樾听了很高兴，非要跟我见一见，然后就聊。那时我看的时候，还没想到要做栏目。

就是这种日常状态的东西，大家开始有兴趣，电影上来讲，出来了第六代导演，不再拍那种宏大叙事，但是他们是走了另外一个途径，就是私人话语。我是在张元家里见了吴文光，那个时候广院开了一次纪录片研讨会，主要是放体制内的作品，也放了吴文光的《流浪北京》，还有时间的《天安门》，当时好像争议很大，听同事在聊，后来就从系里借了带子看，觉得挺有意思。

问：就是说，在当时的社会背景下，从宏大叙事的历史观转向对小人物的关注，是那个年代文化人的一种共鸣？

林旭东：肯定是互相影响的，包括对《生活空间》。在实践当中，你尽管在拍小人物，初衷只是想给他们一种人文关怀，但是当时整个社会的转型就已经开始了，只要你关心这些小人物，关心他们的命运，实际上就是已经在现实当中了，就会触碰到。在这个过程当中，也确实有一些不错的影片做出来了。

同时，1990年代中期以后，国际上也出现了一批回顾20世纪的影片，从一个个体的故事开始，重新看整个20世纪人类走过什么样的路。文学里头也有，当时有一批全景式地回顾整个20世纪中国历史的作品，都是那个时候出来的。

问：你是哪年离开《生活空间》的？

林旭东：大概1998年，当时陈虻离开了《生活空间》，我也就离开了。《生活空间》原来的人分成两拨，一部分到《纪事》，一部分留在《生活空间》，李伦留在那，人不多。等陈真去了，又把我找回去。我过去看，已经覆水难收了，普遍的人员的素质要比原来差一截。那个时候，真的是已经元气大伤了，人也流散了，甚至观众也大量流失了，收视率很长时间低迷，以前爱看《生活空间》的观众都不看了，觉得你们这个节目没意思了，我不看了。你要再培养起一批新的观众，很难。实际上，我一直想，如果不中断的话，会是一个什么样的局面？

5 /

《音乐电视》：感心动耳民族曲 荡气回肠中国魂

王坚平访谈

从来不需要想起，永远也不会忘记

王坚平，1985 年毕业于上海华东师范大学，同年进入中央电视台总编室。1988 年加入《观察思考》栏目担任记者。1993 年参与创办《东方时空》，任《金曲榜》（后更名为《音乐电视》）制片人。1994 年推出"中国民族歌曲经典 MV100 首"；1995 年推出原创歌曲 MV 系列《95 新歌》。1996 年参与创办并担任《新闻调查》栏目副制片人。1999 年从央视辞职，创办北京银汉文化传播有限公司，改版北京电视台生活频道。现任中国国际广播电台数字广播中心副主任。

把业余爱好做成了工作

问：你老家是哪儿的？怎么来到中央电视台工作的？

王坚平：我是苏州人，1981 年考上了上海华东师范大学读中文系。1985 年毕业以后，分配到了中央电视台。那时候中央电视台从全国各大学选拔了大概六十个人。当时全台职工也就一千多人。我和时间是一拨来的，时间一下就分到了专题部。专题部当时是中央电视台最好的部门，做大片，做专栏。我不是科班出身，不能马上上手做节目，于是就分到总编室开始做节目编排。

在总编室干了三年后，1988 年的时候，中央电视台组建第三代的《观察思考》栏目。这个栏目在 1980 年就有了，但是三起三落。在 1988 年的舆论环境中，中央电视台又要打造精品，做舆论监督，就创建了第三代《观察思考》栏目。我记得那个时候一共 13 个人，有肖晓琳、童宁、陈虻、关海鹰、袁正明等等。我真正开始学做电视是从《观察思考》开始的。其他人都非常优秀，非常资深，我就跟着他们开始学电视，从新闻上手。

问：在此期间你特别爱好音乐？所以童宁就邀请你去《东方时空》做音乐节目？

王坚平：那时候很年轻，喜欢流行音乐，也算是一个发烧友。80年代的时候，齐秦、苏芮都是我比较喜欢的歌手。不仅喜欢听，也喜欢唱。《东方时空》刚开始的时候，童宁跟孙玉胜一起负责筹办。我记得应该是在1992年年末，有一天我进办公室的时候，童宁来找我说："坚平，告诉你一个消息，台里要准备创办一个早间栏目。"90年代初，流行音乐点歌很盛行，广播电台也刚刚做改革。音乐台里点歌送歌是当时的热点，童宁说"我们就来做一个早间的点歌节目"。问我有没有兴趣负责这个栏目，当制片人。我当时不太懂什么叫制片人制，他说就是人、财、物全部由你来调配，你负责拿出节目就行了。人员自己组织，如果台里的人组织不起来，可以从外面聘，权力给你；设备可以到外面去租；每天负责交8分钟的节目，台里给你解决节目的制作费。实际上就是统一责任和权利，按照电视的规律来投资和组织运营，由台里掌握审片权和播出权。

这里有两点很吸引我：一个是我觉得制片人制这种新的模式可以尝试一下——原来做新闻记者是单兵作战；做一个栏目，带团队对我来说很有挑战。第二，我对音乐节目很有兴趣。做了那么多年新闻，觉得压力很大，尤其做新闻评论压力更大。能够把业余爱好做成工作，这是很愉快的事。童宁说，那我就带你去认识一下孙玉胜。我问孙玉胜是谁，他说是新闻采访部的主任，这个栏目的总负责人。

我后来就见到了孙玉胜，在中央电视台二楼的咖啡厅。孙玉胜说坚平，你有什么想法吗？我说我想做一个流行音乐MV的栏目——当时基于两个考虑：一个是流行音乐在90年代初是中国最时尚的品种。我们作为一个早间节目，要想让大家在早上7点半打开电视，一定要吸引类似发烧友的观众，他们才会去追着你看。除了足球有这样的影响力，可能就只有流行音乐能够做到了。第二，我要用MV的方式。80年代末90年代初，港台的流行音乐进入大陆，也带来一批MV作品，当时的年轻人觉得这是一个很新的电视样式。能不能以流行音乐和MV作为两个元素来做一个栏目？孙玉胜说这个想法很好，拿一个方案出来，我就回来筹备方案。

当时《观察思考》的很多朋友都不

太理解，因为那正是我在《观察思考》做得好的时候，我在1992年获了中国新闻奖和全国好新闻奖，我走的时候，张步兵是我们的副组长，袁正明是我们的组长。张步兵说，坚平，我怎么也没想到你会离开《观察思考》。为什么突然间要跳走？我说我想试一下做音乐，过过瘾。当时说的方案也很简单，就是一个基本的思路。然后我就开始筹备起来了。

问：筹备的第一件事肯定是要找人。

王坚平：没错，我一开始找了两个人，一个是吴越，一个是施翌。吴越当时在《观察思考》组实习，广播学院研究生毕业，是十分优秀的编导。我和吴越年龄相仿，也都喜欢流行音乐，平时生活当中经常交换新歌。我说咱们一起去吧，他二话没说就跟我去了。吴越就是我第一个队友。第二个是施翌，她也是《观察思考》的实习生，广播学院播音系毕业的。这两个人跟着我到了《东方时空》，我们三个人开始组建团队。后来陆陆续续有人来推荐，也有毛遂自荐的。

我们每天提供8分钟的节目，我把栏目制作基本上分成了两套班子。MV的拍摄制作采取社会化合作的方式，导演都是社会上的。我有好的项目，他们来投标制作。我们那个时候拍MV，同时可能有五六个团队在拍，这样的话，选择更宽泛，拍得好的继续合作，拍得不好的就换掉。其实我是制播分离最早的实践者，而我自己组建的团队，主要是把这些MV拿过来串编成节目，实际上是一个包装团队。基本上人员是两个主持人，三四个编导，再有两个摄像和后期制作，十一二个人，这三年我们一直都维持着这个团队构成。

问：当时筹备节目你面临着什么挑战？

王坚平：那个时候真是无知者无畏，不知道每天8分钟意味着什么。其实每天8分钟的节目内容的吞吐量很大，做了以后才知道。播出就跟老虎机似的，吐出来的是社会反响，吃掉的是我们每天辛辛苦苦做的节目。所以，在开播之前我们最大的担心就是节目的内容。

开始我们想利用社会上现有的MV资源，重新串编包装变成栏目，所以当时第一件事是找MV。我们很快就联络了国内有能力做MV的音像公司。全国的唱片公司基本上集中在几个体系。一个是广电体系的中国唱片社，另外还有文化部的音像出版社。北京、广州和上海大概有不到十家唱片公司。在广

"张步兵说，坚平，我怎么也没想到你会离开《观察思考》。为什么突然间要跳走？我说我想试一下做音乐，过过瘾。"（摄于 1993 年。左起：陈虻、梁建增、王坚平）

州，流行音乐的商业化运营方式是起步最早的，他们的唱片公司要包装歌手，拍MV——MV实际上就是歌手作品的广告。我们第一步先到广州各个公司广泛搜罗，通告大家中央电视台要办这个栏目，未来会是一个流行音乐的展播平台，大家有MV可以拿给我们。

我记得那个时候跑到广州，认识了一批音乐人，包括陈小奇，《涛声依旧》的作者。他说，从你们身上感觉到了中央电视台另外的一种气象。中央电视台要MV，一般都是打个电话，我们跑到北京去，你们还专门跑到广州来，一家一家走。我说我喜欢都走一遍，看一看，这样心里踏实。一是看现有MV的情况，第二也是了解日常的生产能力，第三也建立一些联络。我希望未来他们可以变成我们栏目的内容来源，这是第一条线。第二条线，是和港台的唱片公司进行联系，台湾的滚石，香港的宝丽金。第三是把中央电视台库房里面有的MV重新找出来。我们收集了一批后，开始做开播前的准备。

这个节目是流行音乐，观众对象是年轻人，所以我们以青春、亮丽、时尚作为整个节目的风格。女主持人是施翌，二十一二岁，非常年轻。男主持人是传媒大学主持人系还没有毕业的年轻人，叫桑朝辉，现在在北京电视台。当时的样片是在台里二楼的新闻演播室做的，后面搭了景，上面挂了很多唱片大碟。第一期是开场式，做得热闹一点。第一首是非常欢快飘逸的偶像歌曲，杨钰莹的《让我轻轻地告诉你》。我们又找了一批当时流行音乐界比较红的名人来祝贺，有刘德华和张学友。我们的第一期节目在5月1日《东方时空》首播时非常出跳，因为其他节目都比较严肃，一到我们这又是杨钰莹的歌，又是刘德华的开播祝贺：希望你们《东方时空》收视长红，以后经常有我的歌伴随你们。节目播完以后，时间说你这个节目很提气，带来了很多人气。我们也基本上就这么开场了。

问：当时节目播出的具体内容是怎么编排的？

王坚平：当时觉得做一个音乐节目应该涉及方方面面的内容。歌手、作曲、编配、MV导演，甚至各种各样的花絮以及对音乐的点评。所以一般在8分钟的节目中，一首歌占三到四分钟，接着会有MV拍摄花絮，导演的创意构想，还有歌手的访谈。一些比较有影响力的人，就做成人物专题。周末的时候还做“音乐沙龙”，针对当时的音乐现象和议题展开讨论，把这些歌反复地聚焦，充分地挖掘其中的内涵。

在整体的题材安排上，当时有个比例，一周两首民歌，两首流行音乐，两天专题。礼拜一看到的是民歌，礼拜二是流行音乐，礼拜三是音乐人物，礼拜四看到的又是民歌，礼拜五又是流行音乐，礼拜六看到的是访谈节目，礼拜日可能是一周节目的精彩汇编。

一般的商业化是迎合，但我们是引领

问：开播以后，节目的制作应该说比较顺利吧？

王坚平：我们这个节目的内容资源还是有一定保障的。我们把一些唱片公司的存量MV都收集起来，他们也把生产计划都告诉我们。应该说，我们用了一种开放办栏目的方式，争取到了充足的节目内容。所以四个栏目当中，我们是最轻松的。《东方时空》开播以后，也有很多社会上的个人来给我们送MV，所以量不是一个难题，难题是质。唱片公司有商业化的考虑，港台的东西又走得比较前卫，这些东西能不能确保在中央电视台播出？

我们当时每天播一个流行音乐，一周里播几个港台音乐，一下子就在业内形成了一些争议：中央电视台的口子是不是放得太开了？因为在这之前，中央台播流行音乐是相当谨慎的。当时的流行音乐多半是爱情主题，追求的价值观是个人的实现。这种价值观和90年代初弘扬民族文化的主流价值观是不相符的。所以当时这个栏目开播没多久，就受到了一些相关人士的指责，《音乐电视》到底在引导什么？甚至台里内部的一些阅评通报上，也说这个节目是不是你们制片人或者个别编导自娱自乐的卡拉OK？后来我们审片的压力就变得很大。我们两个主持人原来的主持方式都是时尚轻松的，穿着休闲的时装站在那儿，很活泼地推荐歌曲。当时甚至有人觉得，站在那儿都表明一种非主流的状态，必须坐下来穿西装打领带。

当时就不断地要求我们调整方向。这个栏目创办之初，就是一个社会化提供集成的节目，如果这些片子不能播的话，那我们怎么办？于是我们就开始策划。毕竟是中央电视台的栏目，需要有自己的媒体立场和媒体地位，我们必须要改变简单的拿来主义方式，加入自己的创作，来符合中央电视台作为主流媒体的价值引导。所以，我们当时提出来要自己投拍MV，这样的话我们就能够主动地来引导价值导向。

问：你们准备自己投拍MV是什么时候？

王坚平：开播大概两个月以后就

有这种压力了。前两个月天天在播大量的港台音乐。张学友的《吻别》，周华健的《花心》都是我们最早播出来的。1993年八九月份，我们开始策划开拍自己的MV。既然要弘扬主旋律，我们能不能把中国的传统歌曲，用现代的手段来推介，把民族歌曲拍成MV？这在当时来说也是一个创意。当时我们就提出要拍一个一百部中国优秀的民族歌曲MV系列，叫“中国民族歌曲经典MV 100首”。台里说这个方案很好，就批准了，还专门拨了200万,一首歌两万块钱拍摄制作费，拍100首。

这在90年代初还是非常不错的。那时播出的第一首MV是王昆唱的《白毛女》，接着还有郭兰英唱的《绣金匾》，郭颂的《乌苏里船歌》。那个时候中央电视台有很强的动员力，专门组织了团队，选音乐，编曲录制。当时这个项目的音乐总监是中国歌剧舞剧院的温中甲；MV的总导演是张黎，现在是著名的导演。应该说经过一两个月时间的筹备，这套节目就在1993年年底推出了。100首民歌MV，整整播了一年。

这个节目播出去后确实还是很有影响力的。《人民日报》专门发表了文章，对《东方时空》用年轻人喜闻乐见的方式来引导主旋律给予肯定。时任总理的李鹏专门给我们题词，“高歌民族曲，激荡中国魂”。当时中办的人跟我们说这个题词是对你们的鼓励，但是不适合对外发表。

问：总理给予栏目题词，算很大鼓励了。

王坚平：是，当时我们觉得很有成就感。后来到1994年末的时候，一百首歌曲的MV全做完了。央视又把整个这套歌曲MV的音像版权卖给广州中唱（中国唱片广州公司）。广州中唱把100首歌的MV做成了一套音像产品，光碟、CD、盒带，全套都有。还在北京饭店搞了一个盛大的发布仪式。现在去唱这些歌的卡拉OK，还能看到我们的作品，画面中有一个《东方时空》像眼睛一样的标志。中唱做成卡拉OK出版发行，央视回收了制作成本。所以当时孙玉胜对这种操作方式很满意。他说，坚平，你很有生意头脑。

问：1994年的主打就是这100首歌，之后你们又继续做了什么？

王坚平：1994年这100首歌年终播完效果很好，于是就接着往下做。那一百首歌集中了20世纪30年代到解放前的优秀歌曲，我就把解放以后到改革开放初期的优秀歌曲再汇集起来，又做了“当代金曲50首”，包括彭丽媛的

《在希望的田野上》、苏小明的《大海啊故乡》。这150首歌曲就把中国从20世纪30年代到改革开放所有的好歌一网打尽了。而且把中国一线的歌手、音乐家全部囊括其中，应该说还是非常有价值的一套节目。

问：50首歌播完以后就到了1995年，这一年对于《音乐电视》来说非常重要？

王坚平：对，很重要。《音乐电视》这个节目开张很火。MV加流行音乐，在当时的社会上是很有刺激性的。从某种角度来说，我们受到了海外Chanel V频道、MTV频道的影响。当时社会的开放程度没有现在这么大，我们引进了这种节目的制作理念，会带给观众扑面而来的新鲜感。包括目前我的员工都说上中学的时候都在追着这个节目看。

我们的栏目名称是1993年底调整的，开始的时候叫《东方时空·金曲榜》，这个名字受到了批评。因为金曲带有很浓重的商业色彩。什么叫金曲？现在唱的就是金曲吗？传统的民族音乐就不是金曲吗？所以1994年就改成《音乐电视》，这个名字是杨伟光台长改的。开始的时候，整个传播界对MTV和音乐电视之间的关系一直是模糊的，都叫MTV，后来有些媒体提出来MTV是一种影像的表现方式，不能变成一个栏目名称。其实是《东方时空》最早打出“音乐电视”这个概念的。

尽管后来我们做了很多精品的节目，但是火爆程度不如开始了。在《东方时空》四个栏目的竞争当中，一直有此起彼伏的现象，开始可能我们是最火爆的。两个月以后，第二个起来的是《焦点时刻》，关注社会热点。再过一段时间，《东方之子》成熟了，浓缩人生精华，很受社会舆论的关注。最后是《生活空间》，讲述老百姓自己的故事，一下子把文化品位做出来了。在《东方时空》四个栏目此起彼伏的竞争当中，《音乐电视》一直有一种我们也要往上走，要在四个栏目里面脱颖而出的劲儿。

到了1994年底的时候，民歌也唱完了，当代金曲也唱完了，我们唱什么？当时不想盲目地照搬港台，也不想简单地传播传统的民族文化，我们要有中国大陆自己的东西——当时整个流行音乐的创作人群体也都有这种心气，我们应该能创作出比他们更好的作品。

做了两年以后，我们这个团队已经融入到国内流行音乐的大环境里去了。当时就觉得这个栏目应该有一种责任心，引导原创，鼓励新人。在这种思路下，我们就想能不能做一个新人成长的平台，强势推介新人新歌。然后就和国内一些音乐人一起探讨，想做一个《95新歌》节目，每周推出一个新人，一首新歌，要真正在中国的流行音乐界有所作为。当时就凭这个想法，广泛地在栏目里面宣传，欢迎大家供稿。每天都从全国寄来很多作品，于是我们专门成立了班子，聘请了新人新歌创作的音乐总监黄小茂，广泛遴选全新的音乐作品。黄小茂曾经是崔健团队的成员，后来成为著名的词人和音乐制作人，当时校园民谣的艾敬、老狼，都是他制作推出来的。他做音乐的特点是追求极其鲜明的个性风格。我们当时的动机是推出新人，给年轻人以希望和梦想。《95新歌》的一号作品是高枫的《大中国》。

高枫是一个音乐才子，灵感很强。但是在1995年之前，基本上很潦倒，签约过好几家公司，替唱片公司作曲。曾经也被一个唱片公司包装做歌手，出过盒带，但是一直没有红起来。我认识他的时候，他还住在地下室。那天我到唱片公司里面去找歌，朋友说最近找到一首新歌，现在只有一份谱子，我打个电话，让歌手来现场给你唱。一会儿高枫骑着自行车就来了，把自行车往公司门口一放，背了个吉他进来说："王坚平老师，您好，这是我最近写的一首歌，我给您唱一下吧。"他拿起吉他，"我们都有一个家，名字叫中国……"就这样唱起来了。我跟黄小茂，还有当时唱片公司的老总一起听，觉得这首歌很好，符合中央电视台主流媒体的身份，旋律很通俗，容易上口。这首歌请黄小茂重新编曲制作后，高枫演唱，就成了现在大家听到的歌。

当时好像是赵镭导演拍的MV。当时算是大投资，制作费高达9万块钱。1995年元旦开播，一炮打响，好评如潮。歌好听，MV拍得也很好，很有气势，都是大场景。我们甚至把编钟搬到长城上去拍。当时MV的摄影是电影学院的，很专业的。他的取景、镜头的运动都非常漂亮，从视觉上、听觉上都是一种享受。当时就按照这个模式，继续推出新人新歌。

问：当时除了《大中国》，还有一堆好歌，你还记得哪些？

王坚平：前面十首歌，首首精彩。实际上1995年之前我们做了很多准备工作，到处收集歌曲，然后制作成小样。《东方时空》的人经常在台里编辑组的办公室里来来往往，我拿到一首新歌就先在那儿放，大家说哪首好我就先选择哪首歌。

我记得二号作品叫《女孩儿与四重奏》，这首歌非常有个性，歌手也很有个性。那时我们的创作思路已经开始逐渐成熟起来了，摆脱了简单的偶像型或者迎合型的商业化模式。我们当时就想，还是应该以作品的个性风格和旋律作为选择的标准。那首歌的音乐非常有学院派的风格，在四重奏的练习曲里产生音乐的动机。MV是在一个小的酒吧里拍的，很有人文情调。这首歌播出以后，大家觉得耳目一新。刚听了《大中国》，具有很浓厚的民族风格，延续了中国民族音乐的创作元素，而《女孩儿与四重奏》是明显的西洋音乐学院派的风格，很跳。第三首作品是《妞妞》，打亲情牌。三个月过去，这个节目就立住了。

我们通过《95新歌》推出了一批新人，除了高枫，还有罗中旭。罗中旭原来一直是活跃在上海的歌手，形象很好。以前他的作品大众化不够，后来我们在他的作品里挑了一首《星光灿烂》，做成了一首气势恢宏的歌。《星光灿烂》当年获得了南斯拉夫流行音乐节的最佳歌手、最佳音乐奖，罗中旭也脱颖而出。当时还有深圳的歌手戴军，听说《东方时空》有一个新人的平台，就跑过来找我们，他带了一首歌叫《阿莲》，现在听还是很好听的。戴军因为那首歌在《东方时空》一炮打响。

还有一个歌手就是满文军，《懂你》这首歌的创作还是非常有故事的。我记得有一天晚上小茂说，坚平，出来一下，我又找到一首新歌你来听听。当时我们找到一首好歌会兴奋半天。他开着车在中央电视台门口等我，我上了他的车，车上的音响一放，《懂你》的旋

上图为田震的《让我再看你一眼》MV拍摄现场（1994年《当代金曲》）。下图为巫启贤的《团圆》MV拍摄现场长城（1995年《95新歌》）。

律就出来了，我说这个旋律不错。一般的创作就是这样的，先有音乐动机，有旋律以后再按照这个旋律发展，填上歌词，变成一首歌。这首歌的作曲是薛瑞光，他跟黄小茂是朋友。我说小茂你来填词吧，等词出来之后，我们再来判断这个歌用不用。

过两天黄小茂说词写好了，我就到他家去看，我一看名字叫《懂你》，写得很哀婉。我说你这个歌是不是有点儿太伤感了——因为我做了两年节目了，知道在中央电视台播出的歌曲不能太小资。我说你这首歌是写给谁的呢？那时候邓丽君刚去世，他说这首词是怀念邓丽君的。这里面的词，有些是挺好的，但是整个风格太哀婉，我觉得不够向上。我说你能不能调整一下，能不能找一个更大众化的主题。现在爱情歌曲太多了，也太烂了。在这么好的旋律的基础上，我们能不能在内容上有所突破，能不能以亲情之间的沟通作为主题，比如是父子之间。这种父子之间的感情表现得很少，它不是爱情，也不是简单的友情，而是两代人之间的理解和沟通。几天以后，他又给我拿了一个，就是现在的《懂你》，写的就是父子之间的理解。

我说好，这个词是没问题了，找谁来唱呢？作曲把这首歌的音乐完整地录了小样，让蔡国庆和孙国庆都唱了一版，还有第三个人叫满文军，是一个新人。我们把三版都听了一下，无论如何还是觉得满文军的好。从嗓音条件、表现力和真情实感来说都不错，这个歌手未来是很有发展前景的。不过从节目的影响力来说，当然还是用明星好了，但我们最后还是坚持推新人新歌的原则。我宁愿用这个没有名气的，但是确实好听的版本，这才是作品。最后就让满文军唱了。满文军重新录了一遍，一听确实好。我们就按照这个亲情沟通、父子交流的主题拍了一个MV。就在1995年的六七月份播了。我记得当时反响很大。

在《95新歌》里面，我们一共做了50首原创歌曲。到年末盘点全年的十大金曲的时候，我们的新歌入选了五六首。有《大中国》、《懂你》、《星光灿烂》、老狼的《恋恋风尘》等，占了半壁江山，应该说《95新歌》引领了当时中国流行音乐的潮流，同时也使得《东方时空》走向成熟。我记得当时白岩松专门写了一篇文章——他当时也是个流行音乐的爱好者，白岩松认为，一般的商业化歌曲是迎合，但我们是引领。我们当时制作的《95新歌》很好地介于商业文化和政治宣传之间，保持着鲜明的文人特色和文化品位。

问：在新歌的制作过程中，你们主要遇到了什么困难？

王坚平：我们最大的追求就是创意的独特性。到那个时候，我们已经做了一百多首MV了，应该说汇聚了一批社会上拍MV的导演；在音乐上有黄小茂领衔，追求音乐的独特和个性化。我们就一起探索一种音乐电视的表现方式，希望追求风格上的个性和制作上的成熟。

音乐电视和一般的文艺节目和纪录片到底有什么区别？它如何在画面和音乐中找到一种衔接的方式？我们当时也一直在探讨音乐电视到底该怎么做，这到底是一个歌手的广告还是这首歌的广告。一般商业化的制作，歌手都是偶像型的，所以音乐电视好多都是歌手的广告，把这个歌手拍得漂亮就可以了。但是我们当时追求的是音乐本身，要想办法找到画面和音乐之间的这种关系。黄小茂是一个非常有文化追求的人，他除了做音乐总监以外，还自己亲自导了几部MV。他很懂音乐，他在找音乐的节奏韵律和画面编辑之间的关系，以及音乐的色彩和画面感情之间的感觉。那个时候我觉得还是挺有收获的，一年的实践里，尽管我没有亲自去拍，但是每个导演的作品我们都会一起来讨论。

甚至当时有一些年轻的导演在我这儿拍了三遍，我最后都没让播的。你要上我们这儿来拍MV，你出一个创意，我通过了就给你制作经费。如果节目被毙掉了，你要重拍，这个钱就得自己掏。曾经有个导演在我们那里拍了三次才通过播出。他说我就是喜欢拍MV，喜欢你们《东方时空》。

问：当时新歌的标准是多少钱？

王坚平：当时台里还是投资很大的。我们50首歌，平均每首6万块钱，包括音乐制作、MV的拍摄制作，一年300万，当时300万还是很大的一个数字，所以可以吸引到很好的导演，用很好的器材、很好的设备。我们最开始拿到的只是一张有歌词歌谱的纸，我们要把它变成一个作品，整个作品我们完全投资，从编曲、音乐录制，到MV拍摄。这批作品的版权完全是央视的，最后台里也把它全部卖给了唱片公司。所以《95新歌》也出了一整套完整的、各种音像制品很齐全的碟，那时候还有黑胶唱片。

我们应该安静地离开，也要有历史感

问：有人说《音乐电视》被撤销是因为电视台的内部竞争？

王坚平：其实从某种角度来说，

《95新歌》的出台，说起来就是台内的竞争。原来中央电视台基本上都是归口管理，所有的新闻都归到新闻部，文艺都归到文艺中心。突然新闻中心创办的《东方时空》出了一个文艺节目，自然文艺中心会有不平衡。再加上台里给我们的政策更宽松——当时中央电视台文艺节目里面的流行音乐的使用是有比例的，一台晚会或者一部文艺作品里能有多少流行音乐是有限制的。所以在他们的作品中，流行音乐的成分就比较少。而我们这个子栏目天天在做流行音乐，对人家也是一种刺激。

同样在中央电视台，你能做，我不能做，自然就会有层层的反应。所以我们以鼓励原创、推新人新歌来避免直接竞争。《95新歌》的出台也有这些因素的考虑。实际上《东方时空·音乐电视》的三年，一直伴随着这种内部竞争的压力。

问：客观上来说，你们当时的物质条件确实要好一些？

王坚平：这个我不否认，因为当时《东方时空》是台里的一个改革试点，所以台里给我们的支持确实很多，有机制上的支持，政策上的支持，再加上人文环境上的支持。

现在想起来，当时各级领导真的是对《东方时空》呵护备至，从杨伟光台长，到主管《东方时空》的一个老领导沈纪（当时是主管新闻的副台长），还有时任新闻中心主任的李东生。孙玉胜是我们的直接领导，为《东方时空》的创作者一路开绿灯。你们四个制片人，需要什么条件，只要能做到，我们都帮你们争取。大家的心很齐，从上到下一起使劲，都要把节目做好。

问：你是什么时候听说《音乐电视》这个栏目要被取消了？

王坚平：到1996年初，《东方时空》做了一个大的调整。实际上大家也一直在探索《东方时空》到底应该做成什么样的栏目。一开始《东方时空》就是一个杂志性节目，什么都有。随着90年代社会舆论的逐步开放，社会也逐渐对《东方时空》产生了更多期待，希望能够通过这个节目获取更多的信息。为了适应民众的需求，《东方时空》在慢慢地向着有社会责任感的方向发展。《焦点时刻》进行舆论监督，《生活空间》让平民成为主角，《东方之子》里包含着对社会的关注。这个节目的社会责任感和文化品位不断地体现出来之后，服务性和时尚性也在不断地退出。在这个格局当中，《东方时空·音乐电视》就显得比较不合群。从文化气质上来说，与其他几个节目就产生了一些不适应。到了1995年的下半年，大家也都在讨论这个问题，进行改版的讨论，开过好几次策划会。

当时有几种选择，一种选择就是把《东方时空》做成新闻杂志性节目，全部变成新闻。其实总的来说《东方时空》整个主创团队都是有新闻理想的。尽管我在做音乐电视，但我是从新闻出来的，其实我们也一直向往着一个像样的新闻杂志性的平台，来追求新闻的价值。所以在讨论的时候，对于把这个栏目改造成一个新闻杂志性的栏目，形成了比较大的共识。包括我其实也不反对，尽管这三年《音乐电视》做得很开心，也很顺手，也做出了一定的成绩。但是我也知道，从追求社会责任和社会价值来说，音乐的分量还是比较轻。

到了1995年底的时候，最后台里决定把《音乐电视》从《东方时空》里去掉，《东方时空》彻底变成新闻杂志。后来孙玉胜找我谈，说台里决定，1000期以后把《东方时空》改版成一个新闻杂志性节目，你有什么意见？我听了以后，内心感到很失落，心里很凉。但是从理性上来说，我能接受和理解。在孙玉胜面前我没有任何不满的表现。我是这样说的："孙主任，这个决定对我个人来说，可能会造成失落和不公平，但是我觉得对于《东方时空》整个的发展来说是对的。我支持台里的这个决定，而且我会很好地安排我的团队来圆满地把这个节目做完，你不用担心。"

孙玉胜对我那次的表态非常满意，他觉得王坚平是个很顾全大局的人，还是个勇于挑战自己的人。其实我想在90年代中期流行音乐和MV已不如从前红火了，《音乐电视》节目如果没有新的创意去引领，还不如让它停了，留一个念想。所以在1000期节目播完以后，我们就黯然下台了。

《音乐电视》被剥离，从整个风格上改变了《东方时空》的气质。1000期以前的《东方时空》，是一个带有很强人文色彩的文化性电视杂志。它的涵盖面更广，影响的人群也更多。流行音乐的观众可能是十几、二十几岁的年轻人，《东方之子》面对的可能是成年人和领导干部，而喜欢《生活空间》的可能是很多文化人。《东方时空》一开始的开放性很强。但是1000期以后就变成新闻杂志了，文化属性也少了，所以慢慢地《生活空间》也跟它不搭调了，《东方之子》也不搭调了，然后就一点点地剥离。剥离完了以后，当新闻频道有了全天滚动播出的新闻的时候，《东方时空》就变成一个符号了。所以我觉得从1996年开始，《东方时空》已经是另外一个《东方时空》了。

问：当时你是怎么纪念《音乐电视》这个大家奋斗过的栏目的？

王坚平：为纪念《东方时空》1000期，台里专门在北展搞了一个“东方时空观众日”，我们《音乐电视》也参与了活动。当时我就跟我的团队说，我们要走了，这是我们最后的一次精彩，大家要把它玩儿好。我们请了一批参加过《音乐电视》的歌手，在活动现场跟观众互动唱歌。那天我们把李谷一都请来了，还有高枫、罗中旭、孙楠。应该说我们的演出是观众日的高潮，现场的观众非常热情。尽管大家很辛苦，非常累，但我觉得那天很开心，所有的歌手也非常支持，把观众日搞得很红火。全部结束以后，我一个人离开北展往家走，想想要告别《东方时空》了，还是有点心酸。忙了一天，热闹了一天以后，一个人静下来，会有一点点淡淡的落寞。

当时离开《东方时空》，其实对个人、对团队肯定是有所损失的。我们三年的努力，三年的积累，要结束了，这对我们来说很难割舍，我当时就想，应该如何收场。我就定了个调，我说这1000期的改版是我们《东方时空》全体人的选择，如果我们搞得很伤感，实际上是表示了对这次改版的一个抵触态度，这样不好。我们应该安静地离开，也要有历史感，因为我们要告别这个舞台了。

最后一期节目我们选了一首歌叫《深深深深地感激你》，是雷婷去拍的MV。这是当时的一个年轻组合唱的，两男三女。歌曲是一首告别青春的毕业歌，年轻的时候要毕业了，我“深深深深地感激你”。我觉得这很符合我们1000期告别节目的心态，我们要感谢观众，感谢所有支持我们的人，所以就专门拍了这么一首清纯的带着青春气息的歌，旋律也比较干净，比较简单。在播放这首歌的时候，我们把这三年来参与过我们节目制作的灯光、摄像、舞美、化妆，所有人的名字都收集起来，拉了一个很长的字幕表。表明了我们的一个态度。一方面是平静的离开，感谢观众，感谢支持的人；一方面就是，在这个舞台上曾经表演过的人，我们都会记住他们。

问：最后的时候，你们大家一起吃了一顿散伙饭？

王坚平：是的，1000期后我们想吃顿散伙饭。那天我就跟孙玉胜说，这个节目要结束了，我想最后聚一下，你也来吧，你是我们的老领导嘛。孙玉胜说好，没问题，我肯定来。我们就在台里西门外的豆花饭庄聚餐。当时叫到的朋

《音乐电视》全家福（摄于 1995 年）。前排左起：邢旭东，郭崴、刘嘉、王坚平、吴越、冯向京、陈大汇；后排左起：雷婷、施翌、郭芳、曲岩、杨扬、郑曼茜、周磊。

友大概是二十来个人，坐了两大桌。

开始的时候，我的心态并没有很伤感。因为我把自己当成了《东方时空》的一员，这个栏目没有了，我还可以做新的栏目，没有多大的失落，大家说说笑话。几轮酒以后，就开始一个个来敬酒。敬酒的时候就有些伤感了，但也还好。轮到施翌来敬酒了，她和吴越是我最早的团队成员。施翌是上海女孩子，很聪明，她来敬酒的时候，什么话也没多说，只说："这么多年我一直跟着您，您辛苦了！我知道你酒量不行，你随意，我干了。"然后她在干杯的时候，眼泪哗就掉下来了，大家感情的闸门就打开了。那时候我控制不住，嚎啕大哭起来。我一哭，大家就跟着一起抹泪，后面的饭就吃不下去了。

一下子大家都变得很伤感，但我们也没说什么伤感的话，其实就是这么长时间以来压抑情绪的一种爆发。觉得这个节目积累了三年多，已经进入了中国流行音乐的核心领域，在引领全国流行音乐的创作了，突然没有了，确实是有点难过。

但是当时《东方时空》比较好的一点是，大家没有任何功利的想法，《东方时空》的成功是所有人的成功，所有人都可以分享。不会因为个人的得失，对这个整体有多大的埋怨。

一直像个上了发条的马达

问：《音乐电视》撤销之后，你参与组建《新闻调查》，你和你的部下经历了怎样的过程？

王坚平：其实台里替我们想得挺多的，当时孙玉胜让我和张步兵两个人组建一个团队来办《新闻调查》。我们原来的团队差不多有八九个人也一起参与创办，所以对大家来说，也有了一个很好的发展空间。而且当时台里非常重视《新闻调查》，给的条件非常好，全力以赴要打造中央电视台的旗舰性栏目。这对很多人吸引力很大，对做新闻的人是一个很大的平台，当时也汇集了很多人才来做这个事儿。

在做《新闻调查》的过程当中，我发现做好这个栏目需要两方面的素质，一个是新闻深度评论能力，关于一个新闻事件你到底能看得多深、看得多广，这决定了你这个节目到底能不能做成。第二，是你的视觉表现能力。比如说一集电视剧45分钟，是需要很多编剧演员才能做出来的。我们要实实在在拍45分钟的新闻，还要拍得好看，所以挑战很大。后来《音乐电视》团队的有些人慢慢地就离开了。最后留下来的有罗芳华、杜小静、张骁等几个人。罗芳华在大学里就是学新闻的，原来是湖南电视台新闻部的人。杜小静尽管是学声乐的，但她后来进入中央电视台做的第一个节目是《观察思考》，所以她也有新闻人的气质。张骁原来是我们的音乐编辑，后来变成了《新闻调查》的音乐编辑。到现在为止，《新闻调查》片头片尾的音乐都是张骁做。其他的像施翌、吴越、姜大海就离开了，找他们的发展空间去了。

问：之后你也离开了《新闻调查》，你怎么看待自己的各种经历？

王坚平：从《东方时空》开始，我就像个上了发条的马达一样，永远在转，转到现在二十年几乎没停过，一直处于一种创业状态。而且基本的节奏是三到四年换一个战场。1993年到1996年是《东方时空》，1996年开始创办《新闻调查》，5月17日《新闻调查》开播，到1999年10月我离开它。

其实，四年的《新闻调查》干得很辛苦，一方面这个栏目成长爬坡很辛苦，另一方面，对我个人来说也很辛苦，这是我一个很大的转型。尽管从理性上来说我接受这种改变，但是真正转型起来还是挺吃力的——从我上世纪80年代末做《观察思考》到1996年做《新闻调查》，这几年中电视新闻发展得非常快，而我一直在做音乐电视，脱离了新闻主战场。现在又回来，要作为制片人去领导这个团队，再去创造一个品牌，对我来说是一个很大的挑战。当时《新闻调查》的阵容很强，总策划是钱钢，夏骏是编导，刘春是策划，还有王志、王利芬，是个现在看起来非常奢侈的团队。那么你怎么带领它往下走？人家在说新闻的时候，头头是道，而我在新闻上已经比他们晚了一截，只好在外面补课。当然，《新闻调查》这四年对我个人来说，是调整最大的四年，让我重新回归新闻主战场。

从个人行为风格上，我也做了很大调整。当时在做音乐的时候，我已经把自己整个投入进去，你可能想象不到，我当时穿得很时尚，留着长头发，穿着红裤子，完全是音乐人的样子。到了《新闻调查》之后，变成了新闻人，剪掉了长头发。尽管蜕变的过程并不容易，但我真的在里面学了很多东西，我觉得我真正的电视成熟是在《新闻调查》的四年。

到1999年底，我心血来潮要去玩儿制播分离。其实孙玉胜说的没错，我是个喜欢挑战自己的人。当时我们找到了一个频道资源，找到了一个大的投资，就辞职下海办公司去了。那个时候还年轻，就和朋友们一起组建了一家公司，叫银汉传播，把北京电视台生活频道的制作、经营承包下来，成为中国国内第一个电视整频道运营的制播分离的案例。我在银汉传播做了三年，参与完成了北京电视台生活频道的改版。

2003年以后我就离开了生活频道，开始做制作公司。从2003年到2010年七年间，我做了很多电视节目，国内排名前几位的卫视几乎都是我们的合作伙伴，我们也给央视做过节目，凤凰卫视的《一虎一席谈》是我们创办的，山西卫视当时一档最火的节目《超级少年》、广东卫视日播的栏目剧《博客奇谭》，都是我们创办的。

2010年，中国广播电台要办网络电视台，叫中国国际广播电视网络台，国际台要通过发展新媒体寻找突破，向全媒体转型。为此专门组建了电视节目制作中心，所以2010年我应聘到国际台成为这个电视制作中心的副主任，参与中国国际广播电视网络台的建设，又回到了体制内。

基本上三四年一个阶段，二十年我不断地在各种领域里面尝试，其实对我个人来说，更多的是想不断提升自己，从做栏目，做频道，做市场，到现在快五十了，开始做新媒体。最近我们正在紧锣密鼓地组织首届中国国际微电影大赛，所以我觉得这二十年过得还是很丰富的，但也确实很累。

问：那么我们现在回过头来看《东方时空》那段经历，对你后来的生活有什么影响？

王坚平：我觉得这个影响真的很大。从感情上来说，《东方时空》可能是我职场生涯中，最值得怀念的一段时光，因为这是我人生发展的第一个台阶，我从一个编导记者，开始进入一个栏目做制片人，而且这个栏目给我带来了很多的辉煌，对我来说这是一个比较大的变化，后来的变化都是在这个基础上的一点点的进步。

而且，我觉得更重要的是那段时光对电视创作者的支持、鼓励，对个性的鼓励，对创作的尊重，这种氛围，我觉得可能是很难再碰到了。非常愉快，就怕你没想法，只要你有想法，各种条件都可以支持你去做成。一个人的成功离开了大环境是无从谈起的，也正好我们那个年纪，大家也想有所成就。能遇到这么一个好的机会，好的平台，好的环境，真的是一种幸运。

再加上当时我们的小环境也很好，《东方时空》内部是良性竞争，四个子栏目互相比较着发展，此起彼伏，就想把节目做好，我、时间、张海潮都是很好的朋友，大家都会互相提携。

我和陈虻从1988年起就是非常好的朋友，我们在《观察思考》的时候，什么事情都可以直言不讳地说，兄弟之间没有任何隔阂。后来我离开了央视，我们接触少了，但是再见面，陈虻就说，坚平咱哥俩的关系，用一句歌词来表示，“从来不需要想起，永远也不会忘记”，就这样的关系，有什么事一句话就全明白，有什么需要帮忙的全力以赴。

这么一种天时、地利、人和的环境，成就了这么一段职场生涯，从感情上来说，我觉得是非常值得怀念的一段时间。前两年在春节晚会上看到小虎队复出，在那儿唱《青苹果乐园》，我就给孙玉胜发了条短信，我说看到小虎队这几个人在唱歌，我就想到了我们的《东方时空》，当时小虎队的歌我们经常播放；孙玉胜就给我回复：坚平，那个时光再也不可能回来了。

从业务上来说，《东方时空》形成了我事业追求上的一种标准。我们在《东方时空》的时候，追求卓越，追求独特，追求前卫，这种精神影响了我后面的事业追求，不管是做公司，做节目，还是到现在办新媒体，在做任何事情的时候，都很容易拿这种标准来衡量。我有一次跟陈虻交流，他就说坚平你知道在中央电视台学到最多的是什么？我说自然是电视了，他说不是，在中央电视台最重要的是学到了标准。因为你毕竟是在国家最高的电视业务平台上工作，这里的专业，这里的视野，这里的要求都会成为一种衡量标准；如果你不能学到这种标准，你在央视里就没有学到什么东西。现在回想起来，《东方时空》确实形成了一种我们追求的标准，比如说卓越，比如说专业。在很年轻的时候就获得这么一种滋养，确实是一笔重要的人生财富。

就像做了一个梦

雷婷访谈

雷婷，1993年毕业于中央戏剧学院戏剧文学系，1995年加盟《东方时空》，任《音乐电视》栏目出镜记者，1996—1997年任《新闻调查》栏目出镜记者。现为中国国家话剧院编剧。曾担任电视剧《将爱情进行到底》、《开心就好》、《红色追击令》、《中国式结婚》、《落地请开手机》，话剧《绿房子》、《罗米鸥与朱丽叶的1968》的编剧，以及话剧《失明的城市》，音乐剧《凭什么我爱你》、《三毛流浪记》、《钢的琴》的制作人。

邵滨鸿采访了一个科学家，水均益采访的是联合国秘书长，而我采访了一个作曲的

问：你是学戏剧的，怎么会来到《音乐电视》呢？

雷婷：我是青岛人，1993年从中央戏剧学院戏剧文学系毕业，毕业后我的户口很幸运地留在北京了。我大概是我们学校戏文系十年内唯一分进国家级院团的人，但那个时候戏剧很不景气，我们中国青年艺术剧院的剧场（就在长安街上）面临拆迁——据说未来会给我们留一个剧场，但谁也不知道那个剧场长什么样。我们剧院搬到了南二环附近的一个很蹩脚的地方办公。所以剧院从1994年开始起码有两年的时间没有生产新剧目。那个时候我一个月的工资是209块钱，而当时北京最低工资标准是200。我每个礼拜打车去剧院一次（坐车倒好几趟，还要走很远），来回一趟是50块钱，一个月去四趟，所有的工资就剩9块钱。

那时候剧院好像还有两个苟延残喘

的演出，我们演的一个戏叫《捉刀人》。剧院那些有资历的演员不愿意演这种龙套，领导协调演员挺困难，又知道我小时候演过戏，就说那你来演吧，我就在台上跟他们混龙套。《捉刀人》就是讲曹操和崔琰的那个故事，开幕是一个烽烟俱静、一群鬼魂在游荡的场面。我们都演鬼魂，有人拿着长矛，有人拿着刀，有人拿着短剑。开幕前，我在后面躺着，问第一排站着的人，我问王老师，观众有多少人。王老师偷偷把大幕撩开一条小缝，往底下看看，说，没有咱们台上人多。那个时候的剧院就是这样一个很悲哀的状况，后来连这个剧都没有了。

我总得生活，所以当时就跟中央电视台文艺部一块儿出差，拍晚会，拍电视栏目——因为之前我曾在中央台的文艺部实习。当时我们做晚会的机房，跟《音乐电视》的机房是重叠的。有一天忽然王坚平跟我说："雷婷，想问你个事，你愿不愿意到《东方时空》来？"在我的印象里《东方时空》是个新的节目，我说我来有事做吗？他说做《95新歌》，我说好。就是这么一个简短的、都不算交集的交集，我就来到了《东方时空》。

问：来到《东方时空》后，制片人王坚平让你做什么栏目？

雷婷：他找我的时候，就说他想做一个新的栏目，叫《音乐对话》。这里头有一个周播板块，展示一些音乐圈里比较有风采的人。可能是一个音乐事件，也可能是我们《95新歌》的某一个人。我就来负责做这个板块。

《音乐对话》每周三要播，差不多周一周二要审带子，所以我大概从星期四开始干活。周三那天肯定可以歇着，星期四或星期五开始约人采访。人家听说《东方时空》，都特别愿意来。我在采访上没被拒绝过，而且他们对你没有要求——我觉得这点当时跟《焦点时刻》以及《焦点访谈》的播出有关系，它有部分揭露的功能，所以他想让你来，也没敢指望你一定要说他好。有一些疑问，或者有一些质疑，他都很愿意回答。

问：你当时是《音乐对话》的主持人吗？

雷婷：那个时候主持人是姜大海、桑朝晖、施翌几个人，我是出镜记者。其实就是一个小队的负责人，负责策划、采访。当时叫出镜记者负责制。我在文艺部干过很久，所以我跟他们还比较熟，也有一些资源可用。可能王坚平觉得我的表达能力还可以，毕竟我是文学系出身，在学校有一些训练，所以组织一个小团队问题不大。我原来做导演助理，那些乱七八糟联系的事也都是我自己干。

现在我会想，当时能找到那么一个小孩儿，还挺合适的。换作是我，我也想要这么个小孩儿，一个人能干这么多事儿。其实那时候《东方时空》大部分人都是一个人干好多事。现在你再看《新闻调查》栏目，觉得好幸福啊，有专门的策划组，流程还分为“前前期，前期，拍摄，后期”——什么“前前妻”，“前妻”，我们那时候真的是一个初创阶段，婚都没结（笑）。但是因为《东方时空》节目也很短，就7分钟，所以相对也比较简单。

当时我是齐腰长发，每次打理头发也挺难的——当时发型还挺重要的，如果你不出图像，怎么样都行，出镜怎么也得弄弄。我记得特别逗，我们家给我买了一个头套，不是那种特别怪的头套，但是很五四，我就把头发一窝，把头套一戴，修饰感也有了，而且你能一直固定着这个形象。我到《东方时空》后才开始往脸上抹护肤品。那个时候台里给钱，你可以买化妆品，你可以擦粉底、眼影、口红。我都是现学的，以前我不化妆，我们戏文系的女孩都是素着脸。要出镜，还是得捯饬捯饬。

问：你当时对工作状态满意吗？

雷婷：开始做节目，一上来就是《音乐对话》，跟音乐人交流。当时我还觉得有点纠结——我记得有期节目，《东方之子》的邵滨鸿采访了一个科学家，《焦点时刻》的水均益采访的是德奎利亚尔，联合国秘书长。我采访了一个作曲的，我觉得好丢脸，人家都采访那样的人物。其实不是人家作曲的不好，而是那个新闻属性的问题。在一个国计民生的平台上，我就会觉得每天这样很没意思。

我一直在做《音乐对话》，采访这个，采访那个。我当时会想，我总归是《东方时空》的人，不是捧着这些人，要说他们的好处，而是要有一个相对客观的态度。有一次采访一个很资深的歌手，她接受采访已经很习惯了，你就会觉得她嘴里没真话，都是标准答案，滴水不漏，采访了就像没采访一样，什么都没说。后来我真的就问了两个问题，把她惹急了，激怒了，说得跟前面不一样了，态度也有了，情绪也有了。

那时候国内流行各种摇滚乐队，后来也有很多国外的乐队演出到北京来，我们这块就成了推荐流行音乐的特别好的平台，我相信，当时《音乐电视》对宣传流行音乐起了很大作用。因为它作为推介的平台太大了，太好了。所有外

“人家听说《东方时空》，都特别愿意来。我在采访上没被拒绝过，而且他们对你没有要求——这点当时跟《焦点时刻》以及《焦点访谈》的播出有关系，它有部分揭露的功能，所以他也没敢指望你一定要说他好。有一些疑问，或者有一些质疑，他都很愿意回答。”图为雷婷主持《音乐对话》，采访瑞典音乐组合 Roxette（摄于 1995 年）。

国来的乐手一定会给我们发邀请，约单独的采访时间。别人可能是5分钟，你可能有20分钟。别人都是一群人过去采访，就像现在看明星手里拿一把话筒的那种。《东方时空》就是一支话筒，只能我自己坐在这说，其实条件还是挺优越的。我相信当时的年轻白领、知识分子都在看。其实，意义很深远，我还得了一个流行音乐多少周年的媒体贡献奖。后来我心想，你们应把这个奖颁发给中央电视台，而不是颁发给我。我就是做具体的出镜工作的人，其实是《东方时空》给了他们那么大的一个平台。

“我该不该穿那件花衣裳去等你，我这样想会不会有一些俗气”

问：当时《金曲榜》的主打节目是什么？

雷婷：不叫《金曲榜》了，叫《音乐电视》。从1995年1月1日开始，就是《东方时空·音乐电视》。这里面有个板块叫《95新歌》，每个星期会播一首新歌，所有的新歌都是《东方时空》出钱拍的。这一年的前半部分有一点杂志的性质，后来调整了以后，基本上就是围绕着介绍和宣传《95新歌》推出来的作品。一周可能播歌播三四天，那四天里头是一首歌加上采访，加点宣传推广。剩下的三天，宣传点民歌，采访个音乐人，大概就是这样的。

我觉得《95新歌》其实挺别致的，比如说我们推出的歌曲，《女孩与四重奏》、《诺言》，都是那种真正音乐概念上的流行歌，不是“亲爱的你慢慢飞，小心前面带刺的玫瑰……”这种口水歌。说口水可能不大合适，但是本质上是这样。那些歌曲有的其实甚至很意象的，在理解上可能也需要有一些鉴别力。所以为什么别的栏目的人说，他们会以《音乐电视》的《95新歌》自豪，其实是因为它的品质真的很好。我记得有一期，我忘了那个歌具体叫什么了，好像有“钟摆停了，花也谢了……”这样的歌词。我记得我那一次跟陈大会掰扯，他说这个歌他听不懂。后来我跟他说，我特别喜欢的一首顾城的诗：

青青的野葡萄，淡黄的小月亮
妈妈发愁了，怎么做果酱
我说：妈妈　妈妈
别忧伤
在那早晨的篱笆上
有一枚甜甜的，红太阳

这些意象之间它没有任何逻辑，果酱和红太阳没有任何关系。但是它们都很温馨，很温暖。谁也不是说要拿篱笆上的太阳做果酱，但是所有的意象都这么美好，它们之间似乎有一种情绪逻辑在，我认为这个歌就是类似于用这种方法来体现一个情绪的。

现在在我们的流行音乐里都很少听到这样的歌，可能《青花瓷》、《菊花台》有点意象，但是都是碎片式的。当时《95 新歌》是大剂量地在推出这样的歌。在这一年里头，有不到五十首歌，其中有十几首是这样的。

问：说一说《95 新歌》里你印象特别深的几首？

雷婷：我觉得《女孩与四重奏》、《诺言》都做得很好，好到十几年以后再听你都不觉得它土。还有一些，比如像老狼的《恋恋风尘》，那就是另外一款了，《红旗飘飘》也很好，《大中国》就不用说了。唱祖国，一般都是民歌在唱，通俗不太唱祖国，这个祖国唱得挺好。还有就是满文军的《懂你》，当年有一个流行音乐公司叫"大地"，大地唱片签了一群人，高晓松、老狼、艾敬等等，我觉得《恋恋风尘》应该是那拨歌里集大成的歌。过了这么多年，你还能想起几首《95 新歌》推出来的流行歌，挺不容易的。还真不是因为说我是"95 新歌"的人，所以我记得。

其实跟《95 新歌》的好多 MV 拍得好也很有关系。《女孩儿与四重奏》的 MV 就比较别致，有一种小情绪。我记得第一句是，"该不该穿那件花衣裳去等你，我这样想会不会有一些俗气……"大概是这样的，真真正正叫小清新，就是现在这个词，用在当年那个东西上特别准。歌手马格是一个瘦瘦的女孩，颧骨下巴都尖尖的，戴个眼镜。我记得有一个镜头，好像在一个长廊里头，外面下雪，有雪景，她在里头转圈，很高兴地转圈。那个小清新的情绪表现得很好。它很像流行音乐承载的那个东西，有当代的表现手段和年轻人的心情。这个女孩在唱，有四个提琴在重奏，配器很简单，不是很复杂，但是很新鲜。不是大美女，也不是英雄人物，也不是领导干部，而是一个小女孩初恋的小紧张，小兴奋，还有小期待，我觉得挺棒的。

我不想再做一个传播的介质了，我想做内容本身

问：你在工作的时候有没有感觉到工作的压力和困难？

雷婷：没太有。但是我要把片子做好，我怎么也得做得让它有意思点。报选题的时候，就会认真想一想我要采访谁。比如说金鸡奖最近颁奖了，奥斯卡颁奖了，我就琢磨它们的音乐奖，或者

最近有什么乐队到这边来。我采访的第一个人应该是孟卫东，《新闻联播》的音乐是他写的，他还写了一首传唱度很高的《同一首歌》。我跟孟卫东很熟，大学毕业实习的时候就认识他。我采访他说，您这辈子最想做歌剧，但是一直没有成，想做交响乐也没成，结果被一个通俗歌曲推广出来，您会觉得遗憾吗？我记得孟卫东看了我半天，说，非常遗憾。那是我做的第一期《音乐对话》，把一个这样的人介绍给大家，大家肯定就会觉得比较新鲜。到最后他却有一个特别怅惘的眼神，说，非常遗憾。播出后的第二天还是第三天，黄宗江先生给我打电话，说你们《东方时空》的记者都不错嘛，采访的时候用的词汇也不是那么水词儿，最后还采访出一个情绪来。在采访中，我觉得我一定要找到一些有戏剧性的，有矛盾冲突的人物的点。

我还采访过一次毛阿敏，挺高兴的。毛阿敏以前不是老唱大歌嘛，"你从哪里来，我的朋友"那种。从1995年开始，流行音乐就开始抒发集体之外的个人情感了，我觉得在那个时候毛阿敏可能被这个影响到了，她就想转型。她穿了个毛衣，长袖子，瘦瘦的，捂着脸。大半的人都不认可毛阿敏变成这样，所以我当时就问她，以前你都是那种很端庄，很会打扮的样子，怎么忽然就弄成一个小女人，大家都不认可。其实有这么一个中央电视台一套的平台让她把这个话说出来，对她来说是很好的。她当时就说，我已经唱了很多年了，功成名就了，那个是毛阿敏已经被确定了的符号，我也对一个比较规范的样貌感到厌倦了，我希望大家看到毛阿敏还有其他的一面……通过采访，我能看到一个艺人的努力，就是她想把自己很真实的东西拿出来，或者是把她想追求的新鲜的东西拿出来给你。

问：这一年里面，你感觉自己在业务上有很大的提升？

雷婷：我在后面才感觉到业务上的进步，在拍的时候不太知道。可能是年龄小，只扎在这个事情里头，你CPU不够，跳不出来，不会纵观地看着说，这个阶段走到哪，那个阶段走到哪，当时是没有感觉的。但是在这个过程中，我完成了我人生中特别大的一个转变，我拒绝出镜了。不是在做这个节目的时候拒绝出镜，而是我以后决定都不再做出镜这样的事情了。

有一次《天鹅湖》来北京演出，那天我去做它的推荐节目，我站在北展剧场的门口做。我记得我说得是，"《天鹅湖》是由俄国著名音乐家柴可夫斯基作曲，由莫斯科芭蕾舞团表演的一个作品，而这里是中国一个最著名的俄式建筑”。挺短的一句话，不到一分钟。一会儿过去一辆车，一会儿有个人跑过去，一会儿电池没电了，一会儿没带子了，一会儿头发又不行了……就那么一句话，大概录了六七遍。这时候，我忽然就间离了，好像人不在自己所在的空间里，而是在剧场门口那些远远地观望我的人群里了，我在想我自己要是站在那边的人群里，看这个人，我觉得太傻了，心里一下子就不能承受了，心里头不再愿意面对这样的一个相对有表演性的东西。

从那以后，再有人让我做这样的事情，我都不会做了。工作肯定要干下去，但是我不会再选择做这样的事情。所以我后来毅然决然地做编剧，因为我是学文学出身的，我不想再做一个传播的介质了，我想做内容本身。当时感觉的那个“傻”并不是说我在干这很傻，而是说做这种传播实在太简单了，太肤浅了，我希望做更有意义的事。我如果是那个被采访的人，我会觉得我有意义。但如果只是向更多的人推荐他，这件事情在我，我觉得意义不大。对我来说，我知道我的诉求过了这个阶段。之前会觉得这样很好，由我来把一个好东西介绍出来。但那之后我知道我愿意是那个很好的、被介绍的，或者不够好、不被介绍也可以。我愿意一辈子着力于把这件事情做好，而不是推广别人。

在我人生的道路上，我觉得我成熟了，或者说以这个基点踩实了可以继续往前走。我并不介意偶尔去做一个采访，但是我希望我是个对话节目的出镜记者，我不愿意纯做一个平台。那个就让别人做吧，还显得很风光。

问：后来《音乐电视》节目没有了，你去《新闻调查》做过出镜记者？

雷婷：《新闻调查》我愿意做，因为我认为它是主体，不是介质，或者说是我要把某种东西找到。但是事实证明我做得不见得成功。因为我从小培养的东西是主观表达，而《新闻调查》是新闻类节目，要把自己藏在很后面，那个掩饰我没学会。因为我小的时候学演戏也好，做编剧也好，都是特别主观地站出来表达。那个是要退到很多人后面去，让别人来表达。

做《新闻调查》时，有一期希望工程回访的节目，我做得都要崩溃了。那时候觉得自己非常之无助，就是真傻。希望工程回访都在农村，比较边远的地方，条件特别差，一路开车下去，却要一路喝酒。团省委喝个酒就罢了，团市委还要喝酒，县团委还要喝酒，简直就是秀才进江湖。他跟你语言不通，逻辑又不通。反正他把逻辑搞得跟你很不通。我发现这里头账很乱，而他们就是这个乱账的得益者，所有的地方你都觉得掣肘的时候，就变成必须要让你喝酒。

我记得特别清楚，书记来喝了杯酒，副书记来又喝酒，副书记喝完了以后什么部长又过来敬酒，我说我不喝了，他说你不喝就是瞧不起我。我一到急的时候，就一点都不想再回旋了。我说对不起，我就瞧不起你，如果你让我喝酒的话，我就是瞧不起你。但是你又会觉得欲哭无泪，我跟他们说什么，怎么又掉到这么一个沟里了？现在想如果有前前期，策划，哪会碰到这种事。

当时希望工程最有名的是苏明娟，那个“大眼睛”，另外还有一个张着嘴喊的小男孩儿。我们到了那个县，要找这个小孩，找到他家去，锁都生了锈，我们问这孩子去哪儿了，他们说跟爸爸妈妈出去打工了，但是全国人民的钱还一直在给他寄。后来我问当地干部，寄来的钱呢？他们说他都不念书了，为什么还要给他钱啊？我们就没话说了。人家县领导说得特别有道理，希望工程是全社会对于渴望上学的孩子的一种支持，他只是一个代表，现在都不念书了，我们当然要拿这个钱去支持那些渴望上学的孩子，为什么不把钱给他们呢？我觉得这话说得特别有道理，但是你怎么知道钱没有给村长的女儿呢？这就没办法监督了。我们回来后跟制片人汇报，最后的结论就是，这片子不能做，你不能说回访希望工程发现它是本烂账啊。

《音乐电视》走得很悲壮，但一点都不狼狈

问：《音乐电视》是怎么被取消的？

雷婷：因为文艺部在做MV，我们也在做MV，等于有两个播出平台。他们的制作经费比较多，比如那时候的《东西南北中》，一期栏目制作经费可能要几万块钱。文艺部的播出素材都来自各地方台，或者人家找中央台的导演拍的MV。我们是自己拿钱自己做，歌也是这么选出来的，所以一定能找比较好的，比较新的作品，版权是归《东方时空》栏目组的。这样做出来的东西肯定也不一样。他们是一个正规军，而我们是独立团，不按牌理出牌，但是经常打很漂亮的仗，所以就让正规军很别扭。

问：是不是你们节目组面临的压力就越来越大？

雷婷：对，人家就说MV不要有

两个播出平台。传说总有人做比较，说看看你们播的MV，再看看人家播的，实在是水平有些悬殊。其实也不能说文艺部没有好的，但是确实在他的海量里面显得太少了，而我们两三首歌里就有一首挺不错的。后来又有人说你们《东方时空》是一个新闻类节目，你们有没有必要做一个这样的板块？话说到这儿，可能就上升到对整个栏目定位的调整了。看动作不是个大调整，其实本质上是个大调整。原来是时尚新闻类节目，因为《音乐电视》的存在，使得这个栏目有一些时尚气质。把这个拿掉了以后，就纯是新闻栏目，时尚感不那么强了。这也是当时我们那些栏目的同事遗憾的东西。其实《音乐电视》固定住了一些原来不太看新闻类节目的观众，因为有《音乐电视》，时尚小青年也被拉过来看《东方时空》——我说的这些是未经官方证实的消息，是我们内部这样传的，真实情况还得以制片人们说得为准。或者已经没有真实情况了。

问：最早听说要散伙是什么时候？

雷婷：1995年的10月吧。一开始觉得是传说，等到坚平一说那就是真的了。完了大家就开始各处想辙，你去哪儿，她去哪儿，他去哪儿。我不知道有没有人采访过被送了人的孩子，我觉得大概就应该是这个心态，但是也没有什么奇怪的，因为我们这边做得好了，文艺部就跟我们较劲。后来就有一个大的结果，我们被送走了。我知道我不会离开这个团队，后来坚平要做改版节目，也让我来做。坚平为什么一直让我做，我也没问过。我不是一个特别好的新闻记者，起码在当时看还不是。当时可能坚平认为有培养的前途吧。

问：《音乐电视》的其他人都去了哪里？

雷婷：刘嘉和郭崴去了海外中心，施翌直接去了文艺部，姜大海跟我们一块来到了《新闻调查》。王坚平过来做制片人，等于还在新闻中心，还在评论部，但是要做大片了，调查时代来临了。这些人就是调查的班底，像我们这么不着调的人，也作为调查最老的一批编导，我自己都说我是赶着鸭子上架。当时我还去问王坚平我给谁当助编，王坚平说，都当助编谁做节目啊？你自己做。后来三四月份，坚平和张步兵两个人就在梅地亚开始摆摊招人。我记得当时桃花正开，很灿烂，很汹涌。那个桃花非常绵密，朵很大，到处都是。我觉得就像他们在蓬蓬勃勃招人，各路大佬们就都从各地奔过来。而我才25岁，我自己想想都可笑。

问：最后的那顿散伙饭，大家吃得怎么样？

雷婷：其实早知道要散伙了，我心里最大的冲突是，我还去吃什么。散伙就是我们散，人家还在嘛。那我们散伙咱自己吃吧，就别跟人家一块吃了，我会觉得挺别扭的，我不太愿意处在一个被别人遗憾的位置。我当时的想法是，如果坚平要去，我们就都应该去。看来坚平是一定要去的，因为他也要跟他那几个哥们告别，孙玉胜主任也好，袁主任也好，时间、陈虻这些人，他也要跟他们告别。我是那种性格的人，好了，我要走了，我不愿意哭着走，我回家哭是另外一件事，我不愿意让你们看到我们哭。因为对我们来说，走得很莫名其妙，什么情况？为什么就走了？但是决策过程你不知道，你只知道结果，对这个结果我的反应、我的不支持就是我不来参加。但是坚平也在序列里面，他要参加的话，我们还得高高兴兴的，让老大别难过。

到那以后，许多人都哭了，坚平特别难过，我不知道孙主任跟他怎么聊的，但是他有一个多月很纠结的状态。而且你想想看，散伙饭之前我都出去拍别的节目去了，都为散伙之后的新栏目开始做准备了，所以在我心里“散伙”这件事已经过去了。但是那个气氛还是让人很伤感，我们《95新歌》的最后一首歌，我跟坚平提了一个要求，我说坚平最后一首歌我拍吧，我可以，给我个机会，让我来做导演。所以那个是我做导演拍的第一首MV。后来我拍了好多MV，因为有经验了。当时坚平说好吧。我记得特别清楚，那个歌叫《深深深深地感激你》。我后来想，坚平大概是有意选了这么一首歌。《音乐电视》大部分决策都是在他心里的，我们相当于葱花、胡椒面，就是傻乐的那部分人。他的伤感，他的怅惘，大概都在这个里头，没有人替他分担。所以现在想起来，为什么最后一个歌选了《深深深深地感激你》，其实是互相感谢，对方是自己青春的印证。

我觉得这可能是坚平对自己做过的整件事情的一个告别。我还真记不得是几月份，肯定是冬天，我回来了，在台后面化妆。我不知道别人，但我去吃饭的时候，心态还挺别扭的。散什么伙啊，你们让我们走了，我们还要跟你们一块儿吃饭。但是坚平没有办法拒绝这件事情，或者他不想拒绝这件事情。我本身是剧组长大的，我对散伙很习惯，拍完了就散伙，不是说电视台一个部门的人常年在一块工作，感情在这方面不太一样，所以那个散伙饭，我不是特别想去吃。坚平在之前没有表露过他的遗憾，或者他的难过，他的挫败，在散伙饭上我看见了，我觉得坚平真的很难过。

问：当时别的领导怎么安慰你们？

雷婷：我其实不太想听他说什么，他说什么这个都不能改变了。就算你要把我送人，就算把我送给我叔叔，这也是把我送人了吧。你说，你叔叔家过得更好，锦衣玉食，在咱们家吃窝窝头，你也是把我送人了。这时候你再说你对我如何有感情，我也不想听了。我当时就觉得对于抛弃你的人，你难过什么呢？而且不是因为你做得不好，是栏目调整。我不记得谁说的，好像当时是有一个人说了一句，《音乐电视》走得很悲壮，但一点都不狼狈。

那句话让我觉得挺好的，并不是说你做得不好，狼狈出局。那次散伙饭我最大的收获就是感觉到别人都挺喜欢你们这拨每天很高兴的人。他们会说，最近你们有什么好听的歌吗？拿你们的新歌给我们看看什么的。那一天你会感觉到，他们真的在乎我们这个栏目。因为我们一直跟他们有一点不一样，人家每天国计民生，我们这风花雪月，工作性质本身就不一样，不用昼夜拍，不用赶播出。但是那天我看到他们很舍不得我们。

所以在整个这个事情里面，我的视线就在王坚平身上，只要让我们老大不难过，只要我们能安慰我们老大，别人爱说什么就说什么。其实那个时候大部分人都已经有去处了，所以离开并不是忽然的离开。在《东方时空》当年就是这么一个特点，任何一件事情，不需要特别的强调，发生了就发生了，无需确认。就像人家跟你打了个招呼你就来了，你给我们来做主持人，就这么谈了一下，这么大的事就决定了，那么那样一件很大的事也就这样被决定了。

在这个序列里，王坚平真是一个异类

问：你一直跟着王坚平做节目，你对他的印象怎么样？

雷婷：王坚平非常像江南才子的样子，很书生，确实不太像这个体制里的人，到现在我都觉得他很理想。那个时候《东方时空》的领导大部分的气质比较清晰，王坚平比较艺术，我觉得领导挺会选人的，能让他来做《音乐电视》。其实《音乐电视》好不好，最核心的东西就是 MV 好不好，歌选得好不好，歌选好了，MV 找对人了，这事就成了 70%。7 分钟的节目，有 4 分钟好看，3 分钟说点花絮，它就能不错。坚平是一个很松弛的一个人，我觉得我们散漫的气质可能也跟坚平有关系。他没有严格考勤，被领导批评了两下也不是太在意。

我到现在都记忆犹新——当时他儿子上小学二年级，有一天我忘了为什么会说到这样一句话，坚平你那么书生，将来你希望你的儿子是什么样子？他说，我倒没有希望他多好，我就担心他是个坏人，他对社会没有贡献就罢了，他万一对社会有害怎么办？很少听见一个父亲说这样的话。坚平的忧虑完全是一个形而上的忧虑，你会觉得，他的思维方法跟别的人的思维方法不一样，我相信他做制片人的担忧，也跟其他制片人的担忧不太一样。

我曾经说过，我很幸运在中央电视台这样的地方待了那么多年，跟的是两个品性特别好的领导，一个就是我在文艺部的那个领导刘真，还有一个就是王坚平。他们延续了我的单纯和热情，对社会充满了责任感和美好的愿望，使得你起码在真正进入社会的时候有些过渡。

我觉得如果说我们这些人在电视新闻类里头都没有发展得特别好，可能跟坚平有关系。他不是一门心思弄成什么的那种人，他就是轻描淡写，云淡风轻，所以我们都活得比较松弛。否则你怎么能想象一个制片人会辞职？从体制内辞职，把好多人都得罪了。在这件事情上，我很尊重王坚平，一个人那么坚定地要执行自己的意愿。在这个序列里来说，王坚平真是一个异类，我觉得特别有幸。

问：从来没有看见过王坚平生气、不高兴吗？

雷婷：我们一块儿工作的时候，他头发比现在多一点，人比现在稍瘦一点而已，就是一个小才子，但是骨头很硬。就是我觉得不对，你批评我就批评了，反正我还这样，实在说不过去了，我调一下。他就是无为而治，这个也行，那个也行，反正大差不差。他对别人也没有特别苛刻的要求。他会有一个大边，告诉你不要漏了播出，必须星期二的时候把节目交出去，最好先给他看一眼。实在来不及了，坚平你别看了，也没问题。我们都没有在这个序列中碰触过他的底线，碰触底线他是完全不动的。

坚平有时着急了，说话会有点小结巴，但是没有跟人较过劲，从来都没有。哪怕你做什么事致使他被领导批评了，他也就是皱着眉头说，那个事最多到这个程度。但是有一次，大家一起吃饭，吃饭的时候坚平一直笑嘻嘻地看着我们闹着玩儿——那时候我们聚餐，剩得菜多时就会玩儿一个游戏，打赌说谁把这个吃了，我出多少钱。当时剩下了一个麻婆豆腐，就剩了一口，姜大海跟郭崴说，你吃了就给10块钱。女生就开始说，你都吃饱了，别吃了，但是那个男孩就吃了。姜大海就给钱，还说下个是20，那个男孩说还有出的没有，最后变成40。我们就说郭崴你别吃坏了。坚平也说，郭崴你差不多得了。最后剩下半个肘子弄到500块钱的时候，所有的女孩都说，太过分了，别吃了，但是那个场面已经控制不住了。郭崴说还有加的没有，没有加的就要动手吃了。坚平就拿了一个烟灰缸往肘子上一扣，说别吃了，走了。我从来没有见过坚平这么激烈的举动，这就是把他惹急了，动作很绝。

后来就觉得老大还有这一下子。所以坚平辞职的时候，我不是特别奇怪。但是我还是很佩服，因为我问过他，我说坚平你想好了吗，他说想好了。我不知道到现在为止坚平后悔不后悔，但是那个举动打破了我心目中的一个认定——以前都说，进了中央电视台的人就不会走了。

在这里，找到真正的我

问：现在回望过去，你觉得《东方时空》带给你的是什么？它的影响又是什么？

雷婷：现在作为曾经亲历过那段历史的一分子去回顾那段时间，我觉得那可能是整个电视业大发展的开始。《东方时空》这个杂志性栏目，使得整个电视栏目开始多样化发展。我在那个阶段知道了什么叫新闻，什么叫传播，自己愿不愿意做传播。《东方时空》也让我们懂得了什么是主持人。之前我们没有主播概念，主持人是报幕员，报幕员会说两句文艺点的词，把几个节目找一个共同点用撰稿写出来。从《东方时空》开始有了个人风格的主播。每个人可以根据自己的气质，成为有自己符号的主播。

我觉得其实《东方时空》整个栏目组的年轻人，都是在这个过程中探索。可能并不是所有人一来就很清楚，包括我相信像王坚平他们这样的领导，也是在这个过程中才变得更加独立，更加明确。

包括从那以后我知道，我不愿意做介质，我愿意做内容，也是这种明确和清晰使然。对话节目可以做，因为采访者本身是内容，它不是一个介绍，它是内容本身。有一次我帮四套采访雅尼，给了15分钟，结果我多采访了一个多小时。他的经纪人在后面说到点了不能采访了，我就听雅尼跟他说，为什么不让我说了，我特别想回答这个问题，我到中国来没有人问过我。我坐在那儿就觉得好得意，我问了一个他一直想说、可其他人都没有问过的东西。我那个时候觉得，其实你可以问到不一样的内容，你本身就可以是内容。这个东西我愿意承担。这个是我在做《音乐对话》的时候感受到的。

后来坚平也跟我说，你来给我做脱口秀啊。我还算是一个比较会聊天的人，能问到一些很即兴的东西。有些东西是材料里头不太有的，但是你会从他的只言片语，包括他的表情、态度上感受到，这个是有表演经验或者是有这种训练的人可以比较快做出来的。

但是我不愿意成为一个公众人物，这是特别出乎我自己意料的。因为我大概从3岁开始演电影，一直到高考之前，我原来认为自己非常愿意成为一个这样的公众人物。如果没有《东方时空》让我去出镜的这一年，可能这个问题就一直潜伏在心里头，辨析不出来。当真把我放到那儿的时候，我在这个过程中就开始明白，这个东西能做，但是我不愿意做。我这才明白，我不是我自己曾经以为的那个人，我还有另外一个愿望，那个才是真正的我。

问：最后说一说，离开《东方时空》以后到现在你的经历如何？

雷婷：离开《东方时空》以后，我就跟王坚平一块儿去了《新闻调查》。在那里做了不到一年，我们单位就不允许我们在外面工作了，因为中国青年艺术剧院的拆迁也完成了，我们剧院又恢复办公，恢复生产了。其实我特别像做了一个梦，就在我们剧院拆迁的时候，我混出去，飘扬了一段时间。庄生梦蝶，梦见自己变成了一个蝴蝶。最终我返航了，回到剧院，开始做责任编辑，写剧本，做编剧。就这样从1997年一直到现在。

回来以后第二年，1998年，同学要弄一个偶像剧，我们一群同学就在一块儿攒剧本，后来拍了。这期间对片名一直不满意，就征集。结果，陈建斌出主意，说应该叫《将爱情进行到底》。后来就用这个名字播了。

再后来，我做过编剧的电视剧，还有咱们中央台2000年的贺岁剧《开心就好》，以及《背叛》、《红色追击令》、《落地请开手机》、《战火四千金》，到现在为止我大概写了二十来个剧本。完成了自己的本职工作之外，我还改编过一个话剧，做了三个音乐剧，一个话剧的制作人。我现在在给我们剧院写一个戏，改编莎士比亚的《罗密欧与朱丽叶》，改成纯中国版的故事，叫《罗米鸥与朱丽叶的1968》。这是我们中国国家话剧院和韩国国立剧院的合作项目，2012年12月20日在韩国首尔的国立剧场首演。

后记：点燃理想的日子

张洁

2012 年 5 月，中广协纪录片委员会“纪录 · 中国”评奖会在长江上的一艘游轮召开。当时，我召集参会的时间、梁碧波、陈真、张朝夕、胡劲草、徐欢、赵布虹碰头，正式提出借《东方时空》开播二十年，拍一部关于《东方时空》的纪录片的动议，得到大家认同——其实，记录《东方时空》，记录《新闻调查》，记录新闻评论部，一直是我心底的夙愿；多年来，我们记录了无数别的人生，其实，电视人自己的人生何尝不值得记录？我早已想好了名字，就叫做《点燃理想的日子》。导演梁碧波加了个副标题：《东方时空》传奇。

8 月中旬，梁碧波结束手上所有的工作，自带饭盒来向我报到——说起这部纪录片，先得提一提总导演梁碧波。碧波兔年出生，比我小一岁，获过国内外不少纪录片大奖，在一次全国纪录片评比会上，我俩一见如故，我向他讲起《东方时空》和评论部中的许多故事，他大为感动：“要能做一部新闻评论部的纪录片就好了，不给钱都愿意干！”

果真，资金迟迟没有落实，已成纪录片大腕的周兵和雷禾纪录片公司老总海天一人拿出 5 万，作为先期启动经费。他们分别成长于《东方之子》、《生活空间》两个栏目。二十年间，《东方时空》历经了多次改版和子栏目变更，至 1996 年 1 月 20 日开播 1000 期，《东方时空》开始由综合杂志栏目向新闻杂志栏目转型，《音乐电视》（即改名后的《东方时空 · 金曲榜》）被撤销，增加了 3 分钟主持人评论节目《面对面》；2000 年 11 月 25 日更是从评论部分离，成立《东方时空》工作室单独运作，节目时长由40分钟扩为150分钟；一年后工作室撤销，《东方时空》稍作调整重复原貌，时长45分钟，子栏目分别是《时空连线》、《百姓故事》、《东方之子》，以及周末版的《纪事》、《世界》。2008年1月，《东方之子》、《百姓故事》分别与《面对面》、《纪事》合并，《时空连线》扩大为全版并名为《东方时空》播出。2009年7月，在新闻频道去专题化向资讯化过渡中，《东方时空》变身为一档梳理解读当日资讯的新闻栏目。而我们讲述的场域，就截止到1000期。那开始的三年，《东方时空》最彰显锐气、智慧、创新、自由、平等、前卫的精神气质。我们所有的访谈对象口中的"东方时空"，其实指的就是那三年的东方时空。

"这会不会让人说是自恋？""如何克服自恋？"我们一次次反问自己。《东方时空》的出现是否是社会进步的反映？《东方时空》人的追求是否辉映着人类理想？《东方时空》的制度创新对今天有无启迪和借鉴？

答案是肯定的。

梁碧波在导演阐述中写道："在叙述故事的同时，我们还将试图挖掘这样一些深层次问题：在他们的人生背后，是什么样的情感动力？在他们的成长历程中，个人与团队、家庭成员之间的关系是怎样的？他们个人与社会、历史、文化、政治、经济的关系是怎样的？支撑他们的团队文化、哲学思想又是什么？外部的动力怎么转化成真正的创造精神？他们的事业对中国社会发展的意义？他们所秉承的价值观对我们的未来会提供什么样的思考？

拍摄《东方时空》背后的年轻人，一是给他们的青春一个交代，二是以他们所追求的理想，所负载的价值观，影响当下的观众，促进中国社会更深层次的变革。在研究和拍摄过程中，我们将满怀谦卑和敬意，以真诚的同仁之心和饱满的工作热情，以独立的立场和客观公正的视角，去研读这段刚刚发生的历史，探访他们的足迹，再现他们不平凡的人生，与观众一起，领悟历史，正视现在，再创奇迹。"

"促进中国社会更深层次的变革"一句是我加的，这是我们做这部片子的终极目的。

在这部八集的纪录片中，我们一共采访了58人，包括台里的决策高层、具体操作的"七君子"、制片人、主持人、骨干编导、摄像各个层面。特别是台领导和首任制片人，他们都具有唯一性，没有他们的支持，这部片子就无从谈起。

也许这段历史在他们生命中的印迹太深，也许二十年里他们从未有机会整理过自己匆匆的脚步。联系的顺利，出乎我们的意料，老台长杨伟光，一个雄才大略的开拓者，接完电话的答复是："明天上午9点到我办公室。"弄得我们一阵手忙脚乱，他成了第一个接受采访的人。梁碧波精心准备了一夜问题，大概有二十多个。但他万万没有料到，他第一个问题才出去，杨台长一口气回答下来，几乎覆盖了他之后所有的问题。他无法也不想打断，只得眯缝着小眼，笑眯眯地听着。二十年，这些问题对于老台长，早已烂熟于心。

"七君子"，是对最早参与《东方时空》创办的"七人小组"的美喻，谁最先这么说已无从考证。此次采访中，我们发现，关于"七君子"是哪七位有不同描述。孙玉胜、梁晓涛、童宁、孙克文、时间、王坚平、张海潮是既成文本，而在讲述中有一个叫鲍杰的人被累累提及。他是当时总编室的一个年轻人，跟着梁晓涛一起被抽调到《东方时空》（时称《新太阳60分》）筹备组。最早"七人小组"的名单里有他。但他时间不长就离开了，张海潮很快加盟筹备组领衔《焦点时刻》，进入"七君子"序列，我觉得从加入的时间和贡献来看，完全符合"七君子"标准。当然，我们不应忘记鲍杰，也不用在"七"还是"八"上纠缠——还有人对才子陈虻不在"七君子"系列对我瞪眼，"什么？陈虻不是七君子？"我微笑着解释，陈虻是8月份才来的，他已是《生活空间》第三任制片人，他是不是"七君子"，一点儿都不影响他在《东方时空》的业绩和声名。

孙玉胜是"七君子"的头儿，也是《东方时空》的核心人物，他没能接受采访成为最大的遗憾。"我在《十年》书中已经说得够详细了，你们还是多采访其他人。"玉胜还是一如既往的低调，这是他的本色。只是这种本色让我们《东方时空》的纪录片付出了没有他的代价，不搞纪录片的人是体会不到这种浸入骨髓的遗憾之痛的。

值得一提的是，这群中国电视的弄潮儿当年只顾玩儿命工作，竟没有一人留下创业时的照片。"七君子"也从未有过合影，直至二十年后，在我和孙克文大姐的张罗下，"七君子"才有了第一张合影。这时，他们已两鬓斑白。

回首当年，为《东方时空》浇水培土的人还有不少，在"七君子"的记忆里，沈纪、章壮沂、闫连俊、李东生等台、中心、部门领导，都是功不可没的人。在我们的记忆里，新闻评论部第二、第三任主任袁正明、梁建增也都与头三年的

《东方时空》有过交集，为它的栏目发展、文化建设付出过大量心血。

编导、记者、主持人是《东方时空》栏目的主力军，他们生动的个性和卓越的才华，构成了《东方时空》的五彩斑斓。很多故事借他们展开。纪录片中，截取的或许只是一个片段，但这本书中，记录的却是青春的全部。收入书中的访谈者，进栏目时的年纪都不一样，有的至今留在电视圈，有的已转战其他领域，但不管在哪里，他们都取得了自己的成就——显然，这与《东方时空》的训练是紧密不可分的，那是他们成长最快的时光，那时候注入的理念和精神，那时候培养起的能力和眼光，已经成为这些人成就日后所有一切的隐形基因。他们是《东方时空》这个母亲生下的若干孩子。

大部分采访，我不在现场，尽管我很想听战友们怎么谈《东方时空》，想听大家掏心窝子的话，但苦于无法分身。这时你才知道能够全情投入一件自己喜欢做的事是多么的幸福，可惜这幸福全让梁碧波这小子给占了。

“哎呀！今天谈得太好了！他（她）都哭了。”那几天，我的手机天天传来梁碧波欢欣鼓舞的慨叹。“《音乐电视》的人谈到1000期后栏目被撤销，没有一个不掉泪的，包括坚平。”我震惊！二十年，还未平复，那是怎样的一种爱？一种痛？一种刻骨铭心的留恋？当年，《音乐电视》已经聚合起全国最著名的唱片公司、最优秀的词曲作者、最有潜力的年轻歌手和一流的MV导演。如果让其生长下去，今天中国的流行音乐会是一番怎样的景象？我理解《音乐电视》人二十年前的抱头痛哭，二十年后的潸然泪下。那不是一般的终结，是正在井喷的艺术生命的突然休止，转身面对空虚的生命，一切又要重新开始，从头再来！二十年，求新求变的《东方时空》有太多这样的苦痛，这样的别离和忧伤，无奈中咽下的委屈、锻造出来的坚强。“你消失在青春年少的时刻，我会记住你美丽的容颜……”

是的，我们的采访像一根火柴，点燃了《东方时空》人生命中最珍贵的记忆。

创业的“七君子”像参加仪式般对待这次采访。唯一退休的孙克文大姐穿了一件红色的外衣来接受采访，并带了自己珍藏的《东方时空》资料。童宁特地请美工画了一幅画作为访谈的背景，采访中他依然能够将二十年前几个子栏目的广告词倒背如流。时间自费租了个古色古香的场地，说方便带入回忆的情形，对他的采访整整进行了一天。王坚平是我们摄制组最稳固的靠山，有事找他，工作再忙也要挤出时间。“这是自己的事儿。”他的话一如他为人一样温馨。张海潮接受采访前专门把我找去，了解节目走向，下来又查阅笔记资料，为采访做了精心准备。他感叹：换了很多岗位，多次想复制《东方时空》，都没有成功。

梁晓涛是最后一个接受采访的“七君子”，身为台分党组成员、中国国际电视总公司总裁的他，几次为采访易期致歉。他参加《东方时空》创办也就短短半年，是《生活空间》创始人，在节目开播前就调到动画部当副主任。我原以为他的《东方时空》的情结和印迹不会太深，但我错了。采访中他动容地说：“《东方时空》像基因一样，已经注入到我的血脉之中，它给我非常大的一笔个人财富，让我能够很自信地去面对今后我所面对的电视环境。”

《东方时空》点燃的激情与梦想，不仅是“七君子”，更有许许多多投身其中的“电视打工仔”。《焦点时刻》记者章伟秋对那段经历一往情深：“《东方时空》对我来说是一个梦，这个梦特别的美好，也让我特别的坚定，它也是我的一种信仰。但是这个梦，走着走着，似乎被什么撞醒了，这个梦就没有做下去。我又特别想续上，因为，我还想做这个梦。”二十年来她一直珍藏着《洋河污染导致农民歉收》节目中农民送她的谷子，并醒目地放在书架上。

一年前，我用《东方时空》的故事点燃了梁碧波，接着我们点燃了58位《东方时空》人的记忆，现在我们要用他们的故事去点燃更多的人。纪录片《点燃理想的日子——〈东方时空〉传奇》寄寓了我们对美好中国的期望。我喜欢“点燃”这个动词，中国现在不需要形容词，需要名词，更需要动词。我对编导们说，如果我们的片子的质量达到我们的预设，播出后没准儿“点燃”会成为热词，与“舌尖”一样。但愿“点燃·理想”会成为2013年中国文化的一个关键词。2012“舌尖”勾起的是肠胃，2013“点燃”唤起的是精神。

当然，并不是每一个人，都愿意面对摄像机敞开心扉，回忆过去。为此特别感谢58名接受访问的人：杨伟光、梁晓涛、童宁、孙克文、张海潮、时间、王坚平、王旭东、陈耀文、章伟秋、水均益、何昊、黄瑛、戴明、赵刚、金东、卢望平、刘鸿彦、林旭东、毕鉴锋、高长力、李晓旻、樊馨蔓、李伦、蒋樾、鄢蔓、海天、李玉、郭佳、倪俊、鹿敏、高昕、林宏、戴文海、白岩松、崔永元、王志、胡健、刘爽、邵滨鸿、温迪雅、陆芸芸、周兵、乔艳琳、徐欢、张朝夕、胡维捷、张文华、江兵、范冬阳、雷婷、刘嘉、张骁、吴越、郝为、杜晓静、姚志萍、郑曼茜。同时也对那些愿意倾诉却因篇幅限制没能进入纪录片的、和篇幅所限没能收入本书的《东方时空》人表示深深地歉意。

感谢中央电视台副台长、新影集团总裁高峰先生！感谢央视国际总经理汪文斌先生！他们的肯定和支持是使我们的愿望变成现实的最关键因素。

感谢执行主编张海华，她曾在《新闻调查》做过三年策划、编导。后来上北大读博士，毕业后在北京语言大学人文学院教授新闻传播。她不辞辛劳参加此次纪录片的拍摄和书稿的整理，没有她全力以赴、日以继夜地工作，这本书不可能这么快与读者见面。为本书付出过劳动的，还有《新闻调查》主编白云升。

感谢生活·读书·新知 三联书店。十年前，三联书店出版了孙玉胜先生的《十年——从改变电视的语态开始》；在我任《新闻调查》制片人期间，又出版了《“调查”十年—— 一个电视栏目的生存记忆》；今天，他们又推出这么一本与“理想”和一代电视人相关的书，向他们一以贯之的“精神守望”表示敬意！感谢本书的责任编辑王竞女士，没有她的欣赏、鼓励、鞭策，我们不可能这么顺利地完成此书。

最后，借此书向二十年前中国电视新闻改革创新的开拓者表示敬意！向二十年来在《东方时空》、在新闻评论部工作过、奉献过的人表示敬意！向二十年前，担忧但最终支持儿女选择——放弃“铁饭碗”、选择《东方时空》生存方式的父母们表示敬意！当然，这其中也包括我的父母。

2013.4.20　北京